노년사용설명서

: 이제는 노년입니다!

_____ 에게

노년사용설명서

박신웅 지음

차례

| 프롤로그 | 이제는 노년입니다! | 7 |
| 에필로그 | 남의 이야기가 아닙니다! | 281 |

1부 well Aging 웰 에이징, 고상한 늙음을 위하여

1장. 역발상(逆發想), 거꾸로 생각하기 … 19
2장. 노화, 수용하기 … 33
3장. 고독, 마음 스트레칭으로 극복하기 … 47
➕ 노년의 빼기(-): 노년의 4중고(重苦) … 62

2부 well Being 웰 빙, 멋진 은퇴를 위하여

4장. 다시 봄(回春), 거꾸로 살기 … 73
5장. 소명, 어른 되기 … 87
6장. 성장, 노년의 역설 … 103
➕ 노년의 곱하기(×): 노년의 다섯 가지 유형 … 118

3부 well Celebrating 웰 셀레브레이팅, 마지막 불꽃을 틔우기 위하여

7장. 축제(祝祭), 즐기며 살기   131
8장. 배움, 잘 살기   147
9장. 섬김, 손 하나 보태며 살기   171
➕ 노년의 더하기(+): 성공적인 노화의 네 가지 요소   188

4부 well Dying 웰 다잉, 아름다운 피날레를 위하여

10장. 영생(永生), 영원히 살기   201
11장. 숙제, 과제 마치기   221
12장. 소망, 플러스 인생 +   245
➕ 노년의 나누기(÷): 아르스 모리엔디 그리고 메멘토 모리   272

부록

영적 버킷리스트   284
나의 엔딩노트   285
사전장례의향서   286
자녀들을 위한 마지막 기도문   290

프롤로그
: 이제는 노년입니다!

비행기가 위험한 상황에 놓였고, 비상용 산소마스크가 내려온다고 합시다. 이제 시간이 얼마 남지 않았은 위급한 상황을 맞게 되었습니다. 곁에는 어린 손자가 허둥지둥하며 불안해하고 있습니다. 어떻게 해야 할까요? 아이부터 채워줘야 할까요? 아니면 나부터 써야 할까요? 우리 정부에서 나온 국민행동요령에는 이렇게 되어 있습니다. "만일 비행 중 비상용 산소마스크가 내려올 때는 보호자가 먼저 마스크를 착용하고 어린이나 노약자를 도와주어야 합니다.[1]" 그렇습니다. 먼저 자신부터 착용하는 겁니다. 자신의 안전이 담보된 후, 곁에 있는 노약자의 마스크를 채워주게 되어 있습니다. 자칫하다 자신도 손자도 함께 문제가 생길 수 있기 때문이지요.

다음세대가 중요하다는 말을 자주 듣습니다. 중요하지요. 맞습니다. 그러나 그것도 노년의 자신, 아직 기력이 있는 자신의 삶과 신앙이 제대로 되었을 때나 할 수 있는 말입니다. 아무리 급해도 나는 하나님 만날 준비도 되어 있지 않으면서, 곁에 있는 다음세대를 보고 하나님 만날 준비하라고 할 수 없는 노릇이니까요. 혹여 내가 잘못되어 신앙적인 대응도 못하고 허망하게 인생을 마무리할 수 있으니까요. 신앙이 중요하다 말해놓고 정작 중요한 시기에 신앙의 모습도 제대로 보여주지 못하고 허둥댈 수 있으니까요. 그래서 이제는 노년입니다! 지금부터 노년입니다! 내 삶부터 돌아보고 난 다음, 다음세대로 관심을 돌리는 겁니다.

이제는 노년시대(勞年時代)!

2018년, 한국은 '고령사회'가 되었습니다[2]. 65세의 노년인구가 전체 인구의 14%를 넘을 때 쓰는 말이 고령사회입니다. 이제 한국 사회는 고령이 절대적인 영향을 미치는 사회, 고령사회가 되었습니다. 바야흐로 고령의 노년이 대세인 노년시대(老年時代)가 된 것이지요. 교회는 다를까요? 아닙니다. 교회에도 '어르신'이 점점 많아집니다. 이런 현상을 두고 교회의 미래가 없다, 불확실하다 말하기도 합니다. 그만큼 앞을 내다보기 어렵다는 뜻이겠지요.

아닙니다! 생각을 달리하면 전혀 다른 것이 보이기도 합니다. 무슨 말이냐고요? 사실, 예전 같으면 60세가 되면 늙을 노(老)자를 쓰는 노인(老人)이었습니다. 아무 것도 할 수 없는 나이라는 뜻의 그 노인(老人) 맞았습니다. 왜냐하면 그 나이까지 사는 사람도 적었고, 그렇게 산다 해도 얼마못가 죽음을 맞았기 때문입니다. 그런데 지금은 상황이 달라졌습니다. 기대수명이 80세를 넘었고, 100세까지 산다는 말을 심심찮게 듣고 있습니다. 그러니 60세의 노년은 적어도 20년, 많게는 40여년이나 남았습니다. 보세요. 교회에서 60세면 남전도회, 여전도회에서 어른 축에 끼지도 못합니다. 젊은 나이라고들 합니다. 80~90세 형님들도 꽤 많지 않습니까? 그래서 지금은 60세 노년을 늙을 노(老)자를 쓰는 노인(老人)이라고 하기 곤란합니다. 그렇게 정정한데 늙었다 외면할 수 없지요. 오히려 일할 노(勞)자를 쓰는 노인(勞人)이라고 해야 할 때입니다.

혹 지금 나도 모르게 60대에 접어들어 어찌할 바를 모르고 있는 분이 계십니까? 곧 60대를 맞이하실 예정이세요? 지금 한창 왕성하게 직장과 교회에서 일하지만 다가올 은퇴에 대한 염려가 있으세요? 여전히 건강하고 열정적인 노년들을 보고 혼란스러우세요? 그렇다면 이제 노년을 다시 바라봐야 할 때입니다. 이제 노년도 일하는 노년시대(勞年時代)이니까요. 그래서 감히 말씀드립니다. 예전에는 '어르신'들이었지만 오늘은 청춘(靑春)이요, 교회의 주축입니다!

성경속의 노년(勞年)

성경을 보십시오. 노년에 하나님께 쓰임 받은 숱한 믿음의 사람들이 등장합니다. 75세에 부름 받은 아브라함, 80세에 새로운 소명으로 뜨겁게 일했던 모세, 85세에 오히려 가나안 정복을 위해 담대히 "이 땅을 내게 주소서"라고 외쳤던 갈렙. 노년이 오히려 사역의 시작이요, 어른으로서 해야 할 역할과 사명에 더 뜨거웠던 그들입니다.

이렇게 말해도, "아니, 그건 성경시대나 통하는 말이지, 지금이 그때와 같습니까?"라고 말씀하실지 모르겠습니다. 그러나 다시 생각해 보십시오. 이제 100세 시대가 아닙니까? 장례식장에 가보면 60대에 돌아가신 분들을 보기 어렵습니다. 심지어 70대에 돌아가셔도 주변 사람들이 너무 일찍 돌아가셨다고 안타까워들 합니다. 80대에 돌아가시면 "좀 아쉽다." 그러십니다. 90대나 되어야 그래도 제대로 살다 가셨다고 하고, 100세를 넘기신 분들도 숱하게 보게 됩니다. 이제 기대수명이 100세를 향해가고 있지 않습니까? 이렇게 보면 성경속의 노년들과 별반 다르지 않는 인생의 길이를 이 시대에도 살아가고 있는 겁니다.

그러니 이제 노년을 다시 봅시다. 자신을 다시 봅시다. 그리고 어떻게 남은 날들을 주를 위해 힘쓸지 생각해 봅시다. 이전의 삶을 점검하고, 다가올 전혀 새로운 시대를 준비하는 겁니다. 노년 생활 ABCD와 함께 말입니다.

노년생활 ABCD

그렇다면 성도의 노년생활은 어떠해야 할까요? 우선, 노년을 새롭게 인식하는 것에서 시작해야 합니다. 1장은 A단계로 웰 에이징(well-Aging)에 대해 생각하게 될 것입니다. 일명 '역발상(逆發想)'에 대해 살펴보게 될 것입니다. 성경이 말하는 노년과 세상에서 말하는 노년의 차이에 대해 살펴보자는 거지요. 안티 에이징(anti-aging, 나이 거스르기)의 시대, 오히려 웰 에이징(well-Aging, 곱게 늙기)에 대해 생각하려는 겁니다. 늙음을 거부하는 것이 아니라 받아들이고, 고상한 늙음을 추구하자는 겁니다. 이를 통해 성경이 말하는 참된 나이 듦의 기쁨과 행복, 기대를 알게 될 것입니다.

2장은 B단계로 웰 빙(well-Being)에 대해 생각하게 될 것입니다. 일명 '회춘(回春)'에 대해 살피자는 거지요. 퇴직하면 끝이라 여기는 세상을 향해, 퇴직은 곧 새로운 시작임을 보게 될 것입니다. 노년은 다시금 소명의식을 새롭게 하는 기회라는 사실을 상기시켜 줄 것입니다. 성도에게 은퇴는 없고, 다만 직을 내려놓는 퇴직만 있음을 생각하게 될 것입니다. 노년을 겨울이라고 생각할 때, 다시 봄을 생각하는 회춘(回春)에 대해 말할 것입니다. 아울러 성경의 인물들을 살펴, 은퇴 이후에 또 다른 소명의식으로 살아가는 마지막이 더 아름다운 웰 빙(well-Being)에 대해 생각하게 될 것입니다.

3장은 C단계로 웰 셀레브레이팅(well-Celebrating)에 대해 살펴보게 됩니다. 노년은 마지막 불꽃을 화려하게 태우는 축제, 불꽃축제의 시기라는 거지요. 하나님과 함께 하는 마지막이 신명나고 또한 의미 있는 마침이라는 사실을 보게 될 것입니다. 이를 통해 나의 마지막이 나와 나의 가족, 나와 나의 이웃들과의 축제(祝祭)의 장, 기쁨의 장이 되고, 주께서 맡기신 사명을 아름답게 마무리 짓는 시간임을 알게 될 것입니다. 이를 위해 배우고, 섬기는 것에 대해 생각하려 합니다. 시니어 주일학교에 대해 생각해 보려 합니다. 그리고 '손 하나 보태는' 섬김에 대해서도 생각해 보면서 내 인생 최고의 축제, 웰 셀레브레이팅(well-Celebrating)에 대해 생각해 보게 될 것입니다.

4장에서는 D단계로 웰 다잉(well-Dying)에 대해 알아볼 것입니다. 죽음을 혐오하며 두려워하는 세상을 향해 죽음이 끝이 아님을 알 때, 진정한 자유가 있음을 깨닫게 될 것입니다. 그래서 마타 엘 메스킨의 말처럼 "인생이 천국으로 향하는 유일한 길"이기에 죽음은 새로운 출발이요, 마지막이 아닌 영원(永元)을 향한 여정의 한 단계임을 깨닫게 될 것입니다. 특별히 막연한 죽음이 아닌 준비된 죽음, 영생(永生)을 위한 죽음이 무엇이고 어떻게 준비해야 하나 살피게 될 것입니다. 개별적으로 버킷리스트, 엔딩노트와 자녀를 위한 기도문 등을 작성하면서, 지금까지 경험해 보지 못한 새로운 삶, 새로운 소망을 꿈꾸며 참된 안식을 어떻게 누릴지 살펴보게 될 것입니다.

감사의 말씀 한 마디

사실, 이 글은 제가 그간 공부한 내용을 담아낸 것입니다. 미국에서 공부할 때 영감을 받은 내용도 있고, 한국에 돌아와서 학교에서 학생들을 가르치면서 학생들과 교감하며 배운 내용도 있습니다.

미국에서 공부를 마치고, 2014년 봄 학기부터 모교인 고려신학대학원에서 '장·노년 사역' 과목을 6년을 가르쳤습니다. 목회자 후보생들과 씨름하며 그간 즐거운 시간을 보냈습니다. 제가 강의하고, 마지막 시간에는 주제에 맞춰 목회자 후보생들이 발표하는 시간도 가졌습니다. 그 내용 중 노년 사역과 관련된 내용을 정리하고 제 생각을 담아서 기록한 결과물입니다. 신학대학원의 목회대학원에서 부탁받은 노년사역과 관련된 강의도 이 글을 쓰는 데 많은 도움이 되었습니다. 저를 가르쳐 주신 교수님들과 한국에서 가르칠 수 있도록 기회를 주신 학교와 은사님께 감사의 마음을 전합니다.

제가 처음 강의를 시작할 때만해도 노년은 저와는 먼 '남의 이야기'였습니다. 갓 공부를 마치고 와서 한창 사역할 때이니 그랬습니다. 그런데 벌써 오십을 바라보는 나이가 되고 보니 더 이상 먼 이야기만은 아니라는 걸 깨닫게 됩니다. 어쩌면 이제야 철이 좀 들어가나 봅니다. 어느 순간, 남의 이야기가 내 이야기가 되고 있다는 걸 깨닫습니다. 노년이 코앞에 이르렀다는 생각 때문이지요. 그래서인지, 지금까지 곁에서 자리를 지켜주는 분들이 그렇게 귀할 수 없습니다. 그리고 이 책을 쓰면서 노년까지 함께 할 사람들의 소중함을 다시금 '뼈저리게' 깨닫습니다. 모두가 소중한 사람이지만 더욱 사랑하는 아내와 세 명의 자녀들, 그리고 믿음의 본을 보여주신 부모님과 외할머니께 이 지면을 빌어 감사의 마음을 전합니다.

특별히 이 책이 나오기까지 수고해 주신, '생명의 양식' 편집팀의 출판실장 김은덕 목사님과 팀원인 윤웅렬 강도사님께 심심한 감사를 전합니다. 또한, 책을 쓰느라 신경이 날카로워져 잦은 짜증에도 늘 화기애애한 분위기로 일해주고 기다려준 믿음의 동역자들인 총회교육원 모든 식구들(실장, 연구원, 직원, 디자이너)들에게 감사의 마음을 전합니다.

모쪼록 이 책의 내용이 보시는 모든 독자들에게도 남의 이야기가 아니기를 바랍니다. 우리 신앙의 선배들, 앞서 노년을 경험했던 분들이 남긴 발자국 위를 함께 걸어갈 수 있기를 바랍니다. 그들이 먼저 갔던 길, 조금은 실수도 있었겠지만, 그래도 하나님 앞에서 아름답게 마무리하며 살았던 그들의 지혜롭고, 아름다운 노년을 닮아가기를 소망해 봅니다.

이제, 사용(使用)합시다!

이 책을 통해 알게 되시겠지만 노년은 폐기처분하는 시간이 결코 아닙니다. 오히려 사용하는 시간, 써야 할 시간, 아직도 남아 있는 시간입니다. 아직도 내 남은 날이 얼마일지 누구도 모릅니다. 나도 모르지요. 그러니 남은 날들을 그냥 흘려보내지 맙시다. 그냥 막 쓰다 버리는 휴지처럼 함부로 대하지 맙시다.

이제 '제대로,' '멋지게' 사용(使用)합시다! 활용합시다! 이용합시다! 내 남은 노년의 시간을 말입니다. 나만을 위해서말고, 내 이익만 위하지 말고, 주를 위해, 내가 섬겨야 할 사람들과 공동체를 위해서 말입니다. 그렇게 될 때, 내 남은 노년이 정말 멋진 '노년시대'가 될 줄 믿습니다. 일할 노(勞)자를 쓰는 그 노년시대(勞年時代) 말입니다.

이제, 준비되셨나요?
그럼, 시작해 볼까요?
노년 사용(使用)을 말입니다!
설명서에 따라.

1부

well Aging(웰 에이징),
고상한 늙음을 위하여

"백발은 영화의 면류관이라
공의로운 길에서 얻으리라"
(잠 16:31)

1장 · 역발상(逆發想)·거꾸로 생각하기

2장 · 노화·수용하기

3장 · 고독·마음 스트레칭으로 극복하기

1장
역발상(逆發想),
거꾸로 생각하기

당황스럽고 모진 말

어느 시머머니와 며느리의 대화.[1]

시어머니: 나 따위 집에 있어 봤자 짐만 되지?
며느리 : 아니에요. 어머니.
시어머니: 솔직히 말해도 된다. 죽는 게 낫다고 생각하지 않니?

마지막 말이 귀에 웅웅거립니다. "죽는 게 낫다고 생각하지 않니?" 참 당황스럽고 모진 말 아닙니까? 슬픈 말이지요. 시어머니와 아들 내외가 함께 살았습니다. 시어머니가 몸이 아프고 병원에 자주 드나들게 되자, 며느리가 집안일을 도맡아 하게 됩니다. 힘들어 하자 자연스레 남편이 가사를 분담하자고 제안합니다. 이 모든 것을 지켜본 시어머니입니다. 자신의 일이 없어진 어느 날 뜬금없이 한마디 내뱉습니다. "나 따위 집에 있어 봤자 짐만 되지?" 스스로 마음의 문빗장을 질러 잠근 것이지요. 며느리가 아니라고 하자, 이내 툭 하고 뱉은 말이 "죽는 게 낫다고 생각하지 않니?" 참 모질고 거친 말이 쏟아집니다.

참 모진 말인데, 그 속내를 들여다보면 자기 몫의 일이 사라진 것에 대한 슬픔이 있습니다. 자녀에 대한 면목 없음이, 인생무상의 헛헛함이 묻어 있습니다. 스스로에게도, 자녀들에게도 그다지 도움이 되지 않는 말인데, 잠시의 생각도 없이 거칠게 그리고 모질게 튀어나옵니다. 이 거칠다 못해 독한 시어머니의 언사(말)에 며느리는 어떤 반응을 보여야 할지 몰랐겠지요. 당황했을 겁니다. 자신의 처지를 비관하다 못해 엉뚱하게도 가장 사랑하는 가족(며느리)에게 쏘아 붙이는 이런 노년이 늘어나고 있습니다. 그런데 그 노년이 어쩌면 나일수도 있습니다. 나이가 들어가면서 나도 모르게 이렇게 하고 있지는 않습니까?

늙을수록 좋아야지!

통계를 보면, 이미 한국 사회는 2018년을 기점으로 '고령사회'가 되었습니다. 고령사회, 고령층이 전체 인구의 14퍼센트(14.3%)를 넘어선 사회를 말합니다. 대한민국 전체 인구 중 7백만 명(738만 1천 명) 이상이 65세 이상이라는 거지요.[2] 낮에 지하철을 타면 심심치 않게 노년의 어르신들로 '붐비는' 걸 보게 됩니다. 만원일 때도 많습니다. 이제는 놀랍지도 않지요.

당황스러운 건, 이런 고령사회를 우리 모두는 처음 경험하고 있다는 것입니다. 노년도, 노년들을 바로 보는 젊은 세대도 모두 다 말입니다. 어쩌면 모두가 인생 처음으로 이런 일을 경험하고 있을 것입니다. 그래도 청소년이나 청년, 장년은 헤쳐 갈 힘이나 용기라도 있지요. 다음이라는 것이 있으니 말입니다. 그런데 노년은 당최 어찌해야 할지 모르고 있습니다. 이번이 마지막인데 어떻게 대처해야 할지 당황스럽기만 하지요. 그 모든 당혹스러움을 온 몸으로 경험하고 있는 겁니다. 그래서 그들이 자주 하는 말이 있습니다. 세상에서 가장 슬픈 말, '늙으면 죽어야지.'

늙으면 더 이상 할 일이 없어 죽어야 한다는 말로 들립니다. 어쩌면 늙었으니 죽음 말고는 다른 할 일이 없다는 말일 수도 있습니다. 그러나 그 말을 하는 노년도, 그 말을 듣는 다른 세대들도 그 말에 감히 토를 달지 못합니다. 왜냐하면 딱히 대구할 답이 없기 때문입니다. 그러나 저는 그렇지 않다는 데 한 표를 던집니다. 왜냐하면 세상은 그렇게 말할지 모르나 최소한 성경만은 그렇게 말하지 않기 때문입니다. '늙으면 죽어야지'가 아니라, '늙으면 좋아야지'라고 말하기 때문입니다. 아니, '늙을수록 좋아야지'라고 강력하게 말하기 때문입니다.

안티 에이징(anti-aging)의 시대

　　세상은 나이 듦을 싫어합니다. 아니, 혐오하고 저주합니다. 그래서 나온 말이 '안티 에이징(anti-aging)'이라는 말입니다. 안티(anti-), 반대한다는 겁니다. 에이징(aging), 나이 드는 걸 말이죠. 얼마나 나이 드는 것이 싫었으면 이런 신조어(新造語)가 생겼을까요? 이렇듯, 세상은 나이 들어감을 기를 쓰고 막으려합니다. 안티 에이징에 대한 다양한 모토와 함께 말입니다.[3] 그리고 이런 모토로 온갖 시술(의료행위)과 미용도구(미용행위)들을 선전합니다.

　　그 속내를 들여다보면 나이 들어감에 관한 부정적인 생각이 깊게 깔려 있습니다. 늙는 걸, 나이 드는 걸, 건강이 약해지고 외형이 노화되는 걸 저주 받았다 생각하는 것이지요. 그러니 기를 쓰고 막아보려 하는 겁니다. 다시 돌아올 수 없는 청춘을 사려고 말입니다. 왜요? 청춘만이 좋은 것이라는 틀린('나쁜'이 아닙니다) 전제에 사로잡혀 있기 때문입니다. 세상이 그렇게 믿기 때문이지요.[4]

　　세상이 말하는 아름다움은 청춘, 젊음, 그리고 외형적인 것에 치중합니다. 그래서 소위 '젊음을 유지해야 한다.'는 미명하에 어떻게든 근육질이나 날씬한 몸매를 만들려고 온갖 종류의 다이어트며 운동을 권장합니다. 식단을 조언하고, 이 모양 저 형태로 다양하게 '나는 이렇게 몸매를 유지했다'며 자랑하고 또한 그것을 따라하곤 합니다. 그러나 그런다고 나이 듦이 멈춰질까요?

무엇보다 그렇게 해서 젊어진들 과연 내면은 괜찮을까요? 성경은 그렇게 가꾼 외형이 아니라 내면이 훨씬 중요하다 말합니다. 그래서 노년은 저주가 아니라 복이다 역설합니다. 소위 역발상(驛撥想)을 합니다! 세상과 다른.

웰 에이징(well-Aging)을 말하는 성경

골칫덩이 노년 vs 복덩이 노년

나이 듦은 좋은 것입니다. 아니 옳은 것입니다. 아니, 보다 정확히 말하면 행복한 것입니다. 이제 이런 역발상이 필요한 때입니다. 특별히 곱게 늙고, 아름답게 늙고, 고상하게 늙는 것은 축복 중의 축복입니다. 나이를 거스르는 안티 에이징(anti-aging)이 아니라, 나이 듦을 자연스럽게 받아들이면서 아름답게 늙어가는 웰 에이징(well-Aging)이 정상적이라는 겁니다. 성경이 그걸 정확히 말하고 있습니다. 세상과 다른 역발상을 하는 거지요. 우선 잠언 16장 31절은 이렇게 말합니다.

> 백발은 영화의 면류관이라 공의로운 길에서 얻으리라

여기서 백발은 영어로 그레이 헤어(gray hair) 즉 희끗희끗한 머리를 말합니다. 말 그대로 나이가 들어 머리가 희어진 상태를 말합니다. 고대 당시의 기준으로 보면, 나이들어 머리가 희어지는 것은 복(福)입니다. 화(禍)가 아니라. 장수(長壽)의 복(福)

말입니다. 오늘에야 나이 드는 것이 흔한 일이고, 때로는 고역으로, 화(禍)로 느껴지기도 하지만, 예전에는 여러 이유로 그렇지 않았습니다. 때로는 의료, 주거, 식량의 문제, 나아가 전쟁과 기근, 전염병 등의 다양한 문제들로 인해 오래 사는 것이 그리 쉽지 않았던 시대였습니다. 이런 때 오래 살았다는 것은 그만큼 여러 어려운 중에서도 복 받은 것이라 여길 만했던 겁니다. 복중의 복이요, 감사할 제목 중에 으뜸 제목이었던 겁니다. 그래서 우리가 잘 아는 십계명 5계명(부모공경의 계명)을 잘 지킨 사람에게 주어지는 복도 장수하는 것이었습니다.[5]

백발, 즉 장수한 노년은 영화로운 '왕관'이라는 겁니다. 영광스러운 표라는 것이지요. 머리가 하얗다고 염색할 것이 아니라, 오히려 자랑스럽게 여기라는 겁니다. 사실, 요즘은 어떻게 해서든 젊게 보이려 노력하지 않습니까? 흰 머리카락이 조금만 생겨도, 주름이 조금만 늘어도 어떻게든 감추고 꾸미려 하지 않습니까? 그래서 어쩌면 늙어가는 것, 노년이 되는 것을 골칫거리로 여기기도 합니다. 불행한 것이라 여기는 것이지요. 그런데 어느 주석가는 이 구절을 주석하면서 "노년은 골칫거리가 아니라 유쾌한 것"이라고까지 했습니다.[6] 이것이 오늘날 젊음과 단단한 신체를 경배하는(worship young, firm bodies) 우리 문화, 안티 에이징의 문화가 성경에서 배워야 할 것이라는 의미에서 말이지요.[7]

단, 무조건 오래 살아서 머리가 희어졌다고 다 영광스럽고 복된 것은 아닙니다.[8] 조건이 하나 있는데 공의로운 길을 가는 노년에 한해서 그렇다는 것입니다. 비록 여러 기술의 발달과 비도덕적인 삶의 행태로 인해 오늘의 노년(백발)의 도덕적 가치가 많이 훼손되었지만,[9] 성경에서 말하는 공의롭고 본이 되는 노년은 여전히 영광스럽고 복된 존재라는 겁니다. 이로 볼 때, 오늘날의 노년에 대한 생각과 성경의 생각이 많은 차이를 보이고 있다는 걸 알게 됩니다. 역발상을 해야지 세상의 생각을 그냥 따라하면 곤란하다는 겁니다. 세상의 생각을 뒤집어 다시 생각하면(역발상하면) 골칫덩이 노년이 복덩이 노년으로 보이기 시작할 것입니다. 내 생각은 어떻습니까? 노년은 골칫덩이입니까, 아니면 복덩이입니까?

내면이 외모를 이긴다!

또 다른 하나의 말씀을 살펴보면 좋겠습니다. 레위기 19장 32절입니다.

> 너는 센 머리 앞에서 일어서고 노인의 얼굴을 공경하며 네 하나님을 경외하라 나는 여호와이니라

여기서 "센 머리"는 잠언 16:31절의 "백발"과 같은 히브리어가 사용되었습니다. 하얗게 센 머리라는 거지요. 노년을 말합니다. 일어선다는 건 예를 표한다는 말이 아니겠습니까? 지하철을 탔는데 '어르신'이 걸어오면 젊은 사람은 존경을 표해야지요. 얼른 자리를 비켜줘야겠지요. 레위기 19:32절도 그것을 말합

니다.[10] 그런데 현실은 그렇지 않을 때가 많지요. 그래도 그 노인의 얼굴을 봐서라도 공경하는 표시로 주섬주섬 일어설 때가 있지요. 그 말이 노인의 얼굴을 공경하라는 말 아니겠습니까? 그 노인의 낯(面)을 봐서라도 공경하라는 말입니다. 억지로 다시 생각해 보고 그 노인이 민망해지기 전에, 힘이 없어 주저앉기 전에 일어서라는 겁니다. 그렇게 하는 것이 하나님의 뜻이라는 거지요. 왜요? 그것이 하나님을 경외하는 것이기 때문입니다.

노인을 공경하라고 말씀하시고선 하나님은 "네 하나님을 경외하라 나는 여호와이니라."라고 덧붙이십니다. 왜냐하면 하나님은 노년을 공경하는 것을 무엇보다 중요하게 생각하셨기 때문입니다. 하나님을 경외하는 것과 같은 맥락에서 생각하라는 것이지요.[11] 다른 말로 하면, 하나님의 낯을 봐서라도 노년들을 공경하라는 겁니다. 노년들의 낯을 봐서는 공경하기 어려울 때가 종종 있지요. 부담이 되기도 하지요. 그러나 "내 낯을 봐서라도 그들을 공경하라"고 하시는 하나님을 생각해서라도 일어서라는 겁니다. 그렇게 노년을 공경하는 문화가 정착되면 어느덧 공의로운 노년들이 나타나고, 그 노년들의 덕과 경험, 지혜와 의로움을 칭송하면서 모두가 본받게 될 것입니다. 그리고 온 사회가 하나님이 원하시는 "정의를 물 같이, 공의를 마르지 않는 강같이 흐르게" 하는 사회가 될 수 있기 때문입니다(아모스 5:24). 이것이 하나님이 원하시는 사회가 아닐까요?

무엇보다 나 또한 언젠가 센 머리가 되지 않겠습니까?

그때, 그동안 나는 센 머리가 다가올 때 모른 척, 버티고 있었는데, 어느 날 내가 센 머리가 되었다고 젊은 사람들에게 일어서라 말할 수 없지 않겠습니까? 그런 일이 일어나기 전에, 센 머리가 되기 전에 나부터 센 머리에 공경을 표해야겠습니다. 그런 문화를 만들고, 그렇게 행동하고, 그렇게 가르쳐야 할 것입니다. 어떤 분은 이렇게 생각할지 모르겠습니다. '이미 나는 센 머리가 되었는데 뭐.' 아닙니다. 이 글을 읽을 정도의 센 머리시라면 여러분보다 더 머리가 하얀 분들이 주변에 있을 겁니다. 그분들부터 섬겨보십시오. 그런 여러분을 보고 다음세대가, 여러분의 자녀들이 여러분을 센 머리로 존경하게 될 것입니다. 늘 그렇듯, 윗물이 흐린데 아랫물이 갑자기 맑아지는 법은 없으니까요.

　　자, 그렇다면 이제 이 장의 결론을 내려 볼 수 있을 겁니다. 누가 뭐라고 해도, 세상이 눈부신 발전을 하고 4차 산업혁명으로 온천지가 변해도, 변하지 않는 것이 하나 있습니다. 바로 하나님의 말씀입니다. 그 변하지 않는 하나님의 말씀은 분명히 우리에게 말합니다. 노년은, 늙어가는 것은 추한 것도, 그렇다고 비참한 것도 아니라고 말이지요. 오히려 노년은 영광의 면류관이며, 공의롭고 정의롭게, 바르고 진실하게 늙어가는 것이 복이고, 인생의 낙(樂)이라고 말입니다.

　　멋진 몸매와 외모를 유지하며 늙는 것도 좋겠지요. 그러나 아무리 멋진 몸매와 외모를 꾸민들 그 몸과 그 외모가 늙고 병들면 어떻게 하겠습니까? 그 몸이 영원하겠습니까? 결국 그 몸이 썩을 때 누구도 그 몸처럼 되고 싶어 하지 않을 겁니다. 부러워하지 않지요. 그러나 비록 볼품없고 왜소해 보여도 그의 인생 이력이, 그가 써내려간 삶의 인격이 공의롭고 진실했다면, 하나님과 깊은 교제 가운데 아름다운 삶을 살았다면, 모두의 칭송과 존경을 받을 것입니다. 이렇게 보면 내면이 외모를 이기고, 맘짱(마음짱)이 몸짱을 앞섭니다!

이제 세상이 말하는 나이를 거스르는 안티 에이징이 아니라, 성경이 말하는 잘 늙어 가는 웰 에이징(well-Aging)이 필요한 때입니다. 바르게 늙고, 신실하게 살아가는 것, 그래서 육신의 근육이 아니라 영적 근육을 길러서 하나님과 사람 앞에서 신실하게 인생을 마감하는 것이 우리의 소망이 되어야겠습니다. 이 안티 에이징의 시대에 말입니다.

아버지가 됩시다! 선생님 말고.

고든 맥도날드 목사님의 '영적 성장의 길'에 아주 놀라운 이야기가 하나 나옵니다.[12] 목사님이 한동안 "하나님, 제게 새로운 소명을 주십시오."라고 기도하던 시절이 있었다고 합니다. 당시 독일에서 목회자를 대상으로 강의를 했었답니다. 강의를 마치고 몇몇 젊은 목회자들과 담소를 나누는데, 한 분이 불쑥 이렇게 말합니다.

"목사님은 아버지처럼 말씀하십니다."[13]

무슨 말이냐고 물었더니 그 이유를 설명합니다. 대부분의 독일 목사님들은 교수님처럼, 선생님처럼 가르치듯 말한다는 겁니다. 남처럼 말한다는 거지요. 그런데 고든 맥도날드 목사님은 아버지처럼 말씀하더라는 겁니다. 아무리 못된 아버지라도 아버지는 천생 아버지 아니겠습니까? 그러니 가르치려 드는 선생님, 지적하는 교수님이 아니라 자신들을 품어주는 아버지처럼 다가와 줘서 고맙다는 거지요. 자신들의 고민을 함께 씨름해 주어 감사하다는 겁니다.

유럽에서 돌아와, 또 다른 리더십 컨퍼런스에 참석했는데 역시 비슷한 일이 일어납니다. 컨퍼런스 책임자가 몇 번을 울컥했다면서, 그 이유를 말합니다.

"목사님이 우리에게 아버지처럼 말씀하셨기 때문입니다."
"우리 중에는 아버지가 없는 것처럼 느끼는 사람이 너무 많습니다."[14]

자신들에게는 아버지가 없다는 겁니다. 제대로 된 아버지가 없다는 거예요. 아버지의 이름은 있되, 아버지다운 아버지가 없다는 것 아닙니까? 그래서 힘들었는데 목사님이 아버지처럼 대해주어 감사하다는 거지요. 참 안타깝고 가슴 아픈 말 아닙니까? 주변을 둘러보면, 아버지가 계시지만 아버지의 사랑을 받지 못하는 세대, 아버지가 계시지 않거나 떠나 버림받은 세대, 참 아버지인 하늘 아버지를 알지 못하는 세대로 넘쳐납니다. 아버지가 없어 우는 세대가 너무 많지요. 참 딱한 세대입니다. 그러니 이런 대답이 나올 밖에요. 이 대답을 듣는 순간 맥도날드 목사님은 깨달았다고 합니다. 자신의 소명을. 결심했다고 합니다. 이들의 아버지가 되겠다고.

아버지가 필요합니다. 가르치는 선생님, 지적하는 교수님이 아니라 사랑으로 보듬어주는 아버지가 필요합니다, 우리와 우리 다음 세대에 꼭 필요한 사람, 아버지입니다. 선생님이 아니고요. 교수님이 아니고요. 사람 좋은 옆집 아저씨 아니고요. 남이 아니라, 아버지가 필요합니다. 나에게 진심으로 대해줄 아버지, 내 문제를 함께 씨름해 줄 아버지, 온 맘을 다해 사랑해줄 아버지가 필요합니다.

젊은이가 필요한 것이 아닙니다. 일 잘하는 사람이 필요한 것이 아니에요. 전혀 늙지 않고 건강미만 자랑하는 노년이 필요한 게 아닙니다. 아버지가 필요합니다. 곱게 늙고 고상하게 늙어가는 사랑이 많은 아버지가 필요한 시대입니다. 속지 마세요. 안티 에이징을 말하니, 정말 젊어질 수 있을 거라 생각되세요? 절대로 그렇지 않습니다. 하나님의 창조질서에 따라 오늘도 나는 늙어갑니다. 그걸 막을 수 없어요. 단, 어떻게 늙어 가느냐는 바꿀 수 있습니다. 하나님 앞에서 공의를 행하며, 사랑을 베풀며 고상하게 늙어갈 수는 있습니다. 다음세대의 아버지 노릇은 '잘' 할 수 있습니다. 그리고 그것이야말로 "영광의 면류관"이 될 것입니다.

이제 결정해야 합니다. 바꿀 수 없는 나이 듦을 애써 바꾸려 노력하든지(안티 에이징), 아니면, 나이 듦을 받아들이며 고상하게 늙든지(웰 에이징). 이제 다짐해야 합니다. 가르치는 선생님이 아니라, 사랑 많은 아버지가 되겠다고. 이런 아버지 같은 노년이야말로 젊은 세대에게 우리가 남길 유산이자, 하나님보시기에 영화로운 왕관이 아니겠습니까?

2장
노화, 수용하기

뱀파이어의 꿈(?)

어느 70대 노인이 남긴 말[1]

"만일 내가 19세기에 태어났더라면 이미 이 세상에 없을 것이다. 나는 제1형 당뇨병 환자이기 때문에 그때 태어났다면 오래 전에 죽었을 것이다. 그리고 내가 지금까지 겪은 일로 인해 아마 세 번은 죽었을 것이다."

제 양친도 당뇨병을 앓고 계십니다. 벌써 20년 이상이 되셨네요. 50대에 발견하셔서 지금 일흔 후반이신데도 비교적 건강하신 편입니다. 평소에 부지런히 당을 측정하고, 식단을 조절하며, 운동을 꾸준히 하셔서 아직도 건강하십니다. 혹여 문제가 있으면 병원을 찾기도 하시지요. 그런데 위의 70대 어르신의 말마따나 예전에 태어나셨다면 상황은 완전히 달라졌을 것입니다. 그나마 오늘, 그것도 기술이 발달한 우리나라이니 가능한 일입니다. 의학이 발달하고 정보가 빠르게 전달되면서 개인의 의식도 좋아져 자신의 몸을 잘 관리하게 된 덕분입니다.

반면에 그와 전혀 다른 삶을 살아가는 사람들도 많이 있습니다. 현대를 살지만 여전히 평균수명이 짧은 곳도 있습니다. 아프리카 국가들이 그렇습니다. 2015년을 기준으로 아프리카 국가의 평균수명이 얼마나 되는지 아십니까? 놀라지 마세요. 평균 50~60세 사이입니다. 예를 들어 사하라 이남의 아프리카 국가들은 59.9세이고 스와질랜드라는 나라는 평균수명이 57.1세입니다. 같은 기간 서유럽의 국가들은 80세를 훌쩍 넘기고 있고, 우리나라는 무려 82세입니다.[2] 같은 시대를 살아도 환경과 상황에 따라 전혀 다른 생애(인생의 길이)를 살아가고 있습니다. 이런 면에서 대한민국에 태어나 살아가는 것을 감사해야지요. 그리고 이런 혜택을 누리지 못하는 이들을 어떻게 도와야할지 고민해 봐야할 겁니다.

더 놀라운 사실 하나. 연구결과에 따르면, 미국의 1990년 75세인 노인은 1960년대의 65세 노인과 생물학적 나이가 비슷하다고 합니다.[3] 30년의 세월이 흐르니 10년이나 젊게 살게 되었다는 말이지요. 시대가 변함에 따라 지속적으로 노년의 건강 상태가 좋아진 겁니다. 그러니 2020년대를 살아가는 오늘의 75세는 또 다르겠지요. 그런 면에서 2020년대의 75세는 어쩌면 30년 전인 1990년의 65세보다 생물학적으로 더 젊게 살고 있는 것은 아닐까요?

이러다보니 어느 순간엔가 자신이 늙었다는 사실을 인정하기 힘들어 하는 분위기가 만들어지고 있습니다. '나이 들었다.' '늙어 보인다.' '피부가 노화되었다.' 이런 말을 노년들 스스로가 정말 싫어하고, 듣기 힘들어 합니다. 반대로 '젊어졌다.' '피부가 40대 같아요.' 이런 말을 좋아합니다. 심지어 젊은이들 사이에서는 '뱀파이어세요?'라고 묻는 걸 칭찬으로 생각합니다. 뱀파이어, '뱀파이어처럼 죽지 않고 영원히 젊음을 유지하는 존재'라는 의미로 사용되는 말이지요. 그래서 종종 나이든 연예인이나 유명인이 간만에 등장해 예전 모습을 그대로 유지하고 있을 때 '뱀파이어 같다'라는 표현을 쓰곤 하지요.[4]

영원히 젊고 싶은 욕망, 노화에 대한 두려움, 이 둘이 합쳐져 이런 신조어가 나오게 된 것이 아닐까 생각됩니다. 이런 '뱀파이어'가 되고 싶은 꿈을 꾸며 오늘도 외모를 가꾸는 노년들이 많습니다. '나는 다르다.'고 여기며 말이지요. 그런데 주지하는 것처럼 뱀파이어는 이 세상에 없는 존재입니다. 현실에서는 불가능한 것이지요. 죽지 않고 늙지 않는 영원한 것은 이 땅에서는 없지요. 그런데 나는 어떠합니까? 영원히 늙지 않을 거라 여기며 지내지 않나요? 이를 위해 우리는 다음의 두 가지(사실과 수용)를 생각해야 할 것입니다.

사실: 당신도 늙을 것이다!

"당신도 늙을 것이다!" 이 말은 사실입니다. 아니, 정확하게는 "늙고 있다!"고 해야 할 겁니다. "늙을 것이다."라는 말은 미래형이니까요. 앞으로 될 것이라는 말이지요. 그러나 실상은 오늘도 우리는 늙고 있습니다. 현재형입니다. 아니, 보다 정확히 말하면 현재진행형입니다. 오늘도 저와 여러분은 '하루를' 더 늙어가고 있는 중이니까요. 슬프게도(아니, 역발상을 하면 '감사하게도').

생각해 보세요. 교회요람에 20년 전 사진을 올려놓고 "이 사진 봐! 지금 내 모습이랑 변한 게 없어! 봐, 그때랑 똑 같잖아!" 우긴다고 지나간 세월이 다시 돌아오나요? 희어져 가는 머리를 염색해서 검게 되었다고 흰머리가 검은 색으로 돌아오지는 않습니다. 다시 머리가 자라면 염색해야 된다는 '사실(현실)'에는 변함이 없는 것입니다.

제가 그랬습니다. 제 가족 중에는 소위 '대머리'가 없습니다. 그래서 저는 안심하고 있었습니다. 별로 중하게 여기지 않았지요. 그런데 어느 순간엔가 스트레스 때문인지 앞머리 주변의 머리숱이 조금씩('많이'가 아닙니다! 절대로) 줄기 시작하는 겁니다. 아니, 보다 정확히 말하면 나는 몰랐는데 주변에서 조금씩 줄고 있다고 일러주었습니다. 물론, 제 주변이라고 해봐야, 제 처와 자녀들이 한 말입니다. 제가 듣기 싫어하니 그것도 가끔씩 눈치 보며 말해 주었습니다. 그래도 부러 괜찮다 위로하며 아니라고 단호하게 부인했습니다. 그러던 어느 날, 한가롭게 거울과 대면하는 시간이 있었습니다. 얼굴 이곳저곳을 살피다 머리를 스윽 넘겼는데 그제야 보이기 시작하는 겁니다. '내 머리가 그리 많지 않구나!' 남들이, 심지어 아내가 말할 때도 무심하게 넘겼는데, 어느 순간엔가 그들이 그렇게 말하던 머리숱이 줄었다는 사실을 발견한 겁니다. 흰머리는 덤이고요.

이제 제가 할 수 있는 일은 둘 중 하나입니다. 나도 늙어가고 있고, 나도 남들처럼 변하고 있다는 사실을 인정하고 수용하는 것이 그 하나입니다. 반면 기어코 아니라고 우기며 괜찮은 척할 수 있습니다. 그러면서 억지로 아니라는 것을 증명하려 더욱 스트레스를 받게 될 겁니다. 물론 그럴수록 머리숱은 더 빠지겠지요. 스트레스로 인해.

여러분이 저라면 어떻게 하시겠습니까? 아니, 분야는 다르겠지만(기억력 저하, 시력 저하, 체력의 저하 등) 저와 비슷한 경험을 하셨다면 어떻게 하시겠습니까? 나도 늙어가고 있다는 사실을 인정하며 순순히 받아들이시겠습니까? 아니면 기어코 아니라고 우기며 있는 사실을 없는 척 외면하시겠습니까?

노화, 나이가 든다는 것

나이가 든다는 것, 늙고 노화가 진행되는 것은 어떤 인생도 피할 수 없는 일입니다. 이것에 대해 전도서 12:1-7절에 잘 묘사되어 있습니다. 1-2절은 이렇게 시작합니다.

> 너는 청년의 때에 너의 창조자를 기억하라 곧 곤고한 날이 이르기 전에, 나는 아무 낙이 없다고 할 해들이 가깝기 전에 해와 빛과 달과 별들이 어둡기 전에, 비 뒤에 구름이 다시 일어나기 전에 그리하라(1-2절)

많이 들어본 구절이지요. 여기서 "곤고한 날"은 늙는 것과 죽는 것을 의미합니다. 그래서 메시지 성경은 전도서 12장 1-2절을 이렇게 번역하고 있습니다.

> 네가 아직 젊을 때, 네 창조자께 영광을 돌리고 그분을 즐거워하여라. 세월의 무게에 못 이겨 기력이 쇠하기 전, 눈이 침침해져 세상이 부옇게 보이기 전, 겨울철에 난롯가를 떠나지 못하게 되기 전에."[5]

한 마디로 말하면 늙기 전에, 기력이 쇠하기 전에, 죽음에 이르기 전에 하나님께 영광을 돌리라는 겁니다. 힘이 없어 하나님을 섬기기 어려울 때가 올 테니 지금 잘 섬기라는 것이지요.

이 번역이 노년의 모습을 실감나게 묘사하고 있지 않습니까? 너무 실감나게 그렸습니다. 그다음 구절은 더욱 그렇습니다. 3절에서 7절까지 메시지 성경을 봅시다.

> 늙으면 몸이 말을 듣지 않는다. 힘줄은 늘어지고, 쥐는 힘은 약해지며, 관절은 뻣뻣해진다. 세상에서는 땅거미가 깔린다. 마음대로 드나들 수 없게 된다. 세상이 멈추어 선다. 가족들의 소리는 희미해진다. 새소리에 잠이 깨고 산을 오르는 것은 옛일이 되며 내리막길을 걷는 일마저 겁이 난다. 머리털은 사과 꽃처럼 희어져, 성냥개비처럼 부러질 듯 힘없는 몸을 장식할 뿐이

다. 그렇다. 너는 영원한 안식으로 가는 길에 거의 이르렀고, 친구들은 네 장례 계획을 세운다. 근사했던 삶이 조만간 마무리된다. 값지고 아름다운 인생이 끝난다. 몸은 그 출처였던 땅으로 되돌아가고, 영은 그것을 불어넣으신 하나님께 돌아간다.[6]

이보다 노화에 대해 잘 보여주는 표현도 드물지 않을까 생각됩니다. 시간이 있다면 위의 구절을 하나하나 찬찬히 읽어 보세요.

사실, 나이가 든다는 것은 몸이 점점 말을 듣지 않는다는 말입니다. 노화를 경험하는 노년의 일상, 그 중에서도 아침에 잠을 깨어 아침 식사할 때까지의 모습입니다. 일본의 한 의사가 묘사한 것입니다. 한번 보세요. 또 다른 무언가를 생각하게 합니다.

"아침에 눈을 떴는데 새벽 4시. 밖은 아직 캄캄하다. 그대로 잠깐 앉아 있다가 빵을 굽는다. 아직인가? 하고 토스터를 봤더니 이미 식빵이 구워져 있다. '띵' 하는 소리가 났을 텐데 들리지 않아서 몰랐다. 토스터에서 빵을 꺼내고 보니 손가락 끝이 화상을 입었는지 빨갛다. 눈으로 보기 전까지 전혀 몰랐다. 빵에서는 별 냄새가 나지 않는다. 버터를 들어 유통기한을 확인하려 했으나 글자가 작아서 보이지 않는다. 괜찮을 거라 짐작하고 한 스푼 떠서 빵에 발랐다. 식빵을 한 입 베어 물었는데 무슨 맛인지 모르겠고 그냥 씹어 삼킨다는 감각만 느낄 뿐이다."[7]

잠이 없는 것은 그래도 봐줄만합니다. 그다음을 보시면 순서대로 청각, 촉각, 시각, 후각, 미각의 오감이 차례로 무뎌졌음을 보여줍니다. 나이가 들면 자연스레 감각이 무뎌집니다. '무'감각해지지요. 전에 그렇게 좋았던 시력이 어느새 돋보기가 필요해집니다.

저도 40세를 조금 넘어서 안과에 갔더니 의사선생님 말이 노안(老眼)이 왔다는 겁니다. 늙어 시력이 나빠지는 것을 노안이라고 알고 있었는데, 아직 팔팔한 제게 벌써 왔다는 겁니다. 순간 너무 놀랐습니다. 나중에 알게 된 거지만, 그 나이에 자주 발견되는 현상이라네요. 지금은 다(多)초점 렌즈 안경을 쓰고 즐겁게 글을 쓰고 있습니다. 이뿐이 아닙니다. 노년이 되면 점점 소화에 자신이 없어지고요. 감각이 예전 같지 않다는 걸 느끼며 의욕도 자신감도 서서히 잃어가기도 합니다. 그러나 노화를 너무 부정적으로 볼 필요는 없습니다.

상실, 원래 내 것이 아니었던 것 되돌리기

자, 다시 정리해 볼까요. 우리 육체가 점차 기능을 잃어가는 과정을 노화(老化)라고 합니다. 나이가 든다는 말이지요. 이것을 영어로 '에이징(aging)'이라고 하지요. 나이가 들어가면서 생기는 '정상적인' 과정입니다.[8] 나이가 들면 자연스럽게 신체 기능이 저하되고 퇴화합니다. 이 과정을 제임스 패커는 "상실의 과정"이라고 표현하기도 했습니다.[9] 몸의 힘을 잃어가면서 마음의 힘도 잃어가는 상실을 경험하는 겁니다. 그리고는 자신의 연약함과 직면하게 됩니다.

전에는 별무리 없이 쉽게 할 수 있었던 걸 힘겨워하기 시작합니다. 숟가락을 들다 심하게 떨리는 손을 보고 깨닫지요. '아, 숟가락 하나 드는 것도 내 힘으로 안 되는구나!' 그리고 어느새 감각이 무뎌져서 무감각을 많이 경험하다보면 결국 마지막 단계에 이르렀음을 직감합니다. 바로 죽음이지요.

　　　이것에 대해 제임스 패커는 이렇게 말합니다. "인생[은] 상실과 연약함과 무감각을 거쳐 결국 죽음에 이르는 그림이다."10) 인생의 마지막 순서가 그렇다는 겁니다. 순서대로 도표를 그려보면 이렇습니다.

　　　　　상실 → 연약함 → 무감각 → 죽음

　　이 과정을 거치면서 결국 인생의 종착점인 죽음에 이르게 됩니다. 이 과정만 보면 참 우울하지요. 갑자기 우울해질 수 있습니다. 그러나 잊지 마세요. 우리에게는 그다음이 있다는 사실을 말입니다. 세상 사람들은 죽음 이후를 모르거나 외면하기 때문에 우울해 집니다. 힘들어 합니다. 죽음이 마지막이니까요. 그들의 생각에는. 하지만, 우리는 감사하게도 그다음이 있습니다. 늘 그다음이 기다리고 있어요. 얼마나 감사한지 몰라요. 그래서 위의 표를 수정해서 그려야 합니다. 이렇게 말이죠.

　　　　　상실 → 연약함 → 무감각 → 죽음 → 영원(부활)

　　　이것에 대해 제임스 패커는 한 철학교수의 말을 인용합니다. 그 교수께서 말씀하길, 성도는 죽음 그다음으로 갈 '세상'이 있다는 겁니다. 바로 "잘 아는 분이 살고 계시는 잘 모르는 나라"[11]말입니다. 우리는 죽음 다음이 어떻게 될지 정확히 모릅니다. 살아 있는 우리 중 누구도 경험해 보지 못했고, 가보지 못했기 때문입니다. 그러나 분명한 건, 우리가 "잘 아는 분"을 신뢰하기에 죽음 다음이 있음을 믿고, 안도할 수 있는 겁니다. 그 나라는 잘 모르지만, 그분을 분명히 믿고 신뢰하니 괜찮습니다. 중요한 건, '지금'과 '여기에서'입니다. 지금 여기에서 그분을 잘 알고 있느냐 하는 겁니다. 그 문제가 해결되지 않는 한 결국은 그 "잘 모르는 나라"도 확신할 수 없을 테니까요.

　　　　이렇게 보면 상실을 너무 힘겨워할 필요는 없습니다. 원래 내가 가진 모든 것(심지어 건강까지도)이 내 것이었으면 상실의 고통은 극심할 것입니다. 있다가 빼앗기면 그것만큼 억울하고 힘겨운 것도 없지요. 거기다 잃는 것 자체로만 끝나버리면 너무 억울할 것입니다. 그러나 원래 내가 가진 모든 것, 심지어 건강과 육체의 모든 것도 원래 내 것이 아니었다면 조금은 서운하겠지만 그래도 괜찮지 않겠습니까? 더욱이 그 끝에 더 좋은 것이 기다리고 있다면 지금 잃어가는 아픔이 있어도 견뎌낼 만한 가치가 있지 않겠습니까? 원래 내 것도 아니었고, 나중에 더 좋은 것이 기다리고 있다면 씩 웃으며 넘겨볼 수 있지 않겠습니까? 그래서 상실은 결국 원래 내 것이 아닌 것을 되돌려 놓는 것 정도로 생각하면 좋겠습니다. 쉽지는 않겠지만요. 그리고 내 몸의 완전한 상실이 완성될 때(그분이 내 몸의 힘을 다 빼실 때), 내가 잘 아는 그분이 계시는 "잘 모르는 나라"로 가 영원히 그분과 함께 있게 될 소망이 있으니까요.

수용: 나는 도움이 필요하다!

이렇게 노화의 과정에 대해 생각해 보면서 우리가 할 수 있는 최선은 바로 '수용'입니다. 늙어가는 나, 노화되는 나, 감각을 상실해가는 나를 있는 그대로 수용하는 것입니다. 받아들여야 합니다. 자포자기(自暴自棄)하자는 말이 아닙니다. 연약함을 수용하고 그다음을 생각하고 준비하자는 겁니다. 심리학자인 폴 투르니에는 어쩌면 노년에 가장 어려운 것 중에 하나가 이런 연약함을 '수용'하는 것이라고 말합니다. 왜냐하면 자신의 불완전함을 인정해야 하기 때문입니다. 인생 말년에도 여전히 미완성임을 인정해야 하기 때문입니다.[12] 내가 이정도밖에 이루지 못했다는 것을 용납해야 하기 때문입니다.

사실, 우리는 죄성이 있어서 자주 자신의 연약함을 인정하는 걸 힘들어 합니다. 입으로는 "주여, 우린 연약합니다."라고 쉽게 고백하고 찬양하지만, 속으로는 그걸 인정하는 걸 꺼려하고, 심지어 거부하기도 합니다. 아니, 그 짧은 찬양의 순간은 마음을 열어 고백하지만 실제로 자신의 연약함과 맞닥뜨리면 금세 본색을 드러냅니다. '아니야, 이건 아니야.' '나는 이렇지 않았어!' '얼마 전까지도 나는 안 이랬어!' 숟가락을 들 때 떨리는 손을 감추려고, 아닌 척, 괜찮은 척 하려 애씁니다. 자신의 능력과 힘을 더 의지하기 때문입니다. '수용'이 어려운 이유가 바로 이것입니다. 모두가 괜찮은데 나만 아닌 것 같은 느낌이 들어 더욱 그렇습니다. 그래서 다음과 같은 대화도 종종 일어납니다.

장년의 아들: 아버지, 요전에 내과에 갔다 왔어요?

노년의 아버지: 어어.

장년의 아들: 뭐래요?

노년의 아버지: 나야 뭐 늘.[13]

잘 들리지 않는데 들리는 척, 괜찮은 척 하며 어물쩍 넘기는 것이지요. 이럴 때 기억해야 할 것, 바로 '수용'입니다. 먼저, '나는 도움이 필요하다!' 인정하고 수용하는 것이 우선입니다. 그래야 누구의 도움이든 청할 수 있겠지요. 우선 나의 늙어 감을, 나의 노화를 있는 그대로 받아들이는 겁니다. '그래, 나는 귀먹고 눈 멀어 가고 있다.' '나는 점점 약해져가고 있다.' 인정하는 과정이 필요합니다.

다시 한번 말해달라고 하고, 그 말이 맞는지 되묻는 과정을 만들어 보세요. '뭘, 이런 걸 다시 묻나?' 생각이 되어도 괜찮습니다. 귀찮거나 계면쩍다고 생각되어도 괜찮습니다. 별로 중요하지 않다 생각이 들더라도 쉽게 넘기지 마세요. 스스로 부족함을 드러내는 걸 부담스러워 하지 마세요. 그냥 얼버무리지 마세요. 그래야 다음의 대화에서는 좀 더 발전된 단계로 나아갑니다. 그렇지 않으면 대화가 서서히 단절될 것입니다. 더욱 나만 따돌림을 당하게 될 거예요.

무엇보다 나이 들수록 더욱 하나님의 도움을 구하십시오. 시편 71편 9-11절 말씀을 보세요.

늙을 때에 나를 버리지 마시며 내 힘이 쇠약할 때에 나를 떠나

지 마소서 내 원수들이 내게 대하여 말하며 내 영혼을 엿보는
자들이 서로 꾀하여 이르기를 하나님이 그를 버리셨은즉 따라
잡으라 건질 자가 없다 하오니

  건강할 때, 젊을 때, 강건할 때는 자신을 두려워하던 원수들이 자신이 노쇠해지니 그 틈을 타 영혼을 엿보고 있다는 겁니다. 노쇠해지자 늘어나는 적들, 문제들, 환란을 경험한 시인은 이 모든 문제들을 앞에 놓고 외면하거나 도망치지 않습니다. 먼저 기도합니다. 하나님께 도움을 구합니다. 그것 아세요? 기도가 좋은 건, 언제나 어디서나 할 수 있다는 사실입니다. 연약해져도, 힘이 빠져도 언제나 할 수 있습니다. 집에서도, 병원에서도 어디서나 할 수 있습니다. 왜냐하면 하늘은 언제든, 어디서든 열려 있기 때문입니다. 나이가 들어 연약해질수록 더욱, 홀로 있는 시간이 많아질수록 더욱 하나님께 도움을 구해야합니다.

  감각을 상실해 가는 건, 원래는 내 것이 아니었는데 하나님이 가져가시고 계시다 '수용'하면 됩니다. 그다음이 있다는 사실을 믿고 말이죠. 그리고 '지금 나는 도움이 필요하다!' 이 사실을 '수용'하고 하나님께 엎드리면 됩니다. 그러면 마음이 평안해질 겁니다. 그리고 그 수용의 기도를 이렇게 해 보면 어떨까요? 조용히.

  "하나님, 우리가 바꿀 수 없는 것은 평온하게 수용할 수 있는 은혜를 주시고, 우리가 바꾸어야 할 것은 변화시킬 수 있는 용기를 주시고, 둘 중 어떤 것을 해야 할지 분별할 수 있는 지혜도 주옵소서."[14]

3장
고독,
마음 스트레칭으로 극복하기

슬픈 단어(호칭)들

어느 카페에서 있었던 일[1]

한 부부가 어머니와 카페(제과점)에서 차를 마시고 있었다. 간만에 모시고 온 것 같고, 분위기도 좋아 보였다. "어머니, 차 한 잔 더 하실래요? 케이크 하나만 더 드세요.." 딱 거기까지였다. 그렇게 어머니께 묻고는, 부부 둘이서만 열심히 이야기꽃을 피웠다. 곁에 앉은 어머니는 계속 침묵을 지킬 뿐이었다. 그들은 친절했고, 어머니 걱정도 하는 것 같아 보였지만 그뿐이었다. 그래서 그런지 어머니는 고맙다는 말조차 하지 않았다.

젊은 부부는 말하고 곁에 앉은 어머니는 억지웃음으로 지켜만 보고 있는 이런 모습을 종종 보게 됩니다. 모르긴 몰라도 자녀부부가 적적한 어머니께 먼저 만나자고 하지 않았을까요? 그런데 딱히 이야기 주제가 없었을 겁니다. 그래서 어머니께 한두 마디 묻고는 자기들끼리만 이야기하는 시간이 된 겁니다. 그렇다면 이 모임은 누구를 위한 모임, 누구를 위한 시간일까요? 어머니일까요, 본인들일까요? 좀 더 깊이 생각해 봅시다. 이 자리는 어머니를 위로하기 위한 것입니까, 아니면, 자신들이 어머니를 잘 모신다고 스스로 위안하기 위한 것입니까?

이제 이 장면과 관련하여 두 가지 연상되는 단어를 생각해 보려합니다. 한번 각각의 단어들을 이 장면과 연관시켜 생각해 보세요.

'꿔다 논 보릿자루.'

딱 이 장면에 맞는 말 아닐까요? 그러니 어머니는 마냥 즐겁게 앉아 있을 수만 없었을 겁니다. 함께 있지만 대화에는 끼지 못하는 사람, 같은 공간에 있지만 혼자만 따돌림 당한다 느끼는 사람, 이런 사람을 젊은 세대는 '왕따'라고 하지 않습니까? 학교나 직장에서나 있을 법한 이런 일이 우리 일상에, 특별히 노년의 부모들에게 종종 일어나고 있습니다. 그런데 그 이유가 전혀 엉뚱한 곳에 있는 경우가 종종 있습니다. 대개의 경우 청력에 문제가 있어 잘 듣지 못해 일어나는 해프닝일 경우가 많다고 합니다. 10년간 10만 명 이상의 노년들을 진찰해 본 어느 일본 의사의 말입니다.[2)]

'뒷방 늙은이'

노년의 부모와 젊은 자녀 사이에 대화를 한다고 합시다. 노년의 부모가 청력의 문제로 제대로 듣지 못했거나[3] 혹은 상황을 파악하는 데 시간이 걸려 답을 찾느라 어쩔 줄 몰라 한다고 합시다. 그러면 대답할 타이밍을 놓치고 머뭇거릴 겁니다. 자녀 입장에서는 간만에 대화를 하려했는데 상황 파악도 늦고 대답도 못하니 답답할 겁니다. 그렇게 한 번, 두 번이 지나다보면 부모를 대화에 끼워주는 게 부담이 될 겁니다. 답답하게 생각할 겁니다. 그러다보면 자연스레 자기들끼리 이야기하는 시간이 늘어나게 될 겁니다. 그 사이 그 부모는 점점 말 한 마디 제대로 할 수 없는 처지, 소위 '뒷방 늙은이' 신세가 되는 것이지요.

그런데 꼭 이렇게 부정적인 호칭만 있을까요? 아닙니다. 노년에 대해, 노인들에 대해 아름다운 호칭도 있습니다. 예를 들어 미국에서는 노년을 '골든 에이지(golden age, 황금 세대)'라고 부릅니다. 황금세대. 이러니까 벌써 기분이 좋아지지 않습니까? 호칭 하나만 바꿔도 훨씬 나아지지 않습니까? 이제 노인이 경험하는 고통 중에 하나인 고독의 처방약 두 가지에 대해 생각해 보려 합니다. 하나는 호칭 바꾸기이고 다른 하나는 비통함 극복하기(마음 스트레칭)입니다.

호칭 바꾸기: 지공거사에서 노인(奴人)까지

지공거사(地空居士)

'지공세대'라는 말을 들어 보셨습니까? 거창한 말은 아닙니다. 사자성어도 아닙니다. '지하철 공짜 세대'의 준 말입니다. 조금 더 거창하게 말하면 '지공거사(地空居士)'라고도 하지요. 65세 이상 되신 어르신들을 일컫는 말입니다. 통상 이 지공세대 즉, 65세 이상 된 연령대를 노년이라고 부르고, 그에 해당되는 분을 노인이라고 합니다. 그런데 어째 어감이 좀 무겁지요? 제가 어릴 적 만해도 노인이라고 하면, 인생의 마지막이 곧 다가올 분들처럼 생각했습니다. 늙을 노(老)자를 쓰는 노인(老人)입니다. 그때의 노인(老人) 개념으로 오늘 지하철을 활보하고 다니시는 지공세대 어르신들을 보면 느낌이 완전히 다릅니다. 사실, 지금 갓 65세 된 어르신을 '노인'이라고 하기에는 민망한 면이 많습니다. 아니, '어르신'이라는 표현도 부담이 되기도 합니다.

노인(老人)

교회를 가 보세요. 65세 정도 되면 아직 한창입니다. 팔팔하십니다. 스스로 늙었다 여기며 소위 뒷방에 앉아 있는 분들은 그렇게 많지 않습니다. 최소 70대 중반은 되어야지요. 그래야 뒷방에 자리라도 잡으실 겁니다. 얼마 전 제가 가봤던 교회도 그랬습니다. 60대 중반은 아직 식당에서 배식을 해야지 감히 방에 들어갈 수 없는 겁니다. 아직 생생하시지요! 그런데 지하철을 타면 상황이 달라집니다. 오래 서 있기 피곤해서 이렇게 보니까 저기 자리가 있습니다. 그래서 앉고 보니 '교통약자석'인 겁니다. 아실 겁니다. 교통약자가 누군지. 고령자, 장애인, 임산부, 환자 등등을 일컫는 말 아닙니까? 그 자리에 앉는 순간부터 나도 모르게 고령자, 즉 노인(老人)이 되는 겁니다. 그리고 나보다 몇 살이나 나이 많은 분들과 어울려 이야기를 하다보면 어느새 '노년세대'가 되어 버립니다.

　　　사실, 노인(老人)이라는 말은 정말 아주 오래 전부터 사용되었던 호칭입니다. 옛날 중국 이야기는 차치하더라도 말입니다. 제가 태어날 무렵인 1970년대 초만 해도 우리나라 평균 수명이 63세였습니다.[5] 채 65세가 되지 않았습니다. 그러니 65세가 된 사람은 이미 평균수명을 넘은 사람들입니다. 당시의 시각으로는 굉장한 분들입니다. 존중받아 마땅한 분들이었습니다. 말 그대로 '늙은 사람'(노인, 老人)이었습니다.

　　　제 막내 동생이 태어날 즈음인 1980년 대 초에는 우리나라 평균수명이 66세였습니다.[6] 그러니까 1980년대까지도 65세가 된 분들이 많지 않았던 겁니다. 이런 이유로 1980년에 처음으로 지하철에 이분들을 위한 자리가 마련됐습니다. "노약자석"이란 이름으로 말입니다. 맞습니다. 늙을 노(老)자를 썼습니다. 1980년 8월 20일의 일입니다. 그리고 그해 12월 5일에 시내버스에도 자리가 만들어졌습니다. "경로석"이라는 이름을 썼고, 노인을 공경한다는 뜻의 경로(敬老)라는 말을 썼습니다.[7] 이때까지도 65세만 되면 늙을 노(老)자를 쓰는 노인(老人)이라는 표현이 아주 적절했던 때입니다. '어르신'이라 부르며 소위 어른 대접해 드리는 것이 당연했습니다. 그만큼 어르신들이 많지 않아 가능했던 일입니다.

노인(勞人)

그런데 지금은 상황이 180도 바뀌었습니다. 평균수명이 그 당시에 비하면 상상할 수 없을 정도로 많이 늘어났습니다. 통계청 보고에 의하면, 2018년 평균수명(기대수명)이 82.7세로 50년 전에 비해 거의 20년이 늘어났습니다.[8] 평균수명이 이제 80대 중반을 향해 가고 있습니다. 65세는 누구나 지나가는 나이 정도로 여깁니다. 그래서일까요? 이제 노년도 젊은 노년과 늙은 노년을 나누고[9] 젊은(초기) 노년은 노년으로 여기지 않는 분위기입니다.

활발하게 교회에서, 집에서 심지어 직장에서 일하고 있는 분들을 보며 '어르신'이라 함부로 부르기 힘들어졌습니다. 늙어서 일도 못하고 마지막만 바라보는 분이라 여기지 않는 겁니다. 이제 노인을 달리 불러야 하겠습니다. 늙을 노(老)자를 쓰는 노인(老人) 말고 다른 이름이 필요한 때입니다. 그래서 일할 노(勞)자를 써서 노인(勞人)이라고 하면 좋겠습니다. 뒷방에서 시간이나 보내다 저물어 가는, 힘없이 늙어가는 노인(老人) 대신에 말입니다.

노인(努人) 그리고 노인(奴人)

여기에 하나 더 덧붙였으면 좋겠습니다. 이제야 비로소 제대로 힘을 좀 써 볼 수 있는 나이가 되었다 해서 힘쓸 노(努)자를 써 노인(努人)이라 하면 좋겠습니다. 자, 이제 노인(老人)이 아닌 노인(努人)으로 호칭을 바꾸니 어떻습니까? 한결 부담이 덜하지 않습니까? 마음이 가볍지 않으세요?

마지막으로 부를 이름이 하나 더 있습니다. 믿음의 눈으로 부를 수 있는 호칭입니다. 우리는 다 예수님을 주님으로 모시지 않았습니까? 나이가 많든 적든 상관없이 말입니다. 이런 면에서 이 글을 읽는 누구나 예수 그리스도를 주인으로 섬긴다는 의미로, 종 노(奴)자를 쓰는 노인(奴人)이라고 부르면 좋겠습니다. 예수님만 주인으로 모시고 마지막을 불태우는 예수의 종, 노인(奴人)말입니다.

어떻습니까? 이렇게 보면 그냥 늙은 노인(老人) 말고 힘쓰고, 일하고, 섬길 노인이 여기 다 모였습니다. 저와 독자 우리 모두는 그저 늙어가는 노인(老人) 말고, 남은 인생을 멋지게 주인만을 섬기는 노인(奴人), 일하는 노인(勞人), 무엇보다 그분만을 위해 남은 힘을 다 쓰는 노인(努人)이 되었으면 좋겠습니다.

비통함 극복하기:
뒤로 물러서기에서 밖으로 나아가기까지

영어로 하트브레이크(heartbreak)라는 말이 있습니다. 비통함이라고 번역하기도 합니다. 단어 뜻 그대로 번역하면 '마음이 부서진다.' 라고 할 수 있습니다. 마음이 부서지는 것, 이것을 우리는 언제 경험합니까? 특별히 나이가 들면 언제 경험할까요? 가장 가까운 사람, 믿었던 사람에게 배신당했을 때, 한때 의미 있다 생각했던 것이 아무 의미 없는 것으로 바뀔 때, 소중한 사람을 잃었을 때 아닙니까? 노년이 되면 이런 경험을 종종 하게 됩니다.

뒤로 물러서게 하는 감정들

노년에 믿었던 자녀 혹은 배우자로부터 버림을 받기도 합니다. 대놓고 외면하지는 않지만 가장 중요한 사안에 대해 내게 동조해 주지 않고 다른 사람의 편을 들 때가 있습니다. 서운함. 첫 번째 떠오르는 단어입니다. 때로는 경제적인 이유로 갈등을 빚다가 갈라서기도 합니다. 돈 때문에 남남처럼 지내게 되기도 하지요. 배신감. 두 번째 떠오르는 단어일 겁니다. 내가 이러려고 그렇게 열심히 일해 그 재물을 모았나 싶은 생각이 들 때가 바로 그때입니다. 역시나 외롭습니다.

그래도 이런 것들은 나은 편입니다. 정말 안타까운 건 자녀나 배우자가 이런저런 이유로(결혼으로 인한 출가, 직장으로 인한 이사, 부부 갈등 등) 끝내 신앙을 저버리는 경우일 겁니다. 자괴감. 세 번째 떠오르는 단어일 겁니다. 다른 건 몰라도 신앙만은 가족들에게 제대로 남겨줘야 생각했는데 그것마저 내 맘대로 되지 않을 때, 끝내 하늘이 무너지는 경험을 하게 됩니다. 마음이 심하게 부서집니다.

또 다른 하나의 비통함, 마음이 무너지는 것이 있습니다. 믿었던 내 몸이 말을 듣지 않을 때입니다. 몸이 만신창이가 되어 가장 힘들 때, 누구도 내 맘을 몰라주면 고통스럽지요. 좌절감. 이때 떠오르는 단어입니다. 그렇게 팔팔할 때는 모두가 관심을 보이더니만, 이제 힘 잃고 제구실 못한다고 거들떠보지 않는다 싶으면 마음이 부서집니다.

마지막 최고의 비통함, 그것은 바로 배우자의 죽음입니다. 가족의 죽음입니다. 평생을 함께 했던 배우자, 나의 반쪽이 떨어져 나가는 슬픔, 그 마음의 부서짐은 어떤 말로도 표현하지 못할 것입니다. 노년은 이런 걸 경험합니다. 그사이 마음의 헛헛함과 말로 할 수 없는 외로움에 사무치게 되지요. 말 그대로 마음이 부서집니다. 아니, 박살이 납니다.

두 가지 대응방식

이때 자칫 마음이 부서지는 걸 잘못 다루면 큰일 납니다. 나도 망가지고, 함께 한 가족이나 이웃, 교회 성도들까지 깊은 상처를 입게 되기 때문입니다. 이것에 대해 교사들의 교사로 알려진 파커 파머는 고통은(외로움, 병, 이별 등으로 인한) 두 가지 방식의 부서짐으로 나타난다고 합니다.[10] 그 첫째는 마음이 산산 조각나는 부서짐입니다. 마음이 박살이 나면서 마치 수류탄이 터지듯 폭발해 상대방을 향해 숱한 파편들을 쏟아냅니다. 자신도 박살나지만 상대방도 완전히 망가뜨려 놓게 되지요. 최악의 방식입니다. 그런데 얼마나 많은 노년이 이 방식으로 분노를 쏟아 놓는지 모릅니다. 말년에 처절한 인생 실패를 맛보는 경우입니다.

하지만 또 다른 방식이 있습니다. 너무나 행복한 방식, 그러나 쉽지는 않은 방식이 있습니다. 유연한 마음으로 고통을 받아들이는 것입니다. 유연한 마음으로 고통을 받아들이면 마음의 문만 살짝 부서뜨릴 수 있습니다. 마음의 문이 부서지면 어떻게 될까요? 그렇습니다. 그동안 닫혀있던 마음에 사랑이 들어갈 공간이 새롭게 생깁니다. 유연한 마음이 완충제 역할을 합니다. 깨어진 파편이 이웃에게로 가지 않도록 말입니다.

한쪽은 비통함을 타인을 향한 원망으로 폭발시켜 나도 망하고 남도 망하게 만들지만, 다른 한쪽은 비통함을 나의 부족한 부분을 넓혀주는 계기로 만들었습니다. 어느 쪽이 나아 보입니까? 누가 봐도 두 번째 방식이 아니겠습니까?

마음 스트레칭: 앞으로 나아가기

그럼, 어떻게 하면 유연한 마음으로 비통함을 받아들일

수 있을까요? 파커 파머는 스트레칭으로 마음을 단련하라고 조언합니다(exercise my heart by stretching).[11)] 쉽게 말해 마음 스트레칭을 하라는 거지요. 마치 달리기 선수가 운동 전에 스트레칭을 해서 부상을 방지하는 것처럼 말입니다. 비통함을 받아들이는 연습을 하라는 겁니다.

사실, 노년은 뭔가를 성취하는 시기가 아닙니다. 이루고 만들어가고 큰일을 하는 시기는 지났습니다. 오히려 마무리하고, 정리하는 시기입니다. 그간 이룬 것을 잃어가는 시기, 평온했던 것들이 하나씩 깨어지는 시기, 그래서 고통이 서서히 밀려오는 시기입니다. 그렇게 서서히 죽음을 맞이합니다. 이렇게 생각하니 다시 우울해지세요? 너무 걱정하지 마세요. 이 과정도 마음 스트레칭을 하다 보면 좀 나아질 거니까요.

자녀들의 날 선 말, 배우자의 무시, 병든 몸과 마음, 무엇보다 가족들과의 이별(죽음) 등은 엄청난 비통함을 안겨줍니다. 우리를 외로움과 고독으로 몰고 갑니다. 그러나 그 과정 하나하나를 작은 것부터 심호흡을 하고 스트레칭을 하듯이 조금씩, 아주 조금씩 받아들이는 연습을 하다보면, 이전보다는 덜 힘든 경험을 하게 될 것입니다. 물론, 쉽지는 않을 겁니다. 이것이 바로 성경에서 말하는 인내의 과정입니다. 그리고 결국 그 비통함 속에서도 작은 웃음 정도는 발견할 수 있는 '은혜'가 있을 것입니다. 이것이 바로 야고보가 우리에게 가르쳐주는 지혜이기도 합니다.

내 형제들아 너희가 여러 가지 시험을 당하거든 온전히 기쁘게 여기라. 이는 너희 믿음의 시련이 인내를 만들어 내는 줄 너희가 앎이라. 인내를 온전히 이루라 이는 너희로 온전하고 구비하여 조금도 부족함이 없게 하려 함이라. (약 1:2-4)

여기 마음 스트레칭을 하는 특효약 하나가 있습니다. 비결이라고 할 수 있을 겁니다. 자세히 말씀을 읽어 보면, 이미 2천 년 전, 우리 신앙의 선배들도 시험을 당했다는 겁니다. 나만 그런 게 아니라는 거지요. 나만 힘든 게 아니라는 사실, 우리 신앙의 선배들도 그랬다는 사실, 그리고 모르긴 몰라도 오늘 이 성경을 읽는 누군가도 시험 중에 있다는 사실이 용기를 줄 겁니다. 무엇보다 누군가는 이 말씀 붙들고 용기를 얻어 마음 스트레칭을 하고 있을 것이라는 사실이 엄청난 위로가 될 겁니다. 이걸 생각하니 한결 마음이 편해지지 않습니까? 거기다 그들은 한두 가지 시험을 당한 게 아니랍니다. "여러 가지 시험"을 한꺼번에 당하기도 했답니다. 그런데 그걸 오히려 기쁘게 여기며 마음 스트레칭을 했다는 거지요.

이 대목에서 질문을 하나 더 던져 볼 수 있습니다. '그들은 여러 가지 시험 속에서 인내하며 과연 누구를 혹은 무엇을 바라 봤을까?' 하는 겁니다. 나를 힘들게 한 사람을 봤겠습니까? 아닐 겁니다. 그럼, 그들의 힘든 처지와 육신을 바라봤을까요? 그것도 아닐 겁니다. 그럼, 도대체 그들은 누구를 바라 봤을까요? 그렇습니다. 바로 생명의 면류관을 주시는 그분을 바라보며 이겨냈을 겁니다. 야고보서 1장 12절을 봅시다.

시험을 참는 자는 복이 있나니 이는 시련을 견디어 낸 자가 주께서 자기를 사랑하는 자들에게 약속하신 생명의 면류관을 얻을 것이기 때문이라

이들은 생명의 면류관과 그것을 주시는 분만 바라보고 마음 스트레칭을 한 겁니다. 물론, 처음에는 이 악물고 버티려 했을 겁니다. 그러다 어느 순간엔가 마음 스트레칭이 조금 되고, 조금 쉬워지고, 조금 더 쉬워지고 그렇게 하면서 이겨냈을 겁니다. 그리고는 결국 기쁘게 여길 수 있게 되었겠지요. 생명의 면류관을 주시는 분을 바라보면서 말입니다.

제가 참 좋아하는 분 중에 카일 아이들먼이라는 목사님이 계십니다. 이 분의 책에 제 가슴을 치는 한 문장, 이 마음 스트레칭과 관련된 한 문장이 있습니다.

"하나님은 당신의 고통을 하나도 허비하지 않으신다!"[12]

그렇습니다. 당신의 종인 우리 노인(奴人)들이 비통한 가운데 경험하는 온갖 시련과 어려움, 사무치는 외로움과 고독의 그 한 가운데, 그분은 우리를 홀로 두지 않고 함께하시면서 그 고통 하나하나를 세고 계십니다. 우리가 자라는 과정으로 만들어 주십니다. 고통을 하나도 허투루 사용하지 않으신다는 겁니다. 비록 그 과정이 괴롭지만 말입니다.

자, 마지막으로 아이들먼 목사님이 위의 문장 다음으로 기록한 문장을 읽어 봅시다. 그리고 이제 우리를 힘들게 하는 그

것, 비통하게 만들고 외롭게 하는 그것을 마음 스트레칭의 기회로 삼아보면 어떻겠습니까?

"하나님은 절대 당신을 혼자 두지 않으신다!"[13]

1부 well-Aging(웰에이징), 고상한 늙음을 위하여
노년의 빼기(-): 노년의 4중고(重苦)

노년의 네 가지 고통이 있습니다. 일명 '노년의 4중고(重苦)'라고 합니다. 빈곤, 질병, 고독, 그리고 역할상실이 그것입니다. 빈손으로 태어나 하나둘 얻어가는 장년기까지 더하기만 하던 인생이었을 겁니다. 바쁘고 분주하지만 나름 더하는 재미도 있고 보람도 있었을 겁니다. 그러다 어느 날부터 빼기를 경험하게 되지요. 더하기 하던 인생에서 갑자기 빼기를 하려니 허탈하고 힘이 들 겁니다. 몸과 마음의 고생이 시작되지요. 몸도 마음도, 심지어 상황도 따라주지 않습니다. 청년기와 장년기에는 모든 것을 다할 것 같았는데, 이제 아무 것도 따라주지 않으니 고통스럽고 힘이 듭니다. 인생이 버겁고 안타깝지요. 이 상황을 수용하고 '제대로' 받아들이지 않으면 많은 어려움을 겪게 되는 시기가 바로 노년입니다.

빈곤(貧困)

제일 먼저 재정적인 빼기가 시작됩니다. 직(職)에서 물러나는 (退) 퇴직(退職)을 경험하면서 비로소 실감합니다. 재정 상황이 예년 같지 않다는 걸 말입니다. 씀씀이를 줄이게 되고, 심지어 '먹고 사는' 것이 제일 큰 문제로 다가오기도 합니다. 잘 알려진 것처럼 우리나라는 OECD 국가들 중 노인 빈곤율이 가장 높은 것으로 알려져 있습니다.[1] 중년까지는 빈곤율이 다른 나라와 별반 차이가 없다가 노년이 되면서 급격하게 늘어납니다. 가난한 노년이 가장 많은 나라라는 말이지요. 우리나라 노년의 열악한 경제 사정을 여실히 보여주는 대목입니다.

이유가 뭘까요? 한 연구는 네 가지 정도의 이유를 들고 있습니다.[2] 고령화가 급격히 진행되면서(다른 나라에 비해 갑자기 노령 인구가 많아졌지요), 사회보장제도, 복지제도가 따라가지 못합니다. 이것이 첫째입니다. 둘째는 취약한 소득원을 들고 있습니다. 퇴직 이후 별다른 준비 없이 노년을 맞다보니 '돈 쓸 곳'은 많지만 '돈 들어올 구석'은 없는 형국이 됩니다. 재취업을 하기 어려운 구조와 상황이라는 말입니다. 셋째는 노후 준비의 부족을 들 수 있습니다. 자녀양육을 위한 과도한 지출이 자신들의 노후 준비를 하지 못하게 한 경우입니다. 그러다보니 결국 과거의 소비가 현재의 가난이라는 부메랑으로 돌아온 것입니다. 마지막으로 공적연금의

미흡을 들고 있습니다. 다른 나라에 비해 연금 생활자가 많지 않은 실정이 되고 보니, 안정적인 재정을 확보할 여력이 없는 노년이 많아져 빈곤한 노년을 보내는 분이 많아졌다는 겁니다.

이렇게 보면, 결국 노년이 되기 전에 미리미리 준비해 두는 것 말고는 뾰족한 수가 없어 보입니다. 사회보장제도나 연금을 미리 준비하거나 혹은 퇴직 이후를 준비하는 노력을 장년 때부터 하는 것이 필요해 보입니다. 그렇지 않고 넋 놓고 있다 보면, 오늘의 소비가 내일의 가난이라는 부메랑으로 돌아와 노년을 어렵게 할 것입니다. 말은 이렇게 해도 중년의 저부터 이를 대비하는 것이 녹록치 않은 현실이라 이래저래 고민이 많습니다.

질병(疾病)

그다음은 몸의 빼기가 이어집니다. 노년이 되었다는 사실을 몸의 변화를 통해 가장 빨리 깨닫습니다. 희어지는 머리, 늘어나는 주름, 탄력 잃은 근육, 흐려지는 시각, 맛 잃는 미각, 잘 들리지 않는 청각, 굽은 허리, 여기저기 나타나는 통증, 이루 다 말 못할 신체의 변화를 경험합니다. 그리고 점점 병원을 들르는 횟수가 잦아집니다. 언제부턴가 복용해야 하는 약의 가짓수가 늘어납니다. 65세 이상 노년은 평균적으로 5.3개의 약을 복용한다는 보고가 있고 보면,[3] 나이가 들면 몸이 제일 먼저 외쳐댑니다. 몸에 힘이 빠진다고,

질병이 말해줍니다. 나도 노년이고, 이제 보호와 관심이 필요하다는 걸 말입니다. 돌보아야 할 대상이 자녀들의 몸에서 자신의 몸으로 옮겨왔다는 걸 깨닫게 되지요. 이처럼 약물복용이 늘어나는 이유는 노년의 몸이 점점 약화되면서 단기적이고 일시적인 병은 줄고, 장기적이고 만성적인 질병이 늘어나기 때문입니다. 짧게 치료하고 '금세 낫는' 병이 아니라 오래 가고 쉽게 낫지 않는 '고질적인' 병에 걸렸다는 뜻입니다. '멀쩡하던' 몸을 이제는 더 이상 생각할 수 없게 되었다는 뜻이지요. 놀라운 이야기를 하나 하면, 병없이 멀쩡한 시기는 태어나서 64.4년이고, 이후 18.3년 정도는 병과 함께 산다고 합니다.[4] 그러니 노년이 되었다면 이제부터는 마음 단단히 먹고 살아야 하겠습니다. 몸을 제대로 고쳐가며 써야할 때가 되었다는 말입니다.

노년의 우리 몸이 외쳐댈 겁니다. "여기 좀 봐 주세요." "여기는 기름칠이 필요해요!" "여기 나사가 느슨하니 조여주어야 합니다." 오래된 기계를 고치듯 여기저기 손 볼 곳이 늘어날 겁니다. 그래서 노년이 되기 전에 미리미리 살피는 과정이 필요하고, 노년이 되었을 때는 정기적인 검진과 관리가 필요합니다. 세계보건기구에 따르면 질 낮은 식단, 운동 부족, 흡연이라는 세 가지 위험요소만 없애도 노년의 가장 큰 질병인 심장 질환, 뇌졸중의 80%, 성인 당뇨병의 80%, 암의 40%를 예방할 수 있다고 하니,[5] 미리미리 건강관리에 힘써야 하겠습니다.

성도들은 흡연과는 거리가 있으니, 질 좋은 식단을 유지하는 것과 규칙적인 운동만 잘해도 주요한 질병의 고통을 줄일 수 있을 겁니다. 팁을 하나 드리면, 우선 근력 운동과 가벼운 걷기부터 해 보십시오. 저도 최근에 몸이 말썽을 부려 고생을 하다 근력 운동(스쿼트 운동과 팔굽혀펴기)을 시작하고 많은 도움을 받았습니다.[6]

고독(孤獨)과 소외(疏外)

셋째는 관계의 빼기단계입니다. 노년이 다가오면 자녀들 모두가 부모를 떠납니다. 일명 '빈 둥지 현상'을 겪지요. 자녀들이 떠난 자리에 쓸쓸함만 남지요. 대화를 나눌 대상이 사라집니다. 거기다 자녀들이나 다른 이들과 대화라도 할라치면 들리지 않는 귀와 따라가지 못하는 순발력으로 인해 대화에 끼어들 타이밍을 자주 놓칩니다. 당연히 커뮤니케이션의 질이 떨어지겠지요. 대화를 시도했던 젊은 세대들이 대화를 하는 데 피로감을 느끼기 시작할 겁니다. 이런 상태가 지속되면 어떨까요? 어느새 하나 둘 대화를 기피하겠지요. 눈치 빠른 노년으로서는 자연스레 대화에서 빠지려 듭니다. 관계의 빼기가 시작됩니다. 소외되지요. 고독과 홀로 있는 시간이 늘어납니다.

대화할 상대가 없는 상태, 홀로 있는 상태가 지속되면 어떻게 되겠습니까? 정신적 자극이 줄어듭니다. 당연히 정신적 자극이 줄면 치명적인 결과가 따라오지요. 노년이 가장 두려워하는 치매가 발병할 확률이 높아집니다. 일반적으로 정신적 자극이 부족한 사람은 그렇지 않은 사람에 비해 치매에 걸릴 확률이 64%나 높다고 합니다.[7] 뿐만 아니라 외로움은 매일 담배 15개비를 흡연하는 수준의 해로움이 있다고 하니,[8] 고독이 노년의 성도에게 끼칠 해악이 심하겠다 싶습니다. 그래서 일까요? 영국에서는 고독 즉 외로움을 달래는 장관까지도 임명했다고 합니다.[9]

이제 노년도 고독함을 해결하도록 힘써야 할 겁니다. 이런 면에서 3장에서 소개한 마음 스트레칭을 해 보면 좋겠습니다. 그리고 공동체 속에서 서로 사랑하는 법과 누군가를 의지하는 법을 배워 가면 좋겠습니다. 감사하게도 우리에게는 함께 나눌 말씀이 있고, 함께할 수 있는 기도가 있으며, 무엇보다 함께 할 '교회 공동체'가 있습니다. 그러니 지금 곁에 있는 가족과 교회 공동체의 형제들과 사이좋게 지내려 애써 봅시다. 아마도 그것이 고독을 해결할 가장 좋은 비법이 아닐까 생각됩니다.

역할상실(무위(無爲))

마지막으로 역할의 빼기가 진행될 겁니다. 해 오던 일을 내려놓는 것이지요. 과거에 비해 기대수명이 많이 늘었습니다. 3장에서 이미 언급한 것처럼 50년 전에 비해 무려 20년이나 늘었지요. 50년 전만해도 기대수명이 퇴직 연한인 65세에도 미치지 못했습니다. 그러니 퇴직 전에 죽음을 맞거나, 퇴직하고 얼마 후에 죽음을 맞았던 노년이 대부분이었습니다. 당연히 퇴직 후의 역할에 대해 고민할 필요가 전혀 없었던 시절입니다. 그러나 기대수명이 연장되면서 상황이 완전히 달라졌습니다. 퇴직을 하고도 한참을 더 살아야 하는 노년의 역할이 필요해진 것이지요.

하지만 퇴직 후 역할이 주어지는 노년은 극소수고 대부분은 말 그대로 '별일 없이' 지내는 경우가 다반사입니다. 그러다보니 역할의 상실로 인한 고통을 호소하는 노년이 늘어나게 되었습니다. 직장뿐이 아닙니다. 심지어 가정에서도, 교회에서도 '자리'를 잃고 어쩔 줄 몰라 하는 노년 세대를 자주 보게 됩니다. 소일거리라도 있으면 좋으련만 그것마저 여의치 않으면 그야말로 '뒷방 늙은이' 취급 받는다 여기며 스스로 힘들어 합니다.

노년의 남성은 직장의 퇴직으로, 노년의 여성은 가정에서 가사와 양육의 지위 상실로 인한 고통을 호소합니다. 예전에는 직장에서 이런저런 역할을 하고 사람들의 존중과 인정을 받았고, 집안에서는 엄마로 주부로 해야 할 일이 있고 자리라도 마련해 줬는데, 이제는 그것마저 빼앗겼다는 상실감이 생긴 것이지요. 자연스레 자신에 대한 방어적 자세가 생기고 자아존중감과 정체감이 약화되기 일쑤입니다.[10]

어떻게 이 문제를 해결할 수 있을까요? 제일 좋은 방법은 자신의 한계를 인정하고 물러남, 내려놓음의 겸손을 배우는 것일 겁니다. 내 힘으로 안 되는 일이 점점 많아진다는 현실적인 인정과 수용이 필요한 것이지요. 그다음은 부족하나마 내 힘으로 할 수 있는 역할을 찾아보는 것입니다. 그 내용이 2단원과 3단원에 나올 겁니다. 특별히 9장을 주목해서 꼼꼼히 살펴보시면 나름의 대안을 찾으실 수 있을 겁니다.

2부

well-Being(웰빙), 멋진 은퇴를 위하여

"의인은 종려나무 같이 번성하며
레바논의 백향목 같이 성장하리로다
이는 여호와의 집에 심겼음이여
우리 하나님의 뜰 안에서 번성하리로다.
그는 늙어도 여전히 결실하며
진액이 풍족하고 빛이 청청하니
여호와의 정직하심과 나의 바위 되심과
그에게는 불의가 없음이 선포되리로다."
(시 92:12-16)

4장 · 다시 봄(回春) · 거꾸로 살기

5장 · 소명 · 어른으로 살기

6장 · 성장 · 노년의 역설

4장
다시 봄(回春), 거꾸로 살기

재치 있지만 부담스런 말

은퇴하는 남편을 둔 어느 부인의 말[1]

"남편은 두 배로 늘어나고 돈은 반으로 줄어든다."

참 재치 있는 말 아닙니까? "남편은 두 배로 늘어나고 돈은 반으로 줄어든다." 은퇴하면 함께하는 시간은 늘고, 재정은 준다는 말이지요. 재치는 있지만 어딘가 씁쓸함을 느끼게 합니다. 남의 일이 아니기 때문입니다. 은퇴는 현실입니다. 누구든 은퇴합니다. 그것이 다음 달일 수도, 10년 후일지도 모릅니다. 그러나 분명한 건, 그날은 반드시 온다는 겁니다. 어쩌면 이미 경험한 분들도 계실 겁니다. 어떠세요? 여러분의 '은퇴'는 안녕하십니까?

"남편이 두 배로 늘어나면 좋지 않나요?" 순진하게 물을 수 있습니다. 남편의 입장에서, 그리고 아직 은퇴를 경험하지 않은 사람 입장에서 그럴 수 있겠지요. 그런데 은퇴한 남편을 둔 저희 어머니는 다르시더라고요. 가끔 일이 있어 나가기는 하시지만, 대부분 집에 계시는 아버지를 둔 어머니는 매번 끼니를 챙기는 것이 그리 고역인가 봅니다. 종종 "어디도 안 가고 그런다." 그러십니다. 부담이라는 말이겠지요. 그래도 여든을 바라보시는 옛날 분이시니 이정도 이야기하시고는 맙니다.

하지만, 연령대가 낮아지면 다른 것 같습니다. 은퇴한 남편에 대한 우스개가 있지 않습니까? 삼식이. 삼시 세끼를 빠지지 않고 집에서 먹는 사람을 비하해서 하는 말이 아닙니까? 성가시다는 말이지요. 어느 신문에 은퇴한 남편을 둔 아내가 직장을 다니는 남편을 둔 아내보다 우울증에 걸릴 확률이 70%나 높다는 연구결과를 보고했는데요, 힘들기는 힘든 모양입니다.[2] 거기다 재정이 반으로 줄어든다면 부담은 배로 늘어나겠지요. 이런 상황에 대해 여러분은 어떻게 생각하십니까? 은퇴 준비 다 되셨습니까?

이번 장은 은퇴에 대해 생각해 보려 합니다. 퇴직이 아닙니다. 사실, 앞에서 언급한 은퇴는 대부분 퇴직(退職)의 개념에 가깝습니다. 직(職)에서 물러나는 것(退)이죠. 그러나 은퇴는 다릅니다. 은퇴(隱退), 물러날 '퇴(退)'와 함께 숨을 '은(隱)'자를 씁니다. 직을 내려놓는 것은 맞습니다. 그러나 그다음이 다릅니다. 물러나되, 그다음으로 숨는다는 겁니다. 즉 퇴직한 다음 한가롭게 물러나서 모든 일에서 떠나 있는 것을 은퇴라고 합니다. 그런 면에서 성경에 은퇴라는 단어가 없다고 지적하는 빌리 그레이엄(Billy Graham) 목사님의 말을 곱씹을 필요가 있습니다.[3] 필자 또한 성도에게 은퇴는 어울리지 않는 단어라 생각합니다. 하나님의 부름을 받은 성도가 이 땅에서 은퇴를 하면 언제 하겠습니까? 죽을 때나 하지, 그 전에는 그에게 맡겨진 재능, 물질, 건강을 따라 사명을 감당해야 하지 않겠습니까? 즉, 주님 만나는 그날이 은퇴하는 날이 아닌가 생각합니다.

      이번 장에서는 은퇴에 대한 생각을 달리 해 보면서, 퇴직을 앞둔 우리가 비로소 점검하고 확인해야 할 것에 대해 생각해 보려 합니다. 두 가지입니다. 하나는 직을 내려놓으면서 그간의 나를 돌아보는 점검의 시간을 가지는 것입니다. 다른 하나는 내려놓은 그 자리에서 다시 새롭게 시작하는 것입니다. 전자는 퇴직(退職)을 통해 과거와 현재를 새롭게 보는 것이고, 후자는 새로운 시작으로 '다시(回)' '봄(春)'을 꿈꾸는 현재와 미래를 생각하는 것입니다. 퇴직이 끝이 아니라는 말이지요. 비록 앞의 단어인 퇴직(退職)은 부담되지만, 뒤의 단어인 회춘(回春)은 설렙니다. 이제 노년의 퇴직과 관련된 이 두 가지에 대해 함께 생각해 봅시다. 언젠가 은퇴할 저와 당신을 위해서 말입니다.

직을 내려놓음·퇴직(退職), 그제야 보이는 것들

웰빙(well Being) 광풍을 넘어

2000년대 초반부터 온 나라에 웰빙(well Being) 열풍이 일었습니다. 아니, 광풍이라고 해야 맞을 겁니다. 웰빙의 뜨거운 바람이 온 나라를 덮었습니다. 그리고 지금까지 진행 중입니다. 1990년대 이후 서구의 채식주의, 생태주의 등의 영향으로 친환경, 건강중시 문화가 대중매체를 통해 알려지면서 2000년대 들어 급속히 퍼졌습니다. 때마침 조류독감, 황사와 광우병 등의 환경재해에 대한 공포가 급격하게 확산되면서 건강에 대한 염려와 관심이 늘어난 영향도 있습니다.[4]

웰빙 음식들이 소개되기 시작했고, 식단, 의류, 주택, 심지어 가전에도 '웰빙'이라는 말이 붙기 시작했습니다. 소위 웰빙 마케팅이 시작된 것입니다.[5] 이제 '웰빙'자만 붙으면 눈이 한번 더 가고, 더 많은 관심을 받게 되었습니다. '이왕에 먹고 지내는 것, 웰빙으로 하자'는 생각이 지배하게 된 겁니다. 이렇게 보면 웰빙 마케팅이 성공했다 보아야겠지요. 그런데 이 웰빙에 '실버(노년을 상징하는 말)'라는 말이 붙어 '실버 웰빙'이라는 말까지도 생겨났습니다. 나이가 들어 웰빙이 더욱 중요하다는 말이겠지요.

그런데 이 웰빙 마케팅의 전제를 살펴보면 생각이 좀 달라질 겁니다. 깊이 생각해 보면, 웰빙 마케팅의 배후에는 잘 먹고, 좋은 곳에 살고, 몸에 도움이 되는 활동을 하면 잘 살게 된다는 전제가 깔려 있습니다. 그런데 정말 좋은 환경과 좋은 것을 온 몸으로 취하면 정말 웰빙이 될까요? 잘 사는 것일까요? 말뜻 그대로 제대로 된 혹은 잘된(웰, well) 존재(빙, being)가 될까요? 내면은 그대로 두고 외양만 멋지게 가꾸면, 환경만 바뀌면 정말 잘된 존재가 될 수 있을까요? 나의 내면은 그대로 두고 말입니다. 성경이 말하는 웰빙은 그와 정반대입니다.

'먹고 사는' 문제가 아니라…

잠언의 많은 구절들은 웰빙, 즉 제대로 된 존재로 잘 사는 것에 대해 지혜로운 제안을 하고 있습니다. 지혜자가 말합니다.

> 마른 떡 한 조각만 있고도 화목하는 것이
> 제육이 집에 가득하고도 다투는 것보다 나으니라(잠 17:1)

이것을 메시지 성경은 이렇게 번역하고 있습니다.

> 빵과 물로 만족하고 평화롭게 사는 것이 잔칫상을 차려 놓고 다투는 것보다 낫다.[6]

가정이 화목하지 않은데, 좋은 걸 먹는다고 행복하지 않다는 거지요. 맞는 말입니다. 백번 맞는 말이지요. 같은 맥락에서 지혜자는 또 이렇게 말합니다.

> 채소를 먹으며 서로 사랑하는 것이
> 살찐 소를 먹으며 서로 미워하는 것보다 나으니라.(잠 15:17)

고대사회에는 살찐 소가 얼마나 귀한 것이었겠습니까?

메시지 성경의 번역입니다.

> 사랑하며 빵조각을 나눠 먹는 것이 미워하며 최상급 소갈비를 뜯는 것보다 낫다.[7]

무엇을 먹느냐도 중요하겠지만, 그것보다 더 중요한 것은 어떻게 사느냐 라는 것이지요. 웰빙 '음식'보다 웰빙의 '삶의 방식'이 중요하다는 말입니다. 여기에 지혜자의 말 중, 결정적인 한 구절을 소개해 보겠습니다.

> 스스로 지혜롭게 여기지 말지어다. 여호와를 경외하며 악을 떠날지어다. 이것이 네 몸에 양약이 되어 네 골수를 윤택하게 하리라.(잠언 3:7-8)

메시지 성경은 선명하게 이렇게 번역합니다.

> 하나님께로 달려가라! 악을 피해 도망쳐라!
> 그러면 네 몸에 건강미가 넘칠 것이고
> 네 뼈 마디마디가 생명력으로 약동할 것이다![8]

좀 생뚱맞게 들릴 수 있습니다만, 진정한 건강미는 좋은 웰빙 음식을 먹어서 되는 것이 아니라 하나님을 경외함으로 가능하다는 겁니다. 잠언은 철저하게 우리의 행복과 잘 사는 것, 몸이 잘 되는 것이 먹고 사는 문제가 아니라고 강하게 말합니다. 오히려 좀 부족하게 먹어도 마음이 평안하면, 내면이 하나님으로 꽉 차있으면 몸 또한 풍요로워진다고 말합니다. 그래서 채소와 살찐 소를 비교하고, 마른 떡과 제육을 비교한 것입니다. 이렇게 보면 성도들에게는 '먹고 사는' 문제가 아니라 '믿고 사는' 문제가 웰

빙에 더욱 중요하다는 걸 알게 됩니다.

퇴직(退職), 웰빙을 다시 생각할 때

사실, 우리는 지금껏 직(職)을 대부분 먹고 살기 위해 가졌습니다. 그리고 그것을 어떻게든 유지하기 위해 아등바등 살아가고 있습니다. 잘 살자고 직장을 얻었고, 잘 먹자고 돈을 벌었는데, 알고 보니 나를 위한 시간은 없고 가족과 남을 위한 시간 밖에 없었다는 걸 뒤늦게 깨닫습니다. 그리고 내가 무엇을 위해 그렇게 열심히 달려왔나 생각합니다. 그러나 이미 곁에는 가족도, 가까운 사람도 떠나고 없는 경우도 많습니다. 자녀들은 출가했거나 타지로 나가 버렸습니다. 일명 '빈 둥지'가 되었지요. 그리고 배우자는 진즉에 자신의 영역을 만들어 놓고 거기서 재미있게 지내는 것 같습니다. 안타깝지요.

이렇듯 문득 퇴직(退職)의 시기에 와서야 비로소 몇 가지를 깨닫습니다. '덕분에 잘 먹고 살았는데, 이제 내려놓아야 하는구나!' 과거에 대한 아쉬움과 집착입니다. '그동안 나는 뭘 했지?' 과거에 대한 회한과 후회입니다. '가족들도, 누구도 알아주지 않네.' 현재에 대한 원망과 불평입니다. '앞으로 나는 뭐해 먹고(뭐 하고) 살지?' 미래에 대한 두려움과 염려입니다. 그제야 비로소 헛헛한 마음으로 그간 한 일의 의미를 부여하거나, 새롭게 의미 있는 일을 찾기 시작합니다. 퇴직에 즈음해서야 말입니다.

이럴 때일수록 더욱 웰빙을 생각해야겠습니다. 성도로서

의 웰빙 말입니다. 세상적인 웰빙 말고요. 잊지 맙시다. 우리의 웰빙은 세상의 웰빙과 차원이 다릅니다. '먹고 사는' 문제가 아니라 '믿고 사는' 문제에 우리의 근본적인 웰빙이 달려 있습니다. 이제 '먹고 사는' 문제의 직(職)을 내려놓은 이 시점에서 다시금 '믿고 사는' 문제로 돌아가 보면 어떻겠습니까?

이것에 대해 제임스 패커는 노년이 될수록 더욱 앞으로 나갈 수 있다고 말합니다. 내가 누구인지를 명확히 하면 말입니다.[9] 그가 말한 세 가지 중 두 가지를 소개하겠습니다. 우선, 노년의 성도는 그리스도인이 되었다는 사실을 기억해야 한다고 합니다.[10] 나는 나의 죄를 위해 돌아가신 예수 그리스도를 믿고 회심한 사람이라는 거지요. 죄 때문에 가슴 아파 눈물 흘리며 회개했던 사람들이 있다면, 다른 사람은 모르겠고, 분명 그 안에 나도 포함되어 있다는 겁니다. 그리고 주님의 제자로 순종하며 살기로 약속한 사람이 바로 '나'라는 겁니다. 비록 지금까지 먹고 사는 문제에 골몰했지만, 처음에는 믿고 사는 문제를 중하게 여겼던 사람이라는 걸 기억해 내는 일이 중요하다는 거지요. 그것을 깨닫는 순간 비로소 하나님이 나의 보호자, 인도자, 그리고 친구가 되신다는 걸 확인하게 될 것입니다. '빈 둥지' 속에서도, 헛헛함을 이기고 다시금 웰빙의 의미를 발견하게 될 거라는 겁니다.

무엇보다 노년의 성도는 지금까지 그리스도를 섬겨왔다는 사실을 기억해야 한다고 합니다. 누가 뭐라고 해도 사탄과의 전쟁에서 주님 편에서 싸워왔던 '백전노장'이라는 겁니다.[11] 그래도 비교적 주님의 은혜로 가정을 잘 꾸려왔고, 교회를 섬기며 다양한 영역에서 봉사해 왔으며, 지금도 몇몇 성도들을 섬기고 있는 역전의 용사라는 것이지요. 이 사실을 확인한다면 주변의 함께한 백전노장들이 보일 것입니다. 그들과 함께 기도할 수도 있을 것입니다. 이렇듯 신앙 안에서 내가 누구인지 나의 과거와 현재를 살피다보면 어느덧 진정한 웰빙의 시작점에 서 있는 나를 발견하게 될 것입니다. '먹고 사는' 문제 말고 '믿고 사는' 문제가 크게 보일 테니까요.

다시 봄(回春), 이제야 시작되는 것들

겨울이 오고 있다?(Winter is coming?)

회춘(回春)이라는 말은 상당히 부정적인 어감이 있습니다. "회춘했다"고 하면, 다 늙은 나이에 민망하다는 생각이 먼저 들기도 하지요. 뭔가 성적(性的) 용어의 냄새가 난다 여깁니다. 쉽게 입에 내뱉기 껄끄럽다고도 생각하지요. 그러나 원래 뜻은 전혀 그렇지 않습니다. '봄이 다시 온다'는 뜻입니다. 좋은 뜻, 아름다운 말입니다. 여름, 가을을 거쳐 겨울로 간 줄 알았는데, 어느덧 다시 봄이 왔다는 겁니다. 좋은 시절로 다시 돌아왔다는 뜻이지요.

노년은 인생의 여정으로 보면 아마도 겨울이라고 할 수 있습니다. 퇴직이 늦가을 정도라면, 퇴직 이후는 본격적인 겨울로 들어서는 것입니다. 그래서 흔히들 퇴직을 앞둔 사람들에게 하는 말이 '겨울이 오고 있다'고 하지요. 영어로 윈터 이즈 커밍(Winter is coming)이라고 하지 않습니까? 그래서 겨울이 오기 전에 준비해야 한다고 분주합니다. 그런데 정말 퇴직한 이후의 노년의 계절은 겨울뿐일까요? 저는 '그렇지 않다.'에 한 표 던집니다.

우리 몸과 상황은 겨울이 맞습니다. 퇴직 후에 점점 찬바람이 불겁니다. 몸도 마음도, 재정도 어려울 겁니다. 그러나 그 속에서 '다시' 봄을 느끼는 놀라운 경험을 하는 사람들도 많습니다. 다시 봄을 느끼는 상황, 회춘(回春)의 상황을 경험하는 것이지요. 성경의 숱한 인물들이 그러합니다. 몸은 그대로입니다. 몸이 좋아지는 경우는 드뭅니다. 그런데 마음이, 인생이 전에 경험하지 못한 봄을 다시 체험하게 된 사람들이 있습니다.

75세의 아브라함, 갈대아 우르에서 하나님을 만나 우상 만드는 사람에서 하나님의 사람으로 인생이 바뀌었습니다. 그렇게 바라던 아들도 생깁니다. 결국 한 민족의 조상까지 됩니다. 80세의 모세, 떨기나무 앞에서 하나님을 만나 양치는 목동에서 한 민족의 지도자로 우뚝 섭니다. 인생이, 삶의 의미가 새롭게 재구성되는 순간을 경험합니다. 겨울에서 다시 봄으로 돌아가는 놀라운 경험을 합니다. 그들은 자신들의 마지막 봄을 보내며, 그렇게 멋지고 찬란한 봄꽃을 피워냈습니다. 그들에게는 겨울이 오고 있었던 것이 아니라, 겨울이 가고 있었던 것입니다. 윈터 이즈 커밍

(Winter is coming)이 아니라 윈터 이즈 고잉(Winter is going)이었던 것입니다. 우리가 기억할 것, 어떤 이에게는 퇴직으로 겨울이 오고 있지만, 어떤 이에게는 겨울이 가고 있기도 합니다. 결국 겨울은 가고, 봄이 오고 있는 사람들, 그들이 어쩌면 저와 여러분이 될 수도 있습니다.

다시 봄(回春)이 오고 있다! (Spring is coming!)

성경 이야기를 하니 너무 멀게 느껴지십니까? 옛날이야기, 나와 상관없는 이야기처럼 느껴지세요? 아닙니다. 제2의 인생, 새로운 봄을 경험하고 계신 분들이 많습니다. 퇴직 후에 오히려 더 생기 넘치고 활력 있는 삶, 의미 있는 인생을 사시는 분들도 많습니다. 특별히 주안에서 말입니다. 그 중에 한 분, 제가 전에 섬겼던 교회의 장로님이 계십니다. 건축업을 하시던 분이신데, 60대 초반부터 퇴직을 준비하셨습니다. 건축일을 하셨지만 본인의 일과 상관없는 포클레인 기사 자격증을 준비해서 60대 중반의 나이에 취득하셨습니다. 남들은 '다 늙은 나이에 뭐하나?' 생각했을 겁니다.

모든 준비가 갖춰진 60대 중반에 돌연 퇴직을 하십니다. 상황에 밀려 퇴직한 것이 아니라 자원하여 퇴직을 하셨습니다. 그리고 교회에도 통지를 하고 장로의 직도 내려놓으셨습니다. 교회와 사회에서 완전히 '퇴직(退職)'을 하셨지요. 그리고는 자신의 주변을 정리하시더니 부인 권사님과 함께 전에 미리 가서 준비했던 선교지로 가셨습니다. 몸이 건강할 때 할 수 있는 마지막 일이라 여기시고 그곳의 선교사님을 도와 건축 일을 하시며 자비량으로 섬기고 계십니다.

이 장로님은 스스로 겨울로 들어가신 걸까요? 아닙니다. 인생의 늦가을부터 부지런히 준비하셨다가 겨울을 건너뛰고 '다시' 봄으로 가신 겁니다. 언젠가 한국에 잠시 들르신 장로님께 이렇게 질문을 했습니다. "장로님, 힘들지 않으세요? 연세도 있으신데." 그때 장로님이 하신 말씀이 이겁니다. "목사님, 너무 좋습니다. 이 일이 너무 감사하고 좋습니다." 다시 봄을 만끽하고 있다는 겁니다. 의미 있는 일을 해서 너무 기쁘다는 겁니다. 회춘(回春), 다시 봄을 경험하고 있다는 겁니다. 그분에게 있어 겨울은 가고, 다시 봄이 온 겁니다. Spring is coming! 봄이 오고 있는 것이지요. 아니, 이미 와서 봄꽃을 피우고 계신 거지요.

회춘(回春), 거꾸로 살기

이렇게 보면, 겨울이 오니 모든 것이 끝났다 지레 겁먹지 않는 사람들이 더러 있다는 걸 알게 됩니다. 세상 사람들은 지레 겁먹고 겨울이 오니 단단히 준비했다 버텨내는 것으로 끝내는 인생이 대부분인데, 그걸 거슬러 기어코 봄으로 만드는 사람들이 있다는 겁니다. 다시 봄을 경험하는, 인생을 거꾸로 살아가는 그런 사람이 적지 않다는 걸 알게 됩니다. 바울도 그 중의 하나입니다. 그의 말을 들어보십시오.

> 그러므로 우리가 낙심하지 아니하노니 우리의 겉사람은 낡아지나 우리의 속사람은 날로 새로워지도다.(고후 4:16)

이것을 메시지 성경은 아주 놀랍게 번역합니다.

> 그러므로 우리는 포기하지 않습니다. 어찌 포기할 수 있겠습니까! 겉으로는 우리의 일이 실패로 끝나는 것처럼 보이지만, 안에서는 하나님께서 단 하루도 빠짐없이 은혜를 펼치시며 새로운 생명을 창조하고 계십니다.[12]

하나님 때문에 겉은, 밖은 겨울인데, 속은, 안은 봄이라는 겁니다. 새로운 생명이 움트고 있다는 겁니다. 세상 사람들과 전혀 다른, 거꾸로 사는 삶, 회춘(回春)을 한다는 겁니다. 그것이 그리스도인의 인생이며, 노년의 삶입니다.

기독교교육학의 전설적인 교수였던 하워드 헨드릭스 교수님이 93세의 남자 한 분을 수업에 초청했습니다. 예수 그리스도를 인격적으로 만나고 무려 84년 동안이나 봉사한 분입니다. 이 분이 강의 중에 이렇게 말씀 하셨다고 합니다.

> "나에게 단 하나의 유감이 있다면,
> 그리스도께 봉사하는 데 바칠 생애가 한 번뿐이라는 것이다."[13]

93세의 나이에도 겨울이 아니라 봄을 보내며 아직 은퇴하지 않는 인생을 사는 분이었습니다. 퇴직을 앞둔 여러분, 여러분에게 지금 겨울이 오고 있습니까? 아니면 봄이 오고 있습니까?

5장
소명, 어른으로 살기

어른스러운 말

어느 할머니와 손자의 대화.[1]

지하철역에서 할머니가 손자의 이마에 손을 올리더니 웃으며 말한다.
할머니: 아직 열이 있네. 저녁 먹고 약 먹자.
손자: 네 그럴게요. 그런데 할머니, 할머니는 내가 아픈 걸 어떻게 그리 잘 알아요?
손자의 헝클어진 앞머리를 쓸어 넘기며 할머니가 말한다.
할머니: 그게 말이지. 아픈 사람을 알아보는 건, 더 아픈 사람이란다.

<언어의 온도>에 나오는 이야기입니다. 마지막 말이 인

상적입니다. "그게 말이지. 아픈 사람을 알아보는 건, 더 아픈 사람이란다." "내가 아프니, 너의 아픔이 느껴진단다." 이렇게 말하고 있는 것 아니겠습니까? 참 어른스러운 말이다 싶습니다. 반대로 "내가 아픈데, 너의 아픔까지 돌아볼 여유나 마음이 어디 있겠냐?" 이것을 말로, 행동으로 보이는 분들도 종종 보게 됩니다. 분명히 몸은 어른인데 행동은 어린이 같은 모습을 하고 있습니다. 그런데 이 할머니는 참 어른스럽게 말씀하십니다. 이 글 마지막에 저자인 이기주 씨가 이렇게 말합니다. "다른 사람의 몸과 마음에서 자신이 겪은 것과 비슷한 상처가 보이면 남보다 재빨리 알아챈다. 상처가 남긴 흉터를 알아보는 눈이 생긴다. 그리고 아파봤기 때문에 다른 사람을 아프지 않게 할 수도 있다."[2]

다른 사람의 아픔을 이해하는 넉넉한 마음, 자신의 아픔보다 남을 더 생각하는 마음, 바로 어른스러움 아니겠습니까? 어릴 때는 내 살기 바빠서, 내 코가 석자라서 내 아픔만 크게 보게 되지요. 그러다 아픔이 쌓이고 나만 그런 게 아니라는 사실을 깨닫게 됩니다. 다른 사람들의 아픔이 보이기 시작하지요. 나이가 들어가면서 말입니다. 이런 걸 소위 '나잇값을 한다.'고도 말하지 않습니까? 나이를 먹어감에 따라 더 많은 사람을 보듬을 줄 아는 마음이 늘어나는 것이지요. 나이의 값을 톡톡히 하는 것입니다. 어떻습니까? 나잇값이 좀 비싸기는 비싼 것 같습니다만(아파봐야 하니 말입니다), 그런대로 치를 만하지 않습니까? 어른스러워 진다면 말입니다.

그것이 어른스러움이라 해도 좋고, 나잇값이라 해도 좋습니다. 여하튼 그것을 가진 어른이 필요한 시대입니다. 그런데 여기서 하나 더 생각해야 할 것이 있습니다. 어른은 어른이되 '그냥' 어른 말고 '신앙의' 어른이 필요한 때입니다. 우리 편 어른 말입니다. 사실, 남의 편, '믿지 않는' 어른은 고상하고 멋지기는 한 것 같은데 나중에 따를 수 없는 상황이 됩니다. 생각해 보십시오. 믿지 않으니, 신앙이 없고, 신앙이 없으니 조금 따라가다 보면, 하나님 없는 삶의 결국을 보고야 맙니다. 말이 통하지 않는 지점이 생기지요. 고향이 달라서 그렇습니다. 그들은 우리와 고향이 완전히 다릅니다. 그들은 이 땅을 고향으로 생각하며 살지만, 우리는 여기, 이 땅을 고향으로 생각하지 않습니다. 오히려 이 땅에서는 나그네로 살지요(벧전 1:1).[3] 우리의 본향(本鄕), '본디의 고향'은 따로 있습니다. 천국이지요.

아시지 않습니까? 고향이 다르면 말이 다른 것을. 서로 이해하지 못하는 단어도 많고, 못 알아듣는 표현도 한두 가지가 아닙니다. 남의 편 어른이 '은혜'를 알겠습니까? '구원'을 알겠습니까? 그렇다고 '하나님의 사랑'을 알겠습니까? 그러니 하나님이 이 땅에 보내신 목적도 방향도 모르는 게 당연합니다. 그런데 가끔 그걸 잊고 사는 분들이 우리 편에도 있는 것 같습니다. 이것에 대해 말콤 머거리지(Malcolm Muggeridge)는 이런 유명한 말을 했습니다. "우리에게 닥친 가장 큰 재앙은 우리가 이 세상을 고향으로 느낀다는 것이다. 이방인의 삶이 길어질수록 우리는 진짜 고향을 잊게 된다."[4]

반면 여기, 우리 편의 멋진 어른이 있습니다. 은혜도, 구원도, 하나님의 사랑도, 무엇보다 인생의 목적과 방향도 정확히 아는 '신앙의' 어른 말입니다. 성경을 펼치면 그런 어른들이 꽤 많이 나옵니다. 이제, 나이만 먹은 어른 말고, 다른 편 어른 말고, '참' 어른, '제대로 된' 우리 편 어른을 살펴보려 합니다. 특별히 노년의 때, 하나님의 부르심에 응답하여 인생의 방향이 재설정되어 참 어른 됨을 보여주었던 사람들 이야기 말입니다. 특별히 그 '신앙의' 어른의 이야기를 들여다보면 그들에게는 공통적으로 두 가지 과정이 있습니다. 하나는 하나님의 부르심(소명)이고, 다른 하나는 그들의 응답(순종)입니다. 어른으로 부르심과 어른이 되어가는 과정 말입니다.

소명, 어른으로 부르심

성경을 보면 하나님이 늦은 나이에도 불러 사용하시는 사람들이 더러 나옵니다. 그들이 애써 하나님을 찾아간 것이 아닙니다. 일부러 시간을 내어 억지로 만나기 싫다는 하나님을 찾아간 것이 아니에요. 오히려 하나님이 먼저, 그것도 일방적으로 그들에게 느닷없이 찾아오십니다. 그리고 조용히 부르셔서 그들과 약속하시지요. "내가 함께할게. 그러니 나의 이 여행길에 함께 하자" 불러주십니다. 하나님의 부르심입니다. 하나님이 불러주셨다는 확신이지요. 이런 부르심을 우리는 소위 '소명(calling)'이라고 합니다.[5]

이 부르심은 인생 나이와는 별로 관계가 없어 보입니다. 부르심의 면면을 보면, 노년에 부름 받은 사람들도 꽤 있습니다. 일일이 찾아서 열거하지 않아도 당장 떠오르는 몇몇 분이 계시지 않습니까? 아브라함, 모세, 노아(노아는 무려 500세에 방주를 만들라는 부르심을 받습니다), 세례 요한의 아버지 사가랴와 어머니 엘리사벳. '다 늙어가는 사람 불러 뭐하시려나?' 생각이 들 정도의 나이에 불러 제대로, 멋지게 쓰임 받았습니다. 이런 하나님의 부르심을 보면, 이런 생각이 들기도 합니다. '어쩜, 나도 아직 기회가 있지 않나?' 맞습니다. 바로 그것입니다. 아직 늦지 않았습니다. 어쩌면 지금부터 일지도 모릅니다. 이 대목에서 빌리 그레이엄 목사님의 말씀을 기억할 필요가 있습니다.

> "하나님이 백발이 성성할 때까지 우리를 데려가시지 않을 때는 그만한 이유가 있는 것이다. 하나님의 선한 계획 속에서 노년기를 바라보라."[6]

하나님의 선한 계획을 바라보며 내게 주어진 부르심을 생각해 보는 것, 바로 소명입니다. 비록 하나님이 불러 주셨지만, 어떤 이는 그 부르심에 주저하고, 어떤 이는 어쩔 줄 몰라 하기도 했습니다. 그러나 대부분은 당황하다 이내 순종하며 하나님께서 초대하신 그 여행길에 동행합니다. 함께 하나님 손 붙잡고 끝까지 갔습니다. 그리고 어느 샌가 믿음의 선배, 위대한 '신앙의' 어른이 되었습니다. 우리 편 어른이 된 겁니다. 그리고 당당히 성경의 한 페이지를 장식하게 되었습니다. 이 '신앙의' 어른과 그들의 부르심에 대한 이야기를 해 볼까 합니다.

아브라함, 결별(訣別)하라!

아브라함의 나이 75세, 비교적 늦은 나이에 하나님은 그를 부르십니다. 창세기 12장은 아브라함을 부르시는 장면으로 시작합니다. 물론, 이때는 '아브라함'이라고 개명하기 전이기에, '아브람'이라고 기록되어 있습니다. 이렇게 시작합니다.

> 여호와께서 아브람에게 이르시되 너는 너의 고향과 친척과 아버지의 집을 떠나 내가 네게 보여 줄 땅으로 가라. (창 12:1)

아브라함은 갈대아 우르라고 하는 지역에서 나고 자라, 아버지를 따라 하란이라는 곳까지 이사를 와서 정착을 합니다. 지금부터 4천 년 전의 일입니다. 당시 최고의 문명을 구가하던 곳, 동방의 대도시 우르를 경험했습니다. 그리고 여전히 그 대도시 문화의 영향권 아래 있는 하란에 정착했습니다. 좋은 환경, 괜찮은 가족들과 비교적 잘 살아갑니다. 특별히 당시에는 치안을 제대로 유지할 수 없는 상황이기 때문에 가족과 친척들과 함께 대가족을 이루며 살았습니다. 그래야 안전하고 살아가는 데 어려움이 없기 때문입니다. 아브라함이 그랬습니다.

더욱이 여호수아 24장에 보면 아브라함은 다신교를 믿는 가정에서 태어나, 하나님에 대해 잘 모르는 상황이었습니다(수 24:2, 14).[7] 그런데 어느 날 하나님이 그에게 나타나셔서 말씀하십니다. 너의 고향과 친척, 아버지의 집을 떠나라고 말입니다.

너를 보호해주던 공동체도 떠나고, 믿고 의지할 가족도, 심지어 아버지도 떠나 하나님이 보여주실 가나안 땅으로 가라고 하십니다. 절연(絶緣), 관계를 끊으라는 겁니다. 이전의 행태를 버리라는 것이죠. 전에 믿던 신들도 버리라는 겁니다. 그리고 "이제 홀로 나만 바라보고 와라!" 이렇게 말씀하신 것입니다. 다른 말로 하면 이제 어른이 되라고 하신 겁니다. 어른으로 부르신 것이지요.

어른, 부모로부터 독립하여 스스로 살아가는 사람. 바로 그 어른이 되라는 겁니다. 단, 하나님을 의지하는 '신앙의' 어른 말입니다. 아버지 집을 떠나서, 부모로부터 독립하여 스스로 너의 신앙과 삶을 결정하라는 것이지요. 그전까지 그는 아버지 데라가 믿는 다신교 신앙 속에 자랐고 그것을 의지하고 살았을 겁니다. 그런데 이제 이 결정을 하고 나면 아버지와 절연하고, 그가 믿는 신과도 절연하고 오롯이 하나님만 바라고 살아가야 합니다. 대신, 하나님이 함께하실 것입니다.

무섭고, 거친 가나안을 향해 가야합니다. 누구도 믿을 수 없습니다. 보호해 주던 친척과 가족도 없습니다. 오로지 하나님만 의지하고 가야했습니다. 그 부르심, 그 부르심 앞에 아브라함이 놓여 있었습니다. 때로, 우리에게 이런 부르심이 있을 수 있습니다. 이전의 거짓된 삶, 헛된 것을 좇는 삶을 퇴직에 즈음하여 비로소 보기 시작할 수도 있습니다. 신앙인이라는 이름은 가졌지만 실상은 세상을 좇았던 건지도 모릅니다. 먹고 사는 것이 최고의 목표가 되어 살았을 수도 있습니다. 그리고 어느덧 내 나이 예순(퇴직을 전후 해), 그때 비로소 아브라함의 부르심을 새롭게 보게 될지도 모릅니다. 나와 같은 처지, 비슷한 노년의 그를 보며 다시금 생각하게 될지 모릅니다. '이제 이전의 너를 얽매던 것들을 던져버리고, 독립하여 나만 바라보는 어른이 돼라!' '이 부르심에 나는 어떻게 해야 하나?'

모세, 결단(決斷)하라!

80세의 모세. 그의 처지를 보면 참 딱하다는 생각이 듭니다. 태어나자마자 자신을 낳아준 부모로부터 버림을 받습니다. 그리고 자신을 길러준 부모와 나라로부터도 버림을 받지요. 어쩔 수 없이 도망쳐, 광야를 헤매다 미디안에 정착을 합니다. 그리고 미디안의 제사장이자 족장인 이드로의 딸과 결혼해서 살아갑니다. 무려 40년을 그렇게 보냈습니다. 그런데 그렇게 40년을 보낸 결과가 출애굽기 3장 1절에 나옵니다.

> 모세가 그의 장인 미디안 제사장 이드로의 양 떼를 치더니

거의 반평생을 장인을 위해 일했는데, 그나마 지금 돌보는 양떼도 자신의 것이 아니라 장인의 양떼입니다. 단지 14년을 장인을 위해 봉사했는데, 엄청난 부자가 되었던 야곱과 비교가 되어도 많이 되지요. 처가살이하며 제대로 된 양떼 하나 없는 불쌍한 노인일 뿐인 겁니다.[8] 한때는 애굽의 왕가에서 살았고, 어느 순간엔가 미디안 족장의 사위로 제대로 살 줄 알았는데 그저 그런 삶을 살다 문득 여든의 노인이 된 그입니다. 그런 그에게 어느

날 하나님이 찾아오십니다. 그리고 말씀하십니다. 출애굽기 3장 7-10절입니다.

> 여호와께서 이르시되...
> 이제 가라 이스라엘 자손의 부르짖음이 내게 달하고
> 애굽 사람이 그들을 괴롭히는 학대도 내가 보았으니
> 이제 내가 너를 바로에게 보내어
> 너에게 내 백성 이스라엘 자손을 애굽에서 인도하여 내게 하
> 리라.

모든 꿈을 잃은 모세, 아무도 거들떠보지 않는 모세, 심지어 장인의 집에서 일하는 사람(household worker) 정도로 여겨지는 그런 모세였습니다.[9] 그런 그에게 하나님이 찾아오셔서 하시는 말씀이 너를 애굽 왕 바로 앞에 세워주겠다는 것이었습니다. 언감생심 그가 다시 바로의 왕궁에 갈 생각이나 했겠습니까? 도망쳐 나온 그 자리인데 말입니다. 거기다 이스라엘이 출애굽하면 그 대열 맨 앞에서 인도하는 자리, 지도자의 자리에 세워주겠다 약속하시는 것입니다. 가슴 떨리고 설레는 말씀 아닙니까? 부르시되, 그냥 부르신 것이 아니라 맨 선두에 서는 제대로 된 '어른' 삼아 주시겠다는 겁니다.

돌이켜 보면, 하나님의 부르심이 있기 바로 직전의 모세의 모습이 대부분의 우리네 인생이 아닌가 생각됩니다. 평생 무언가를 위해 살았는데, 이리 치이고 저리 밟히면서 그냥저냥 겨우 살아오다 문든 생각하게 되지요. '내가 그간 이룬 것이 아무것도 없네.' '그나마 이룬 것도 다 내 것이 하나도 없네.' 모든 게

내 양떼가 아니라는 사실에 좌절합니다. 남의 양떼뿐이란 걸 깨닫고 절망하지요. 그러고 보니 이미 퇴직의 나이가 된 겁니다. 그렇게 노년이 되어 다시 성경을 펼치니 비로소 보이기 시작합니다. '모세도 나와 별반 다르지 않았네.' '어쩌면 나보다 더 불쌍한 평생을 보냈네.' 그러나 중요한 건 그다음입니다. 모세는 무려 여든에 하나님으로부터 소명을 받습니다. 하나님이 친히 당신의 백성들을 향해 부르시는 부르심을 본 겁니다. 오늘의 나는 어떻습니까? 혹여 공동체를 향해 나를 보내시는 하나님의 음성을 들을 수는 없을까요? 그것이 가정이 되었든, 교회가 되었든, 지역 사회가 되었든 말입니다.

순종, 어른 되는 과정(응답)

사실, 우리가 아는 아브라함은 노년의 아브라함뿐입니다. 모세도 태어날 때와 애굽에서 쫓겨날 때의 상황만 알고 대부분은 노년의 모세만 알고 있습니다. 왜 그럴까요? 성경이 노년의 그들을 주목하기 때문입니다. 하나님께서 그들을 어떻게 부르시고, 그들은 어떻게 응답했는지에 관심이 있기 때문입니다. 다른 무엇보다 말입니다. 이제, 아브라함과 모세는 각각 하나님의 부르심, 소명에 어떻게 반응했을까요? 그들의 순종을 살펴보겠습니다.

아브라함, 결별(訣別)하다!

　스스로 '늙었다'는 딱지를 붙이는 한 아무런 변화도 일어날 수 없습니다. 이것은 제가 한 말이 아니라 로버트 카스텐바움이라는 교수가 한 말입니다.[10] 그렇습니다. 늙었다는 생각, 늙었다는 스스로의 인식이 노년의 성도를 주저앉게 만듭니다. 아브라함은 어땠을까요? '일흔 다섯의 늙은 나이에 내가 가나안으로 이주를 한다? 이게 가능할까?' 수없이 되뇌었을 겁니다. '친척들을 떠나 독립해서 스스로 어른이 된다? 이런 무시무시한 시대에?' 스스로 얼마나 깊은 고뇌와 염려가 있었겠습니까? 그런데 그는 그 고뇌를 뒤로 하고 말씀에 순종합니다.

> 이에 아브람이 여호와의 말씀을 따라갔고 롯도 그와 함께 갔으며 아브람이 하란을 떠날 때에 칠십오 세였더라. (창 12:4)

　아브라함은 아버지 집을 떠났습니다. 그의 사회적, 경제적 생존이 달려있는, 어쩌면 생존의 전부였던 모든 혈연의 끈을 끊고, 과감하게 가나안으로 출발합니다.[11] 난생 처음 하는 경험이었을 겁니다. 아버지를 떠나는 것, 두렵고 떨리는 마음으로 시작했을 겁니다. 다만, 그 스스로 의지해야 할 분께 모든 것을 맡긴 채 그 먼 길을 떠났을 겁니다. 완전한 떠남, 한번 떠나면 다시 돌아올 수 없는 결별을 했던 것입니다.[12] 이전의 친숙했던 것으로부터 말입니다. 그제야 비로소 아버지 품을 떠난 어른, 하나님만 의지하는 '신앙의' 어른이 되는 과정을 시작한 것이지요. 그것도 75세의 노년에 말입니다.

그렇습니다. 아브라함은 하나님으로부터 '결별로의 부르심'을 받았습니다. 그리고 그 부르심에 기꺼이 결별(訣別)로 응답했습니다. 오늘 노년을 맞이한 우리도 하나님이 부르고 계십니다. 과거로부터, 내가 의지하던 것으로부터 과감하게 결별하고 떠나라고 말입니다. 그것이 내가 그토록 의지했던 생업이 될 수도 있습니다. 자식이나 배우자일 수도 있습니다. 건강이나 명예일 수도 있겠지요. 그러나 그 모든 것으로부터 이제는 좀 결별하고 하나님 한 분만으로 만족하며 그분께 남은 생애라도 드려야 하지 않느냐고 물으시는 것입니다.

모세, 결단(決斷)하다(닻을 올리다)!

헨리 나우웬은 노년이 되면 가끔 "소름끼치는 덫에 걸렸다는 느낌"을 받는다고 합니다.[13] 육체는 약해지고, 그간 이룬 것도 없고, 점점 초라하게 늙어가는 자신만 보이기 때문입니다. 마치 덫에 걸린 생쥐마냥 처절하게 죽어가고 있다는 생각만 음습합니다. 깊은 좌절감을 느끼지요. 물론, 그럴 수 있습니다. 모세도 처음에는 그랬던 것 같습니다. 모세와 하나님과의 대화입니다. 그것을 메시지 성경은 보다 실감나게 표현하고 있습니다.

> 모세가 하나님께 대답했다. "하지만 어째서 저입니까? 어떻게 제가 바로에게 가서 이스라엘 자손을 이집트에서 이끌어 낼 수 있다고 생각하십니까?" (출 3:11)[14]

하나님의 부르심에 대한 모세의 대답에 깊은 좌절과 회

의가 느껴집니다. 모세는 자신이 자격도, 능력도 없다고 생각했던 것 같습니다. 앞으로 전개될 상황에 대해 상상했겠지요. 그리고는 피식 웃었을 겁니다. '아무리 생각해도 이건 아니지 않은가? 40년 목동 생활한 내가, 이제 와서 다시 애굽으로 돌아간다? 이게 가능할까? 제국의 왕 바로 앞에 그들의 노예를 내놓으라고 감히 말이나 꺼낼 수 있을까? 생각만 해도 아찔하다.' 이렇게 생각하며 말입니다. 능력도, 상황도 감당할 수 없는 자신의 처지를 더욱 비관했을지 모릅니다.

그렇습니다. 상황이 열악하면, 그간 이룬 것이 아무 것도 없는 사람이면 그럴 수 있지요. 처지가 이것밖에 되지 않는다고 여기며 안타까워할 수 있습니다. 그러나 그를 부르신 분이 특별하다면, 그에게 지극한 관심을 보이시는 분이 특출한 능력이 있으시다면 상황은 달라지지 않겠습니까? 중요한 건, 그분을 내가 신뢰하느냐 하는 겁니다. 부르신 그분을 얼마나 의지하며 사랑하느냐가 중요한 것입니다. 내가 신뢰하는 분이 상황을 뒤집을 능력만 있으시다면 언제든 상황은 역전될 수 있습니다. 이어지는 하나님의 대답입니다.

> 하나님께서 말씀하셨다. "내가 너와 함께하겠다. 너는 내 백성을 이집트에서 이끌어 낸 뒤에 이 산, 바로 이곳에서 하나님을 예배하게 될 것이다. 이것이 내가 너를 보냈다는 증거가 될 것이다." (출 3:12)[15]

거부하는 모세의 대답에도 아랑곳 않고 하나님은 모세

와 함께하시겠다고 분명하게 약속하십니다. 그러고도 모세는 몇 번을 거절하고, 하나님은 계속해서 모세를 부르십니다. 애굽행을 염려하는 모세와 자신감을 불어넣으시는 하나님의 시소게임이 계속됩니다. 결국 누가 이겼을까요? 하나님이십니다. 기어코 작정하신 일을 이루셨습니다. 결국 모세는 하나님께 굴복하여 결단(決斷)합니다. 담대히 애굽으로 들어가지요. 소름끼치는 덫으로 여겼던 지난날을 정리하고, 애굽행이라는 찬란한 새 출발의 돛을 올렸던 겁니다. 죽은 생쥐 같았던 그의 삶이 새로운 항해를 하는 배처럼 애굽을 향해 진군하기 시작한 겁니다. 여든 노년에야 비로소 그의 인생의 맛, 삶의 의미, 살아갈 소명을 발견하고 힘차게 나아가게 된 것입니다.

이어지는 출애굽기를 보면, 모세가 얼마나 위대한 지도자였는지 구구절절이 보여줍니다. 급기야 그는 온 이스라엘을 이끌고 출애굽에 성공합니다. 모세가 뛰어나서 가능했을까요? 아닙니다. 모세를 부르신 하나님이 위대하셔서 가능했던 일입니다. 모세가 아닙니다. 부르신 하나님이 위대하신 것입니다. 중요한 건 그 하나님을 끝까지 신뢰하느냐 하는 것입니다. 하지만 퇴직한 이 나이에, 모세와 비슷한 처지에 무엇을 할 수 있다고 이런 이야기를 하나 여전히 심란하십니까? 그럼, 다음의 이야기를 읽고 깊이 생각해 보시기 바랍니다.

당신의 소명은?

노년의 마더 테레사에게 한 수도회의 수사가 찾아와 불평을 늘어놓습니다. 선배 수사가 까다로운 규칙으로 자신의 사역을 간섭하고 힘들게 한다는 겁니다. 그리고는 마더 테레사에게 이런 말을 덧붙입니다. "내 소명은 나환자들을 위해 일하는 것입니다. 나는 나환자들을 위해 헌신하길 원합니다." 이 말에 마더 테레사가 그 수사를 잠시 응시하더니 미소를 지으며 이렇게 말했다고 합니다.

"형제님, 당신의 소명은 나환자들을 위해 일하는 것이 아닙니다. 당신의 소명은 예수님 안에 거하는 것입니다."[16]

와, 정말 대단하지 않습니까? 어쩜 이런 어른스러운 대답이 있을까요? 그렇습니다. 노년의 마더 테레사는 진정 어른이었고, 어른스럽게 대답했습니다. 그녀에게 있어 소명은 단 하나였던 것입니다. 소명, 그것은 어떤 대단한 일에 있는 것이 아니라, 단지 예수님 안에 거하는 것, 그것이면 족했던 겁니다.

예수님 안에 거하면, 이전의 삶과의 결별이 이루어집니다. 덫처럼 느껴졌던 육신의 한계가 오히려 돛처럼 새로운 기회로 여겨지기도 합니다. 중요한 건 내게 예수님이 어떤 분인가 하는 겁니다. 예수님과 나와의 관계가 어떠한가가 중요한 것입니다. 내게 그분이 전부이면, 다른 말로 내가 그분 안에 있으면 그것으로 소명은 시작되는 것입니다. 맞습니다. 우리 노년의 성도에게 가장 필요한 소명, 어른 되는 길, 바로 그분 안에 거하는 것입니다. 그분을 사랑하는 것입니다. 지금까지는 나의 삶이라 생각하고 살았는데, 그분을 사랑하다보면, 나의 삶이 아닌, 그분의 삶을 살게 됩니다. 그러다 어느덧 그분이 내안에 살아가는 삶의 의미가 더욱 분명해지는 그런 삶, 소명 있는 삶을 사는 어른이 되어 있을 것입니다. 이 노년에 말입니다.

6장
성장, 노년의 역설

꽃지는 소년 vs 꽃피는 노년

노년의 빅토르 위고

"내 몸은 쇠하고, 정신은 왕성하다, 노년이 꽃피기 시작하고 있다."[1]

83세까지 산 빅토르 위고는 노년에도 왕성한 활동을 했습니다. 그의 대표작이라고 할 수 있는 '레미제라블'은 그의 나이 67세에 완성됩니다. 그러니 몸은 쇠하지만, 정신은 더욱 왕성하다고 자신 있게 말했던 겁니다. 노년에는 통상 꽃이 지는 시기라고 생각합니다. 그런데 그는 노년에 비로소 꽃이 피기 시작했다고 합니다. 다시 봄이 온 것이지요. 맞습니다. 회춘(回春)한 겁니다.

어찌 보면 부럽고, 어찌 보면 놀랍기만 합니다. 심지어 이듬해인 68세에 임시정부의 파리 대표가 되었고, 74세의 나이에 의회회원이 되었습니다. 나이가 들어갈수록 더욱 찬란한 꽃을 피웠던 것이지요. 사실, 요즘은 소년 때부터 꽃들이 시들어 있지 않습니까? 초점 없는 눈과 의욕 없는 발걸음으로 지나가는 꽃들을 종종 봅니다. 목표의식 없이 그냥 집, 학교, 학원을 소위 '뺑뺑이'만 돌고 있는 아이들. 그들을 보면, 꽃이 피기도 전에 지고 있다는 생각이 듭니다. '꽃 지는' 소년이지요. 안타까운 일입니다. 그런데 소년도 아닌, 노년이 꽃을 피운다? 생각만 해도 가슴 뛰는 일입니다.

'꽃 지는' 소년에 비해 '꽃피는' 노년을 말하는 이 '노년의 역설'을 생각해 보려 합니다. 노년에도 꽃을 피울 수 있다면 이보다 좋은 것은 없겠지요. 다만, 남들은 다 지는데 홀로 피는 것 말고 말입니다. 남들은 다 지는데 홀로 핀다면 돋보이기는 하겠지만 별로입니다. 누가 압니까? 신기하다고 누군가가 그 돋보이는 꽃마저 꺾어버릴지. 그래서 흐드러지게 피는 꽃들이 만발한 꽃밭같이, 모든 노년이 함께 피면 좋겠습니다. 그런 노년의 꽃'들'이 마구마구 피는 꿈을 함께 꾸었으면 합니다.

어떻게 하면 그게 가능할까요? 노년에 꽃이 핀다는 건, 그만큼 노년에도 자란다는 말이 아니겠습니까? 우선, 모두가 아니라고, 자라지 않는다고 할 때라도 빅토르 위고처럼 노년도 자라 꽃피울 수 있다는 믿음이 필요할 것입니다(노년도 자란다!). 그리고 노년도 자라 꽃 피울 수 있는 분야나 영역이 있다는 걸 이

해할 필요도 있습니다(노년도 잘한다!). 무엇보다 노년에 오히려 더욱 꽃을 피울 수 있는 일이 있고, 꼭 해야 할 일을 하며 노년의 건재함을 보여줄 필요가 있습니다(노년도 잘났다!). 이를 통해 노년의 찬란한 '꽃들'이 흐드러지게 피어나는 우리 공동체가 되었으면 합니다.

노년도 자란다!

둘째 아들이 우유를 참 좋아합니다. 심지어 초코파이를 부셔 우유에 타 마시기도('먹기도'가 아닙니다) 합니다. 그것도 두 개씩이나 말입니다. 달착지근한 초코파이에 느끼한 우유, 조합이 생각만 해도 느끼하지요. 그런데 우유를 좋아해서 그런지 잘도 마십니다. 아내가 우유 사오기 바쁘지요. 하루는 우유를 찾아 냉장고 문을 여는 아들 녀석에게 농담 삼아 말했습니다. "아빠도 좀 줘! 아빠도 좀 커야겠다. 사실, 아빠, 아직도 자랄 수 있거든." 그랬더니 녀석이 우유를 꺼내다말고 말도 안 된다는 표정으로 저를 보며 한 마디 합니다. "헐!"

오십이 다 된 사람에게 자란다고 하면 누구도 믿지 않겠지요. 오히려 근육과 뼈가 굳고 굽어 조금씩 줄어들겠지요. 그런데 예순이 넘은 노년이 자란다고 하면 더욱 황당할 겁니다. 어떻게 생각하세요? 노년도 자랄까요? 노년도 성장하며, 노년도 꽃을 피울 수 있을까요? 아이들처럼. 답부터 말씀드리면 자랍니다. 단,

육체적인 것 말고요. 4장에서 이미 언급한 고린도후서의 말씀을 기억하실 겁니다.

> 그러므로 우리가 낙심하지 아니하노니 우리의 겉사람은 낡아지나 우리의 속사람은 날로 새로워지도다(고후 4:16)

그렇습니다. 우리의 몸은 낡아집니다. 누가 뭐라고 해도, 아무리 안티 에이징을 위해 온갖 몸에 좋은 것을 먹고 발라도 결국 늙습니다. 그건 부인 못합니다. 자연의 법칙이니까요. 낡아서 점점 초라하게 변합니다. 꽃으로 말하면 시들어가는 것이지요. 절대로 자라지 않습니다. 그런데 감사하게도 우리 인간은 육체(body)로만 구성된 존재(being)가 아닙니다. 다음의 성경구절들은 그 사실을 선명히 가르쳐 줍니다.

> 너희의 온 영(spirit)과 혼(soul)과 몸(body)이 우리 주 예수 그리스도께서 강림하실 때에 흠 없게 보전되기를 원하노라(살전 5:23f)
>
> 하나님은 영(spirit)이시니 예배하는 자가 영(spirit)과 진리로 예배할지니라(요 4: 24)

그렇습니다. 우리는 몸만이 아니라 영과 혼이 함께 합쳐 온전한 존재가 됩니다. 심지어 영이신 하나님과 교통할 수 있도록 영적인 존재로 만들어진 것입니다. 그래서 우리는 자연의 법칙에 따라 겉(사람)은 늙어가지만, 영적인 질서에 따라 속(사람)은 새로워질 수 있는 겁니다. 얼마나 감사한지요. 이제 노년으로 향하는 우리는 결정해야 합니다. 자연법칙에 따라 늙어갈 겉(외부)에 집중할 것인지, 아니면 영적인 질서에 따라 새로워질 수 있는 속(내부)에 집중할 것인지. 이것에 대해 비안키라는 분은 우리에게 놀라운 통찰력을 주는 말을 했습니다.

> "외부세계에서 내부세계로 관심을 옮기는 움직임으로서 '내면성'은 노년의 가능성과 관련된 엄청난 개념이다."[2]

노년의 가능성. 이 말 자체가 놀랍지 않습니까? 노년도 외부가 아니라 내부로 시선을 돌리면 엄청난 가능성이 있다는 겁니다. 초점은 '내면(성)'에 있습니다. 이것에 대해 루시엔 콜먼이라는 분은 심지어 노인들이 성장 '잠재력'까지 가졌다고 말합니다. 그가 말하길, 노년은 "아직 개발되지 않은 능력의 저장고"라고 합니다.[3]

축하드립니다. 여러분과 저는 아직 개발되지 않은(성장 가능성 있는) 능력의 저장고를 하나씩 가졌습니다. 이 나이에 말입니다. 중요한 건 이 저장고가 있는지도 모르고 계속해서 늙어가는 몸만 바라볼 것인지, 아니면 영원히 늙지 않는 내면의 저장고에 집중할 것인지 결정하는 것입니다. 내면의 저장고 안에 있는 소망의 씨를 심어, 믿음과 사랑의 꽃을 틔울 것인지 결정하는 것입니다. 그래서 우리 모두는 담대히 말해야 합니다. "노년도 자란다!" "단, 외면이 아닌, 내면이, 우리의 속이!"

노년도 잘한다!

시편 92편 12절에서 16절 말씀은 사람이 늙어도 변함없이 자란다(결실한다)는 걸 강력히 말하고 있습니다.

의인은 종려나무 같이 번성하며 레바논의 백향목 같이 성장하리로다 이는 여호와의 집에 심겼음이여 우리 하나님의 뜰 안에서 번성하리로다. 그는 늙어도 여전히 결실하며 진액이 풍족하고 빛이 청청하니 여호와의 정직하심과 나의 바위 되심과 그에게는 불의가 없음이 선포되리로다.

이 구절은 노년이 되면 삶이 '무르익는다.'고 말합니다. 어떤 과일이든 설익으면 떫어서 못 먹는다는 걸 잘 아실 겁니다. 맛이 들 때까지 기다려야지요. 그런데 시간이 지나 무르익으면 정말 제 맛이 납니다. 하나님을 의지하는 의인들이 그렇다는 겁니다. 악인들은 모르겠지만, 최소한 의인들은 번성하고, 성장합니다. 그리고 노년이 되어 드디어 결실에 이르면 그 빛깔까지도 제대로(청청하니) 라는 겁니다. 때깔까지 좋다는 거지요. 맛도 좋고, 때깔도 좋은 노년. 그래서 노년이야말로 인생의 제 맛을 볼 수 있고, 보여줄 수 있는 시기라는 겁니다.

이것에 대해 제임스 패커는 이렇게 멋진 말을 합니다.

"인간은 중년기부터 조금씩 서로 차이가 나타난다. 어떤 사람들은 기품 있게 늙어간다. 하나님의 은혜에 온전히 사로잡힌다는 뜻이다. 그들은 날로 더 이해심이 깊어지고 인품이 성숙해간다. 무엇에도 굴하지 않는 굳센 의지가 있고 복원력이 좋다. 또한 확실한 균형감각과 풍부한 자원으로 사람들을 세워주고 멘토가 되어준다."4)

청년 때, 한창일 때는 잘 느끼지 못합니다. 그러다 중년의 때가 되면 비로소 조금씩 차이를 보이기 시작합니다. 그리고 나이가 들수록 '참 멋있게 늙는다!' 이런 생각이 드는 분들이 나타나기 시작하지요. 소위 고상하게 늙어가는 분들입니다. 이건 누가 시켜서, 혹은 누가 가르쳐줘서 되는 것이 아닙니다. 오직 하나님의 은혜에 사로잡힐 때 가능해 집니다. 하나님과 깊은 교제 가운데 있으면 자연스레 고상하게 늙어가는 무르익음의 미(美), 성숙미(成熟美)를 보이기 시작합니다. 그리고 점점 인품에 감격해서 주변에 사람들이 모이기 시작합니다. 나중에 보면 모든 사람이 존경하는 '참' 어른, '우리 편' 어른이 되어 있는 겁니다.

제 주위에도 그런 참 어른, 우리 편 어른이 있습니다. '참 멋있게 늙으신다!' 싶은 분 말입니다. 전에 섬기던 교회의 장로님이 바로 그런 분이십니다. 이분은 참 성실하신 분이십니다. 그리 넉넉지 않은 가정이었지만, 성실하셔서 본인의 사업을 열심히 꾸려 가셨습니다. 형편이 조금 나아지자, 남들은 좋은 환경의 집을 구해 이사를 할 때, 홀로 가난한 동네에 땅을 사서 집을 지으셨습니다. 본인은 2층에 사시면서 시세에도 한참 미치지 않는 전세를 주고 그곳의 많은 가정을 섬기셨습니다. 참 놀라운 건, 그 집에 세를 사는 분들은 하나같이 그분을 통해 예수님을 알게 되는 겁니다.

문제가 있으면 장로님을 찾아가 도움을 구합니다. 기도

를 부탁합니다. 그런 가정이 하나둘씩 늘어나면서 급기야 한 구역이 생기고, 그 구역이 분가해서 또 다른 구역을 이루기 시작합니다. 나중에 보니, 수많은 교인들이 그분 주변에 모입니다. 기도 부탁을 합니다. 신앙 상담을 합니다. 인생의 문제가 있을 때마다 찾아갑니다. 소위 믿음의 멘토가 되어갔던 겁니다.

그분을 보면, 학식이 그렇게 많은 것도, 체격이 건장한 것도, 재물이 많은 것도 아니었습니다. 그냥, 진실한 분이셨습니다. 그냥 예수님 닮으려고 애쓰시는 분이셨습니다. 그런데 시간이 지나갈수록 사람들이 그걸 아는 겁니다. 세월이 더해 갈수록 그분의 삶이 주님 안에서 무르익어가는 걸 보게 되는 겁니다. 소위 '신앙의' 어른이 되어 가신 겁니다. 그리고 모두가 한번쯤은 생각했지요. '나도 저분 같은 그리스도인이 되어야지!' '저분 같은 그리스도인이 되면 되겠구나!' 숱한 성도들의 모델이자, 목표가 되었던 겁니다. 무슨 말입니까? '노년도 잘한다!' '잘된다!' 이걸 몸소 보여주셨던 겁니다.

노년도 잘났다!

이렇게 보면, 노년이야말로 뭔가 제대로 잘할 수 있는 시기입니다. 그럼, 노년에 잘할 수 있는 것, 무엇이 있을까요? 물론, 힘쓰는 것은 아닐 겁니다. 세상에 가장 바보 같은 짓이 나이가 들어 젊은이와 힘으로 경쟁하는 것입니다. '내가 이정도로 힘이 세!'

이러면서 말이지요. 노년이 건강하면 얼마나 건강하겠습니까?

비슷한 이치로 노년 성도가 세상과 경쟁하려는 것만큼 어리석은 일도 없습니다. '내가 (세속적으로) 이 정도는 하는 사람이야!' 이러면서 말이지요. 어리석게도 나이가 들수록 더욱 세상의 성취에 집착하는 경우가 있습니다. '내가 지금까지 이만큼 이뤘어' '우리 자식이 이렇게 훌륭해!' 나이가 들수록 겉사람에 온 관심을 쏟습니다. 속사람(내면)이 부실해서 그렇습니다. 이런 경우 대개 다음의 세 가지 질문을 합니다.

| 나이가 들수록 | ·'얼마나 가졌는가?' (소유, 남겨줄 유산)
·'어떤 능력을 가졌는가?' (권력, 이어줄 연줄)
·'무엇을 이뤘는가?' (직위, 세속적 자식 자랑) |

이것을 이루지 못했다고 생각하면 한탄합니다. '이 나이 되도록 뭐했는지 모르겠다.' 그러나 성경은 이것과는 정반대의 것에 관심을 가지고 있습니다. 성도가 진정으로 한탄해야 할 것이 따로 있다고 가르칩니다. 나이가 들수록 성도들은 이걸 물어야 합니다. 그리고 이것을 잘할 수 있다는 '사실'을 깨달아야 합니다. 진정으로 속사람이 새로워진 사람이 해야 할 질문입니다. '나이가 들수록' 말입니다.

| 나이가 들수록 | ·'얼마나 하나님을 알고 믿고 있는가?'
(믿음, 믿음의 유산)
·'얼마나 하나님의 자녀로서 기쁨과 즐거움을 누리고 있는가?' (소망, 소망의 유산)
·'얼마나 하나님의 사랑을 전하고 나누고 있는가?' (사랑, 사랑의 유산)[5] |

한쪽은 외부세계에 관심을 가지며 그것을 자랑삼아 말하지만 시간이 지나도 내면이 전혀 자라지 않습니다. 육신적으로도 약해집니다. 그런데 다른 한쪽도 육신적으로 약해지는 것은 맞지만, 영적으로는 이런 질문을 하며 영적으로 자라게 됩니다. 그러니 그의 성품이, 관계가, 내면이 점점 풍요로워져서 싹이 나고 자라 아름다운 꽃을 피우게 되는 것입니다. 아름다운 노년의 믿음, 소망, 사랑의 꽃을 피워가는 것입니다. 그래서 많은 성도들이 '저 분은 우리 믿음의 본이야' '저 분은 소망 가운데 즐거워하는 분이야. 저런 어려움 중에도 말이야.' '저 분은 정말 사랑이 넘치는 분이지.' 이런 꽃피우는 삶을 살게 되는 것입니다.

모(母)교회의 권사님 한 분이 계십니다. 이제는 돌아가셨지만, 제가 어릴 적부터 교회에서 매일 밤마다 기도하시던 분이셨습니다. 제가 대학생 때, 한번은 그 권사님과 대화를 나눌 일이 있었습니다. 저는 그분을 처음 만났는데, 그 권사님은 저를 너무 잘 아시는 겁니다. 놀라서 물었습니다. "어떻게 저를 그렇게 잘 아세요?" 그때 그분의 대답이 아무렇지도 않다는 듯, "내가 밤마다 너를 위해 기도하는데 왜 몰라?"였습니다. 순간 울컥했습니다. 기도의 당사자인 저는 알아주지도 않는데(몰라서 무지 죄송했습니다), 그런 건 아랑곳 않고 밤마다 저를 위해 기도해 주셨던 것입니다. 그 사실을 처음 알았습니다. 너무 감사했습니다. 참 작으신 분인데, 여든이 다 된 권사님, 그 왜소한 할머니가 거인처럼 느껴졌습니다. 제가 처음으로 '신앙의' 어른을 본 것입니다. 인생 처음으로 '아, 나도 저렇게 늙어야겠다!' 생각했던 분입니다.

더 놀라운 건, 저만을 위해서 기도하시는 것이 아니었습니다. 당시 성인 교인이 대략 200명 정도 되는 작은 교회였는데, 그 교인들과 그들의 자녀들까지 하나도 빼놓지 않고 밤을 새워 기도하셨던 겁니다. 저와 대화를 나누시다 성경책을 드셨는데, 그 안에서 뭔가가 툭 하고 떨어지는 겁니다. 자세히 봤더니 낡아서 헤어져 여러 장의 종이를 덧댄 기도제목이 적힌 기도수첩이었습니다. 누렇게 빛바랜, 손때 묻은 기도수첩이었습니다. 그걸 보여주시는데, 제 이름과 기도제목이 적혀 있는 겁니다. 저의 이름도, 제 동생 이름도, 심지어 제 가족들 이름과 기도제목이 빼곡히 적혀 있었습니다.

이 권사님, 세상적으로 알아주는 사람 없는 무명의 그리스도인입니다. 그런데 이분이 가장 잘할 수 있는 것, 이분이 평생 동안 해 왔던 기도 그것 하나 붙들고 속사람이 새로워지고 있었던 겁니다. 겉사람은 점점 낡아지고 있었지만, 본인만의 최강의 강점, 기도 붙들고 이웃과 성도들을 위해서 그렇게 기도하시며 기도의 거장, 교회의 어른이 되어 계셨던 것입니다. 기도하면 들으시는 아버지 붙들고, 소망의 씨를 밤마다 뿌렸던 겁니다. 그리고 어느 샌가 믿음과 사랑의 꽃을 피우셨던 거지요. 결국, 온 교회 성도들이 문제만 있으면, 어려움만 생기면 어떻게든 권사님을 찾아가서 기도를 부탁했던 기억이 새록새록 납니다.

이제 그분이 계시지 않으니 기도 부탁할 사람이 없다고 하는 누군가의 한탄을 들으며, 이제는 어른이 사라진 자리가 그렇게 허전할 수 없습니다. 이런 어른, 이런 노년이라면 해볼 만하고, 자랑스럽지 않겠습니까? 소위 긍정적인 뜻으로 '이정도 노년이면 잘났다!' 생각할 수 있지 않겠습니까?

꽃피는 노년의 이야기[6]

딕 리카드(이하 딕이라고 하겠습니다.)라는 분이 계셨습니다. 미국의 성장하는 한 교회(그레이스교회)의 주일학교 부장을 지내신 분입니다. 주일학교가 성장하니 재미가 있었겠지요. 보람도 있었을 겁니다. 시간이 흘러 교육부서가 성장하고 본인이 감당할 수 없는 나이와 상황이 되었다는 걸 알게 됩니다. 종종 이럴 때 그 자리를 고수하며 물러나지 않으려 갈등을 빚기도 하지요. 그도 아마 그랬을 겁니다. 자리를 물러나 무기력하게 있을 것인가? 아니면, 자리를 지키고 어떻게든 버텨볼 것인가? 고민했겠지요. 그런데 그는 그 자리를 깨끗하게 물러나 전혀 다른 길을 택합니다.

매일 밤 10시(일주일에 여섯 번) 그레이스교회 구석구석을 돌아보면서 전체 교회를 정리하는 일을 한 것입니다. 불은 꺼졌는지, 난방시설은 잘 작동하는지 점검하는 것이지요. 모두가 알아주는 주일학교 부장에서 누구도 알아주지 않는 임무를 맡았습니다. 그런데 그는 실망하지 않고 묵묵히 그 일을 감당합니다. 그리고 날씨가 아주 좋지 않아 움직일 수 없는 날을 제외하고는 돌아가실 때까지 그 일을 감당합니다. 묵묵히.

놀라운 건, 딕이 이 임무를 감당하면서부터 교인들 사이에 밤마다 딕을 보았다는 사람들이 늘어납니다. 그리고 그가 있어 안심이라는 말이 들려옵니다. 그와 함께 기도했다는 이야기도 들립니다. 그리고 어려움을 당했거나 힘든 일이 있었던 성도들이 큰 위로를 얻었다는 말도 들립니다. 굳이 따지자면 그의 일이 한국 교회식으로 말하면 관리 집사님 역할일 겁니다. 그런데, 그를 만나고 많은 성도들이 늦은 시간 교회의 모임에 참석하는 것을 안심하게 됩니다. 점점 교회의 마지막을 장식하는 어른, 어쩐지 기도 부탁을 하면 들어줄 것 같은 사람이 되어갑니다.

그리고 이분이 돌아가시고 난 다음, 이전에 몰랐던 그의 빈자리를 많은 성도들이 느끼게 됩니다. 그 전에는 그리 중한 일로 보이지 않았는데, 그가 돌아가시고 나자, 차를 타러 가는 길에 위로를 받았다는 성도도, 힘든 일에 기도를 부탁했다는 소식도 없어졌고, 교회는 그를 대신해 사람을 고용했지만 비용만 들고 교회가 사무적으로 변하게 됩니다.

생각해 보면, 노년이 되면서 어느 순간엔가 교회의 중요 보직에서 밀려나게 됩니다. 서운하지요. 아쉽지요. 그런데 누구도 알아주지 않지만, 이렇게 노년에 더욱 빛날 그 일을 찾아보면 어떨까요? 누구도 알아주지 않지만, 내면의 따뜻함으로 할 수 있는 일, 그 일을 통해 이제 나의 남은 노년의 씨를 뿌려보면 어떨까요? 지금은 누구도 알아주지 않지만, 내가 떠난 그 빈자리를 누군가 발견할 때 비로소 그곳에 아름다운 꽃이 피었다는 것 정도만 알아줘도 감사하지 않을까요? 비록 모두가 주목하는 찬란한 장미꽃은 아니더라도, 장미꽃을 빛내줄 은은하게 빛나는 안개꽃 정도로 말입니다. 딕처럼, 제 어린 시절 그 권사님처럼 말입니다.

2부 Well-Being(웰빙), 멋진 은퇴를 위하여
노년의 곱하기(×): 노년의 다섯 가지 유형

노년은 빼기 시절입니다. 몸도 마음도 빼기를 경험하지요. 그런데 더러 빼기 대신 곱하기를 하는 노년들을 보게 됩니다. 이것저것 곱하면서 뭔가를 남기려고 하고, 그간 하지 못했던 것을 보상 받고 싶어 합니다. 물론, 몸은 곱하기 어려우니 마음으로 곱하려는 거지요. 인생 말년에 빼기만 하다 보니 손해 보는 느낌이 들어 그러나 봅니다. 노년의 이런 곱하기에 대해 잘 보여주는 분석이 하나 있습니다. 노년의 다섯 가지 성격유형(personality types) 분석이 그것입니다. 노년을 그 성격에 따라 분노형, 자학형, 은둔형, 무장형과 성숙형으로 구분하는데, 노년 관련 연구나 책에 자주 인용되는 분석입니다.[1] 각각의 유형을 보며 나를 돌아보는 시간을 가지면 좋겠습니다.

분노형 노년

제일 먼저 분노를 곱하는 유형입니다. 이런 노년이 다수는 아니더라도 더러 있지요. 나이가 들수록 분노가 늘어가는 유형입니다. 젊은 시절 이런저런 불평과 원망의 감정이 생기지요. 내 원대로 되지 않을 때 말입니다. 이때 해결하지 못하고 남겨두면 원망이 조금씩 쌓입니다. 나이가 들고 노년이 됨에 따라 분한 마음(憤)에 노여운 마음(怒), 괘씸하게 여기는 마음을 곱하게 되지요. 여태껏 있었던 일에 대해, 상황에 대해, 사람에 대해 분노(憤怒)를 곱하기 하는 거지요. 분노 제곱이 되는 겁니다.

가벼운 시비에도 격분해 강력 범죄를 저지르는 노년이 늘고 있다는 보고가 있는 것을 보면, 분노를 곱하는 노년이 제법 있나 봅니다. 실제로 2013년에서 2017년 사이 노년범죄가 무려 45%나 증가했고, 그만큼 강력 범죄도 늘어났다고 합니다.[2] 나이가 들어 노화가 진행되면서 고집이 세어지고 호르몬 변화로 인해 분노조절이 더욱 어려워져서 그렇다고도 합니다. 50대 중반 이후부터 자신과 반대 성(性) 호르몬이 늘어나면서(남성은 여성 호르몬이, 여성은 남성 호르몬이) 감정적 안정성이 깨져 쉽게 흥분, 분노하게 된다는 겁니다.[3] 순간적으로 참지 못하고 욱하며 쏟아버리는 경우가 생긴다는 거지요. 노년에.

이런 분노형 노년은 스스로를 실패한 인생이라 여깁니다. 단,

그 이유를 자신에게서 찾지 않고 외부에서 찾습니다. 시대적 상황, 경제적 상황, 부모, 배우자, 형제, 자매까지 실패의 원인을 외부로 투영하는 겁니다. 현재의 자신을 연민하며, 주변을 향해 분노의 감정을 쏟아놓지요. 분노를 곱하기 하는 겁니다. 불행하고, 불쌍한 노년이 아닐 수 없습니다. 자신은 보지 못하고 외부를 향해서만 거침없는 언사로 모두를 힘들게 합니다. 생각해 보세요, 과거를 돌이킬 수 있나요? 불가능한 과거에 매여 오늘 나와 함께한 이들을 향해 분노를 곱하기 하는 어리석은 일을 멈춰야 할 때입니다. 혹여 내 안에 이런 분노가 쌓이지 않았는지, 오늘 나도 모르게 쌓고 있지는 않은지 살펴야겠습니다. 곱하기가 아닌 빼기를 해야 할 때이지요. 이 빼기에 기도만한 것이 없지 않나 생각합니다. 하나님 앞에서 나의 분노와 억울함을 토로하는 시간을 가지는 것, '우리 편' 어른만이 할 수 있는 일이라 생각합니다.

자학형 노년

분노형 노년과 정반대의 경우가 있습니다. 바로 자학형 노년입니다. 분노를 타인이 아닌 자기 자신에게 쏟아 놓는 거지요. 자책과 회한을 하면서 말입니다. 과거에 하지 못한 일, 이루지 못한 성과, 어그러진 관계들이 모두 자기 탓이라 여기며 힘들게 살아온 노년들입니다. 이걸 심리학적 용어로 '내사(內射)'라고 합니다. 문제의 원인을 자기 안에서 찾고 자기 안으로 돌리는 현상이지요. 자신을 향한 분노를 곱하는 것입니다. 외부의 행동이나 가치관은 무비판적으로 수용하고, 자신에 대해서는 분노하며 질책하기를 멈추지 않는 유형입니다. 그러다보니 스스로를 학대하는 형태로 발전합니다.[4]

이걸 노년의 '자기방임'이라고도 합니다. 그냥 내버려두는 겁니다. 될 대로 되라는 식이지요. 이런 자포자기의 노년이 급증하고 있다고 합니다.[5] 보건복지부의 '2016년 노인학대 현황보고서'를 보면 학대 행위자가 본인인 자기방임은 매년 증가하고 있으며, 그 수도 늘어나고 있습니다. 2012년에 비해 무려 32.5%나 증가했다고 합니다.[6] 자칫 이런 성향의 사람이 노년을 잘못 보내면 심각한 상황에 이르기도 합니다. 스스로를 망쳐놓고, 급기야는 우울증과 알코올에 의존하는 경향을 보이게 됩니다. 자신을 보잘 것 없는 존재로 여기고 급기야는 극단적인 선택에 이르기도 합니다.

가장 좋은 해결책은 자신을 객관적으로 생각할 수 있는 시간을 가지는 겁니다. 말씀과 함께 말이지요. 특별히 2부 4장과 5장을 다시 읽어 보면 많은 도움이 될 겁니다. 하나님의 자녀 됨과 부르심에 대해, 노년에도 하나님이 불러 사용하신다는 사실을 기억할 필요가 있겠습니다. 무엇보다 하나님이 나를 어떻게 바라보시는지 다시금 생각하는 시간을 가질 필요가 있겠습니다.

은둔형 노년

은둔형 노년이 있습니다. 일명 '안락의자형 인물(the rocking chair man)'이라고도 합니다. 퇴직 후, 모든 것을 내려놓고 안락의자에 앉아 편하게 쉬어야 한다고 생각하는 노년이지요. 직에서 물러나는 퇴직(退職)을 곧 모든 것에서 물러나 한가롭게 쉬면서 아무 것도 하지 않는 은퇴(隱退)로 여기는 겁니다. 그간 힘들게 살았으니 이제 은퇴하여 보상받겠다는 것이지요. 직에서 물러나 쉰다는 의미에서 빼기를 하는 것이지만, 보상받겠다는 의미에서는 곱하기를 하는 겁니다. 책임은 빼고, 나의 만족과 나의 시간은 곱하겠다는 거지요.

이런 노년은 대체로 매우 수동적입니다. 자신이 하던 일에서는 쉽게 만족을 얻지 못하고, 일에서 놓여 안락하게 쉬게 된 것을 다행으로 여기지요. 스스로 책임을 감당하는 능동적인 자세보다는 때가 되어 쉬면서 타인에게 의지하는 "수동적, 의존적" 태도가 강해집니다.[7] 물론, 나쁘지 않습니다. 분노형이나 자학형 노년에 비해 훨씬 나은 노년의 삶입니다. 그러나 성도의 노년이 마냥 쉬는 걸로 끝난다면, 아쉽지 않겠습니까? 빌리 그레이엄 목사님이 말했듯, 백발이 성성할 때까지 하나님이 우리를 데려가시지 않는 이유가 있지 않겠습니까?[8]

혹여 누군가 지적한 것처럼 오랜 열등감 때문에 직을 내려놓자 곧바로 숨는 것은 아닌지 생각해 봐야 할 것입니다.[9] 오히려 하나님이 맡기신 사명과 사람을 생각해 보면 좋겠습니다. 공동체를 생각해야겠습니다. 어른으로서 내가 감당할 일과 사람을 말입니다. 이를 통해 여전히 하나님이 내게 붙여주신 사람이 있고, 섬김의 일이 있다면 감사하게 생각하고 새롭게 도전해 보면 어떨까요?

무장형 노년

무장형 노년이 있습니다. 노년을 '있는 그대로' 받아들이기 힘들어 하는 유형입니다. 그냥 노년은 빼기 시절인가보다 여기면 될 텐데 그게 어려운 모양입니다. 자신이 아직 정정하고 문제없다는 걸 보여주고 싶어 안달입니다. "나는 괜찮아! 아무 문제없어!" 우기며 과장되게 행동하지요. 행동을 포장하고, 삶을 무장합니다. 혹여 괜찮지 않다는 걸 들킬까봐. 어색한 행동이 이어지면서 과장, 포장, 무장의 행동을 곱해나갑니다. 누구도 자신의 삶에 들어오지 못하게 말입니다. 방어형 삶을 사는 거지요.

노년은 방어해야 할 때가 아니라 수용해야 할 때입니다. 거부할 때가 아니라 받아들여야 할 때입니다. 도움을 주기보다 도움 받는 것이 더욱 절실한 때입니다. 그런데 이 모든 걸 거부합니다. 왜

나하면 불안하기 때문이지요. 언제 들통 날지 몰라 초조합니다. 괜찮은 척했지만 자신감도 힘도 없다는 걸 들킬까봐 노심초사합니다. 그래서 벽을 치고 아닌 척하려 무지 애를 쓰는 겁니다. 곁에서 도와주겠다는 사람들의 손길을 애써 외면합니다. 심지어 자녀들이 도와주겠다고 해도 거부합니다. 괜찮다는 말과 함께 말이지요. 그러니 힘이 곱하기로 들지요.

원래 노년이 되면 힘이 빠지지요. 무력감도 들고 예전에 비해 감당할 수 있는 일도 적어집니다. 빼기의 연속이지요. 그냥 있는 그대로 받아들이고 적응해가면 됩니다. 존 던롭의 말마따나 "움켜쥔 손을 놓고 간소화"하면 쉬워집니다.[10] 심지어 자존심까지도 내려놓아야 할 때가 오지요. 다만, 하나님의 자녀라는 '자존감'만 있으면 됩니다. 세상적인 일, 지위, 상황을 내려놓음으로 생기는 자존심의 상처는 그냥 받아들이면 되는 겁니다. '예전에는 안 그랬는데' 이런 생각을 버리고 말이지요. 힘을 빼는 자족을 배우면 모든 것이 해결됩니다. 내가 누구이며, 어디를 향해가고 있는지를 기억하면서 말입니다. 누구 말마따나 "(너는) 세상을 가지고 내게는 예수님을 달라"고 고백하면 노년의 삶에도 빛이 들어옵니다.[11] 기필코.

성숙형 노년

가장 바람직한 형태는 성숙형 노년입니다. 비교적 어려움 없이 노년기를 접하고 특별한 신경증적 증세를 보이지 않는 노년입니다. 불안해하지도, 그렇다고 불평과 불만으로 가득차지도 않은 삶을 사는 노년을 말합니다. 자신의 삶을 있는 그대로 받아들이기 때문에 이것이 가능합니다. 지나온 인생을 불행하다 여기지 않고 행복했다 기억하는 노년입니다. 결국 감사가 있는 노년이지요. 그러니 인생 말년에 늘 감사가 곱해지는 노년을 보내는 겁니다.

불평과 불만 곱빼기도 아닙니다(외부를 향한 분노형 노년). 불안과 염려 곱빼기도 아닙니다(자신을 향한 자학형 노년). 혼자 도망가 스스로의 만족만 곱하는 삶도 아닙니다(은둔형 노년). 스스로 철벽을 치고 아닌 척, 괜찮은 척하며 배나 힘든 삶을 사는 것도 아닙니다(무장형 노년). 감사와 기쁨 곱빼기의 삶을 사는 노년이야말로 참 좋은 노년이라 생각합니다. 과거에 대한 후회나 미래에 대한 불안이 아니라, 과거에 대한 감사와 미래에 대한 소망을 품으면 이 모든 일이 해결될 것입니다. 물론, 그 중심에는 믿음이 있어야겠지요.

내 자신의 힘으로 바꿀 수 없는 과거에 매여 있거나, 늘 어떻게 될지 모를 미래에 대한 불안과 염려로 삶을 소진하지 않으세요? 오답입니다. 인생의 오답을 쓰고 계신 겁니다. 정답은 내 삶을 주관하시는 하나님을 향한 믿음에서 시작하는 겁니다. 믿음의 눈으로 과거와 미래를 다시보고 오늘을 살아가는 겁니다. 노년의 믿음의 사람들처럼 말입니다. 소명을 품고 나아갔던 아브라함과 모세처럼 말이지요. 이렇게 보면 그들의 오답노트인 말씀을 다시 펼쳐보면 좋겠습니다. 오답을 체크하고 정답을 찾아갔던 그들처럼 오늘 우리도 성숙형 노년을 위한 오답노트를 체크해 보면 어떨까요? 성경을 펼쳐서.

마지막으로 존 던롭이 제시한 인생을 잘 마무리하기 위한 처방을 살펴보면 좋겠습니다. 성숙한 노년이 되기 위해 한번 생각해 보고, 하나라도 시도해 보세요. 많은 도움이 되실 겁니다.[12]

1. 하나님이 당신에게 부여하신 가치를 깨달으라.
2. 매일의 목적을 찾으라.
3. 깊은 관계를 맺고 유지하라.
4. 많이 웃으라.
5. 건강에 투자하라.
6. 양질의 노년을 방해하는 것들을 피하라.

3부

well-Celebrating(웰 셀레브레이팅),
마지막 불꽃을 틔우기 위하여

"늙은 자에게는 지혜가 있고
장수하는 자에게는 명철이 있느니라."
(욥 12:12)

7장 · 축제(祝祭) · 즐기며 살기

8장 · 배움 · 잘 살기

9장 · 섬김 · 손 하나 보태며 살기

7장
축제(祝祭), 즐기며 살기

마음이 몸을 앞선다!

1788년 3월 1일, 85세의 존 웨슬리의 일기 중[1]

"해가 지나며(나이가 들며) 내게 어떤 차이가 생겼을까?
첫째, 행동이 느려졌다: 더욱 천천히 걷게 되었다. 특별히 언덕에서.
둘째, 내 기억은 그렇게 빨리 되살아나지 않는다.
셋째, 촛불 아래에서 책읽기가 어렵다. 그러나 그 외, 내 몸과 정신의 다른 모든 기능들이 예전과 비슷한 것에 대해 하나님께 감사드린다."

여기 노년에도 감사를 잊지 않는 한 사람이 있습니다. 예년에 비해 건강이 더 좋아졌다거나 혹은 몸이 더욱 날렵해 진 것은 결코 아닙니다. 언덕을 올라갈 때는 힘이 들고, 책을 읽으려니 눈이 침침합니다. 당연하겠지요. 85세의 나이이니 그럴 겁니다. 기억력도 예년만 못합니다. 그러나 그는 점점 약해지는 몸 때문에 정작 자신에게 주어진 더 좋은 것을 잃지('잊지'가 아닙니다!) 않았습니다.

걸음이 늦어지니, 조금 더 여유롭게 주위 환경을 지켜볼 수 있게 됩니다. 무리하게 책을 읽기보다 곁의 사람들을 살필 시간이 늘어나고, 그들을 더 잘 이해하게 됩니다. 무엇보다 기억력이 좋지 못하니 힘들었던 일들은 잊게 되어 감사하고, 하나님만 더욱 또렷이 보이니 앞으로의 일이 더욱 기대됩니다. 인생을 바라보는 것도 좀 더 여유가 생기고, 이제 제법 삶을 즐길 줄 알게 됩니다. 그러니 감사할 밖에요.

중요한 건, 몸의 상태가 아닙니다. 마음의 상태입니다. 몸이 약해져 마음까지 약해지는 경우가 많습니다. 특히 노년에는 몸이 말을 듣지 않으니 마음까지 먹통이 되는 경우가 비일비재합니다. 마음이 몸에 끌려 다니는 겁니다. 시간이 지날수록, 나이가 들수록 몸이 마음을 앞서고 있습니다. 틀렸습니다. 순서가 '아주' '아주' 틀렸습니다. 마음이 몸을 앞서야합니다. 전에는 몸이 마음을 앞섰을 겁니다. 청년의 때는 몸이 튼튼하니 무엇이든 저지르고 봅니다. 행동하고 생각하지요. 행동하고 마음먹습니다. 그러나 이제는 몸이 말을 듣지 않습니다. 그러니 행동은 못하고, 뒤따르던 마음마저 멈춰 서 있습니다. 상처입기 십상입니다. '예전엔 안 그랬는데…' 라며 말이지요.

몸에 마음이 지지 않도록 합시다. 몸에 지지 맙시다. 웨슬리는 몸에 마음이 지지 않았습니다. 오히려 마음이 몸을 이기고 있습니다. 누가 뭐라고 해도 약해지는 몸 때문에 마음까지 약해지지 않았습니다. 오히려 마음이 몸을 앞서니 감사가 넘치게 됩니다. 이것에 대해 블레인 테일러는 감사의 태도가 삶의 문제와 고통을 순식간에 삶의 한 켠으로 밀어 낼 수 있다고 합니다.[2)] 감사의 마음이 몸의 약함을 앞서면 지금의 상황을 달리 해석하고, 달리 받아들일 수 있다는 겁니다. 물론, 쉽지는 않습니다. 그러나 전혀 불가능한 것도 아닙니다.

이번 장에서는 노년의 마지막 불꽃을 어떻게 태울 것인가에 대해 생각해 보려 합니다. 꺼져가는 불을 보며 우울해 할 것인가? 아니면, 마지막 불꽃을 의미 있게 태워 뭔가를 남길 것인가? 생각해 보자는 겁니다. 불을 보면 꺼져가다가 갑자기 확 타오를 때가 있지요. 그리고는 서서히 사그라집니다. 그런데 이 마지막 불꽃이 옆의 나무나 숯에 옮아 붙는 경우가 종종 있습니다. 자신은 불타 사라지지만, 여전히 불은 살아남아 주변을 따뜻하게 만들지요. 차가운 세상에 따뜻한 온기를 보태는 겁니다. 생각만 해도 가슴이 따뜻해집니다.

그렇게 하기 위해서는 우선은 내가 먼저 불타야 합니다. 그리고 그 불꽃을 제대로 된 사람에게 옮겨 붙여야 합니다. 내 속의 열정을, 내 속의 믿음을, 내 속의 소망과 사랑을 옮겨야 합니다. 어쩌면 우리 인생이 노년에 해야 할, 인생의 마지막 불꽃을 태워야 할 가장 중요한 일이 바로 이것이 아닐까 생각합니다. 비록 내 몸은 새까맣게 타 재로 변하는 아픔이 있어도 말입니다. 아니, 어쩌면 이걸 즐길 수 있지 않을까요? 어차피 불타 사그라질 불꽃이라면, 새롭게 옮겨 붙은 불꽃을 바라보고, 감사하며 즐길 수 있는 비결을 발견하는 겁니다. 이렇게 보면 약해지는 몸에 집중할 시간이 없습니다. 오히려 웨슬리처럼 감사의 마음으로 내가 섬겨야 할 또 다른 누군가를 찾아, 내가 전해줄 수 있는 최상의 불꽃을 옮겨야 할 때입니다.

마지막이 준 선물, 축제

이청춘의 '축제'라는 소설이 있습니다.[3] 소설가로 등장하는 주인공(준섭)이 87세의 어머니가 돌아가셨다는 전화를 받고 고향집으로 향합니다. 그런데 한창 고향으로 향하는 차에서 황당한 전화를 받지요. 어머니가 다시 살아나셨다는 겁니다. 놀라고 당황했지만, 급히 고향으로 향했고, 결국 거기서 다시 깨어난 어머니 뵙습니다. 안타깝게도 어머니는 그 밤에 임종을 맞으십니다. 잠시 깨어나셨다, 다시 돌아가신 것입니다. 이런 해프닝을 겪으며 결국 장례를 치르게 됩니다.

장례를 치르며 그간 만나지 못했던 가족들, 특별히 집을 떠난 이복 조카(용순)의 등장으로 온 가족이 서로에 대한 생각과 감정을 쏟아놓는 장(場)이 마련됩니다. 물론, 그간 어머니와의 기억들을 회상하며, 자신들에게 어머니가 어떤 의미였는지 생각하면서 말입니다. 여러 소동이 있은 후, 결국 다함께 사진을 찍으며 소설은 끝이 납니다. 어설프지만 모두가 모여 사진을 찍게 되는데, 결국 어머니의 죽음이 그간 흩어졌던 모든 가족들을 한데 어울리게 하는 장(場), 축제(祝祭)의 장을 만듭니다.

어머니가 마지막 불꽃을 태우며 주고 가신 선물이 바로 축제(祝祭)였던 겁니다. 모두가 한바탕 서로에 대해 감정을 쏟아놓고, 마침내는 어울리는 축제의 장(場) 말입니다. 그래서 장례식 이야기, 어느 노인의 죽음 이야기에 '축제'라는 제목을 붙여놓았던 겁니다. 이별을 고하는 장례식이 새로운 만남을 시작하는 어울림의 장(場)인 축제로 변한 것이지요. 어쩌면 이것이 노년의 성도가 해야 할 일이 아닌가요? 이제 생을 마무리 지으며 남아 있는 가족들, 성도들과 이웃들에게 무언가 전해줄 메시지를 남기는 것, 바로 그것 말입니다. 이것에 대해 소설 속 주인공이 딸에게 하는 이야기는 이 메시지가 어떠해야 하는지 잘 보여줍니다.

> "할머니가 자꾸만 키가 작아지시는 것은 할머니가 그 나이를 은지(손녀)에게 나눠주고 계시기 때문이란다. 그리고 은지는 할머니에게서 그 나이와 함께 지혜와 사랑을 나눠 받고 어른으로 자라가는 대신, 할머니는 그 줄어든 나이만큼 키와 몸집이 자꾸 작아져서, 끝내 더 나눠주실 나이나 작아질 몸집이 다하게 되시면, 마지막으로 그 눈에 보이는 육신의 옷을 벗고 보이지 않는 영혼만 저 세상으로 떠나가시게 된단다."[4]

참 따뜻한 이야기입니다. 할머니의 불꽃이 손녀에게 전해지고 있다는 말이지요. 이렇게 보면 노년은 남은 이들에게 남길 무언가를 준비하는 시기라 할 수 있습니다. 이것에 대해 조지 베일런트 박사는 이렇게 말합니다. 참고로 그는 노년을 행복하게 보내는 분들을 연구한 보고서를 작성했습니다.

"청년의 임무가 생물학적인 후계자를 만드는 일이라면, 노년의 임무는 사회적 후계자를 만드는 일이다."[5]

사람을 남기는 것. 노년이 감당해야 할 가장 큰 책무입니다. 비록 내 뒷모습은 점점 왜소해지고 볼품없어지겠지만, 지나온 흔적이, 남기고 갈 메시지가 아름답다면 그걸로 남은 이들이 깨닫지 않겠습니까? 그걸로 족한 것이지요. 그러려면 우선, 내 삶의 흔적 속에 남겨야 할 분명한 메시지가 있어야 합니다. 마지막까지 꼭 해야 할 말, 꼭 전해야 할 메시지 말입니다. 이왕이면, 그냥 지나가는 말, 잠깐의 기억에만 남는 메시지 말고, 꽤 오래 남을 수 있는 흔적이면 더 좋겠습니다. 영원히 남는 것이면 더할 나위 없겠지요. 노년은 내 마지막 불꽃을 태워 남길 영원한 메시지, 그것을 고민해야 할 때인 겁니다.

타는 불꽃, 복음

성경은 종종 불꽃처럼 아름답게 타다 멋지게 산화한 사람들을 보여줍니다. 자신을 태운 불꽃을 다른 사람에게 옮겨준 사람 말입니다.

마지막에 빛난 불꽃, 안나

잘 알려져 있지 않지만 안나라는 분이 있습니다. 누가복음 2장에 아기 예수님이 예루살렘 성전에 올라왔을 때 기쁨으로 그를 맞아주었던 분입니다. 이 분에 대해 성경은 이렇게 기록하고 있습니다.

> 또 아셀 지파 바누엘의 딸 안나라 하는 선지자가 있어 나이가 매우 많았더라 그가 결혼한 후 일곱 해 동안 남편과 함께 살다가 과부가 되고 팔십사 세가 되었더라 이 사람이 성전을 떠나지 아니하고 주야로 금식하며 기도함으로 섬기더니 마침 이 때에 나아와서 하나님께 감사하고 예루살렘의 속량을 바라는 모든 사람에게 그에 대하여 말하니라. (눅 2:36-38)

우선, 그녀의 나이를 계산해보면 이렇습니다. 결혼하고 7년을 남편과 살다가 과부가 되었습니다. 그리고 84년을 홀로 살았습니다(84세가 되었다는 표현은 84년이 지났다는 뜻입니다). 여기까지가 91세입니다. 대략 당시의 유대 사회의 여성의 결혼 적령기를 14세로 봅니다. 그렇다면 전체를 합치면 최소 105세입니다.[6] 상당한 고령의 여인이지요.

그 나이가 되도록 단 7년간 남편과 지내고, 20대 초반부터 평생을 홀로 살았습니다. 누가 봐도 불행하다 여길 만합니다. 거기다 대부분의 삶을 자신의 집도 아닌 성전에서 보냅니다. 어디 성전에서 그녀에게 좋은 방이라도 내줬을까요? 아닐 겁니다.

성전 여기저기를 배회하며 이곳저곳에서 불편한 잠을 자야했고, 숙식을 하려니 눈칫밥도 많이 먹었을 겁니다. 보아하니 자녀도 없었을 것 같습니다. 별 다른 의지할 데도 없었다는 뜻입니다. 금식을 밥 먹듯 했으니 건강도 그리 좋지는 않았을지 모릅니다. 그녀의 삶을 세상적인 기준으로 보면 낙이라고는 전혀 없는 '불행한' 인생입니다.

그런데 그녀는 하나님께 감사하고 있습니다. 이 장 초반부의 웨슬리처럼 말입니다. 몸과 상황은 약해져있고 불행해 보이는데 그게 아니라는 것이지요. 또한, 고대 근동의 문화 속에서, 남성중심의 사회에서 예외적으로 성경에 등장하는 몇 안 되는 인물이 됩니다. 멋지게 그 이름을 장식하고 있습니다. 무엇보다 우리 예수님을 만났습니다. 꿈에 그리던 예루살렘을 속량해 주실 분을 만납니다. 그것도 평생을 기다린 끝에 말입니다. 그리고 그녀는 자신의 마지막 호흡을 다해, 예수님을 주변 사람들에게 소개합니다. 그녀가 유일하게 남길 메시지는 예수님이었던 겁니다. 세상적인 관점에서 보면 그녀는 불행해 보였는데, 성경의 관점으로 다시 보니 오히려 행복해 보입니다. 기다리던 주님도 만났고, 마지막에 기쁘게 주님을 증거하게 됩니다. 노년의 입장에서는 안타까울 수 있으나, 성도의 입장에서는 감격이요, 감사일 뿐 입니다. 마지막 불꽃을 이렇게 멋지게 태울 수 있으니 말입니다.

누구보다 밝은 불꽃, 바울

여기, 안나보다 더욱 놀라운 분이 한 분 있습니다. 바울입니다. 그는 마지막까지 최선을 다해 불꽃을 태워 마지막 만남이 될지도 모를 에베소교회 성도(장로)들에게 복음을 전하고 있습니다. 사도행전 20장에서 말입니다. 그의 말을 들어 봅시다.

> 그들에게 말하되 아시아에 들어온 첫날부터 지금까지 내가 항상 여러분 가운데서 어떻게 행하였는지를 여러분도 아는 바니 곧 모든 겸손과 눈물이며 유대인의 간계로 말미암아 당한 시험을 참고 주를 섬긴 것과 유익한 것은 무엇이든지 공중 앞에서나 각 집에서나 거리낌이 없이 여러분에게 전하여 가르치고 유대인과 헬라인들에게 하나님께 대한 회개와 우리 주 예수 그리스도께 대한 믿음을 증언한 것이라 보라 이제 나는 성령에 매여 예루살렘으로 가는데 거기서 무슨 일을 당할는지 알지 못하노라 오직 성령이 각 성에서 내게 증언하여 결박과 환난이 나를 기다린다 하시나 내가 달려갈 길과 주 예수께 받은 사명 곧 하나님의 은혜의 복음을 증언하는 일을 마치려 함에는 나의 생명조차 조금도 귀한 것으로 여기지 아니하노라 (행 20:18-24)

바울의 절절하고 애끓는 마음을 느낄 수 있는 내용입니다. 이 본문을 어느 주석가는 "에베소 장로들을 향한 작별인사(farewell address)"라고 붙였고,[7] 어떤 주석가는 "바울이 에베소교회에 작별을 고하다(bids farewell)."라는 제목을 붙였습니다.[8] 이렇든 저렇든 작별을 뜻하는 영어 페어웰(farewell)을 쓰고 있습니다. 마지막이라는 것이지요. 비장함과 결연함을 느낄 수 있는 부분입니다. 자신의 생명까지도 바쳐서 불태우겠다는 것 아니겠습니까? 그런데 여기서 주목할 것은 무엇을 위해서 자신의 마지막을 이렇게 불태우려 하는가 입니다. 그것은 바로 믿음이고, 복음입니다. 그가 남기고자(증언하고자) 했던 것이지요.

나이가 들어도, 시간이 지나도, 고난이 있어도 끝까지 그를 움직이게 했던 불꽃, 바로 복음이었던 것입니다. 이 복음이 바울을 통해 아시아와 유럽의 교회에 퍼졌고, 그 유럽에 전파된 복음의 불꽃이 영국을 거쳐 미국과 호주, 캐나다에 퍼졌습니다. 그리고 마침내 그 불꽃이 약 140여 년 전, 동방의 작은 나라 조선에 오게 된 것이지요. 그리고 그 불꽃이 우리 신앙의 선배들을 거쳐 오늘의 나에게 전달된 것 아닙니까? 꺼지지 않는 그 불꽃 말입니다. 아니, 꺼질 수 없는 불꽃이요, 꺼지면 안 되는 불꽃 말입니다. 독자 여러분에게도 이 불꽃이 꺼지지 않고 살아, 언젠가 여러분이 남겨둘 가족과 교회 공동체, 이웃과 친척들에게 전달되고 있습니까?

작별(farewell)을 작별하고

한 장로님과 권사님 내외분 이야기입니다. 교회에 그렇게 충성스러울 수 없는 분들입니다. 그런데 남편 장로님이 갑자기 돌아가셨습니다. 몸이 안 좋아 병원에 갔더니 금방 치료된다기에 안심하고 있었습니다. 간단한 검사를 받는다고 입원을 하시고는 결국 그 병상에서 내려오지 못하셨습니다. 참 안타깝게 되었지요. 장례를 치르고 얼마 지나지 않아 권사님을 찾아 뵐 일이 있었습니다. 장로님을 일찍 잃은 슬픔, 실의에 차 너무 힘들어 하지 않으시나 싶어 찾아뵈었습니다.

물론, 힘은 드셨겠지요. 그런데 제게 참 인상적인 말씀을 해 주셨습니다. "목사님, 저희 장로님이 있을 때는 장로님 신경 쓰느라 전도를 많이 못했어요. 그런데, 이제 혼자가 되니 전도하기 참 좋습니다. 매주 요양원에 가서 봉사하고 전도하는데 그렇게 좋을 수가 없어요." 남편과 작별하시고는 고통스럽게 보내시는 것이 아니었습니다. 작별(farewell)과 작별하신 겁니다. 남편의 죽음으로 불꽃이 사그라지기는커녕 오히려 더 크게 타올라 다른 쪽을 향해 맹렬히 돌진하고 있었던 겁니다. 마치 안나처럼, 바울처럼 말이지요. 노년에 이런 불꽃이 타오른다면, 비록 서서히 사그라지는 불꽃일망정 마지막 한번 크게 태워 축제로 만들어 볼 수 있지 않겠습니까? 사방이 내가 태운 불꽃으로 축제를 벌이는 '불꽃 축제' 말입니다. 비록 이별을 고하는 일이 있어도 말입니다.

불꽃 축제, 웰 셀레브레이팅(well-Celebrating)

호주 시드니에 가면 '갭 파크'라는 곳이 있습니다. 참 아름다운 해안가 절벽이 있는 곳입니다. 문제는 1800년대부터 그 아름다운 곳에서 일어나지 말아야 할 일들이 종종 일어났다고 합니다. 그 절벽 위에서 바다에 몸을 던져 자살하는 일이 계속 벌어졌고, 지금도 벌어지고 있다는 겁니다. 그 아름다운 곳이 '자살 절벽'이 된 것입니다. 적어도 매년 열다섯 명 이상이 절벽 아래로 뛰어내려 목숨을 잃는다고 합니다. 안타까운 일이지요.

　　　　이를 안타깝게 여긴 한 분이 있었습니다. '갭 파크' 근방에 오랫동안 살았던 돈 리치라는 분입니다. '이래서는 안 되겠다.'고 생각한 그는 생명을 구하기로 마음먹습니다. 걱정하는 아내에게 그가 한 말이 참 인상적입니다. "전쟁에 나가지 않고도 누군가의 생명을 구할 수 있다니 오히려 축복이야." 그리고는 절벽에서 몸을 던지려 망설이는 누군가를 발견하면 다가가 인사를 건네고, 자신의 집으로 초대합니다. 데려가 차를 마시며 대화하며 생명을 구하는 겁니다. 그렇게 돈 리치는 50년 동안 무려 160여 명을 구했다고 합니다.[9]

　　　　더욱 놀라운 건, 그다음입니다. 그는 노년이 되어 암에 걸리게 됩니다. 더 이상 절벽에 오를 수 없게 되었지요. 어떻게 했을까요? 절망하거나 포기하지 않습니다. 오히려 그는 망원경을 구해 매일 그 절벽을 주시하기 시작합니다. 그리고 누군가 의심스런 사람이 나타나면 구조대에 즉각 신고하여 사람을 구해냅니다. 질병에 지지 않고 오히려 다른 방법을 찾아 나선 것입니다. 어떤 질병도 그의 불꽃을 꺼뜨리지 못했던 것입니다.

　　　　어떤 이는 그가 이렇게 해서 결국 500여 명까지 건져내었다고도 전합니다.[10] 그렇게 생명을 건진 수백의 그들은 지금도 돈 리치로 인해서 새로운 생명의 불꽃을 틔우고 있지 않겠습니까? 처음에는 돈 리치라는 한 불꽃에서 시작했습니다. 그런데 어느 순간엔가 그가 건진 숱한 불꽃들이 주변을 따뜻하게 만들기 시작했습니다. 그리고 수십, 수백에 이르는 많은 불꽃으로 번져 환하게 주변을 밝히게 됩니다. 돈 리치의 모습을 보니, 오래된 찬양 곡 하나가 떠오릅니다. "작은 촛불 하나가 큰 불을 일으키어 곧 주위 사람들 그 불에 몸 녹이듯이…" 작은 불꽃 하나, 심지어 질병으로 인해 다 꺼져 가는 불꽃 하나가 여러 불꽃을 틔워 이제는 아예 불꽃 축제가 되어 버린 겁니다. 작은 시작, 그러나 아름답고 멋진 결론이라 할 수 있습니다. 이런 노년, 이런 마침이면 좋겠습니다. 우리 모두다 말입니다.

작별(Farewell)에서 축하(well-Celebrating)로.

노년이 되면 대부분은 인생을 잘 마무리 짓는 페어웰(farewell), 즉 작별을 생각합니다. 이제 마무리 잘하고 죽으면 그만이다 여깁니다. 하지만 성도에게는 다른 무언가가 있습니다. 작별로 끝나지 않습니다. 그다음이 있는 겁니다. 작별 다음의 영원한 세계가 있습니다. 노년은 그 영원한 세계를 바라보는 시기입니다. 다른 어떤 때보다 그 영원한 세계가 선명하게 보이기 시작합니다. 그 영원한 세계의 문이 코앞에 다가온 때입니다. 이제 얼마 있지 않으면 그 영원한 세계의 문을 열고 들어가게 될 것입니다. 그래서 더욱 지금 이 순간, 그 문 안에 들어가기 전, 기억해야 합니다. '이 영원한 세계를 모르는 사람들에게 어떻게 해야 할까?' 그들이 내 가족일 수도, 내 이웃일 수도, 심지어 내 배우자일 수도 있습니다. 그러니 이제 그 세계에 대해 말해 줘야 합니다. 안나처럼, 바울처럼 마지막 불꽃을 태워서 말입니다.

이미 하늘 아버지께서는 그 세계에서 잔치(축제)를 준비하고 계십니다. 벌써 기대가 되지 않습니까? 그렇다면 이제 노년의 마무리를 단순히 작별(farewell)로만 생각하고 대충 빨리 마무리 짓고 끝내려고 생각하지 맙시다. 오히려 준비된 그 잔치(축제)를 기대하며 나도, 내 주변의 사람들도 함께 축제 준비를 해야합니다. 바로 작별(farewell)이 아니라 축하(well-celebrating)를 하면서 말입니다. 그래서 노년은 이별의 고통만 있는 것이 아니라, 이별을 넘어서는 영원한 세계를 향한 기대와 축하가 있는 시기라 할 수 있습니다. 그리고 이 축하의 자리에 나만이 아닌 다른 누군가를 초대하는 시기이기도 합니다. 마지막 불꽃까지 태워가며 말입니다. 안나처럼, 바울처럼 말입니다. 자, 이제 작별에는 작별을 고하고, 축하의 자리로 다른 이를 초대해 볼까요? 벌써 누군가와 그 자리에 함께할 걸 생각하니 설레지 않습니까? 여기, 그 설렘에 몸 둘 바를 모르는 한 사람이 있습니다. 이 장 첫머리에 소개한 존 웨슬리보다 더 말입니다.

신명나는 노년

복음전도자 E. 스탠리 존스 선교사님이 계십니다. 인도에서 50년을 선교사로 섬기시다 85세 때 뇌졸중으로 쓰러져 말도 제대로 못하고 몸도 움직일 수 없게 되었습니다. 누가 봐도 인생의 한겨울입니다. 불꽃이 조용히 사그라지고 있습니다. 인생이 끝났다 생각할 상황입니다. 작별인사(farewell)를 해야 할 때 같습니다. 그런데 이분이 어눌한 말로 자신이 하고 싶은 말들을 전해 줍니다. 입으로 마지막 책을 집필하면서 말입니다. 마지막 불꽃을 태워, 온 힘을 다해 전한 메시지입니다. 그의 최후의 선언이자 믿음의 고백이며, 아름다운 초대입니다.

> "내 믿음에는 상처가 많지만, 그 상처 아래에 의심은 없다. (그리스도께서) 내 전 존재의 동의와 내 평생의 협조를 받아 나를 붙드신다. 내가 부르는 노래는 명곡이다. 중년의 환멸과 노년의 냉소와 더불어 잦아드는, 젊은 혈기로 잠시 부른 노래가 아니다… 이제 나는 '85세'이다. 그러나 내가 처음 믿음의 길에 발을 들여놓았던 열여덟 살 때보다 내가 그리스도인이라는 사실에 더욱 신명이 난다."[11]

스탠리 존스 선교사는 지금 작별(farewell)을 고하지 않습니다. 오히려 자기 스스로 축하(well-celebrating)하고 있습니다. 자신의 삶이 실패했다거나, 안타깝다고 말하지도 않습니다. 오히려 스러져가는 자신의 삶을 보면서 '신명'을 내고 있습니다. 기대하고, 즐기고 있는 겁니다. 그 나이에, 그 몸에.

이해가 되십니까? 어떻게 이럴 수 있습니까? 답은 생각보다 간단합니다. 시간이 지날수록, 나이가 들수록, 몸이 불편할수록 몸보다 마음이, 믿음이, 소망이 앞섰기 때문입니다. 몸에 마음이 지지 않았기 때문입니다. 바울처럼, 안나처럼 '그다음'을 볼 수 있었기 때문입니다. 자신의 불꽃은 꺼져가지만, 마지막 타는 이 불꽃이 전해져 또 다른 불꽃을 만들어 낼 줄 알았기 때문입니다. 아니, 그 불꽃들이 모여 불꽃 축제를 할 줄 알았기 때문입니다. 그러니 뇌졸중으로 고생하는 그 순간에도 자신의 기쁨과 기대, 소망과 믿음을 주변의 사람들에게 전하고 싶었던 것이지요. 그래서 마지막 안간힘을 짜내어 어눌한 말로 책을 써서 전하려는 것이지요. 생의 마지막 불꽃을 다해. 이런 불꽃, 이런 삶, 이런 신명이 우리에게도 있었으면 좋겠습니다. 아니, 있어야 할 것입니다. 축제 같은 신명남, 마지막까지 즐기는 삶 말입니다. 복음 안에서. 믿음 안에서.

8장
배움, 잘 살기

엉터리 상식

질문들[1]

· 왜 우리는, 가장 똑똑하고 뛰어나며 유능한 지도자가 누구냐는 질문을 받았을 때 말년까지도 활발하게 활동하는 사람들을 떠올리는 것일까?
· 워런 버핏은 85세의 나이에 어떻게 전설적인 투자자의 명성을 유지하는 것일까?
· 왜 젊은 학자들은 60세나 70세를 훌쩍 넘긴 노교수들과 함께 연구하길 원할까?

스탠퍼드 대학교 장수연구소 소장인 로라 카스텐슨이 던진 질문들입니다. 여기에 대한 답이 무엇일까요? 그녀가 제시한

답은 바로 '경험'입니다. 노년의 인생 경험 말입니다. 85세의 워런 버핏이 명성을 유지하는 비결도 경험이요, 말년까지 활발하게 활동하게 하는 힘도 경험이며, 대가(大家)와 일하고 싶어 하는 젊은 학자들의 열망도 노년의 경험을 높이 사기 때문이라는 겁니다.

비록 노년은 새로운 정보를 처리하는 속도가 느리고 변화에 쉽게 대응하지 못하는 것 같아도 그 축적된 경험(지식)이 그 어느 전문가보다 뛰어나다는 겁니다. 그래서 그녀는 결론적으로 이렇게 말합니다. "전문 지식은 노년기에 절정에 이른다."[2] 아직 노년기에 이르지 않은 독자가 계시다면 기뻐하십시오. 아직 절정기는 오지 않았습니다. 여전히 기회가 있고, 여전히 경험을 축적하면 보다 완숙한 때가 옵니다. 서구에 자주 인용되는 말마따나 최고는 아직 오직 않았습니다(The best is yet to come).

이렇게 보면 잘못된 상식, 엉뚱한 상식, 엉터리 상식은 좀 제쳐놓을 필요가 있습니다.[3] 노년은 전문 지식과 멀다는, 노년은 배우기 어렵다는, 노년은 개발되지 않는다는 상식 아닌 상식 말입니다. 발 빠른 변화에는 부족할망정 자신의 전문 분야, 익숙한 영역은 여전히 가능성이 있고 개발의 여지가 있다는 것을 잊지 맙시다. 그래서 노년일수록 더욱 배워야 합니다. 아니, 배울 수 있고, 가장 배우기 적합한 시기일지도 모릅니다. 마음만 먹으면 말입니다.

이 장은 노년의 배움에 대해 생각해 보려 합니다. 배움을 허락하신 하나님께서 노년의 삶을 더욱 풍성하고 요긴하게 하실 것에 대한 기대를 품으면서 말입니다. 특별히 배움을 통해 즐기며 살 수 있는 방법에 대해 생각해 볼 것입니다. 그것도 성도에게 가장 필수적인 말씀 묵상, 기도, 그리고 고독과 관계 맺음(성품)을 배우면서 말입니다. 이 배움을 통해 우리 모두 다 노년의 즐거움, 노년의 풍성함, 노년의 완숙함을 누려 보면 좋겠습니다.

주일학교가 노년까지?

주일학교를 영어로 선데이 스쿨(Sunday School)이라고 합니다. 주일에 열리는 학교라는 뜻이겠지요. 그런데 저는 주일학교의 본고장이라 할 수 있는 미국에 가보고 깜짝 놀랐습니다.[4] 우리는 주일학교하면 보통 유아부(혹은 영아부)에서 초등부까지의 과정을 생각합니다. 어린이들이나 하는 교회의 성경공부 모임 정도로 여길 것입니다. 그런데 막상 미국 교회를 출석하면서 보게 된 것은 가히 충격적이었습니다. 매 주일, 모든 연령대가 성경공부와 소그룹 모임을 하는 겁니다. 전도회나 사랑방 모임 같은 친교모임이 아닙니다. '주일학교'라는 이름으로, 체계적으로 말씀을 배우고 훈련하는 '수업시간'을 갖는 겁니다.

맞습니다! 노인들도 주일학교에 출석합니다. 선데이 스쿨(Sunday School)이라는 이름으로 말입니다. 명칭에 걸맞게 주일학교가 정말 주일에 열리는 학교로써, 전(全)연령대를 포함한 주일학교를 운영하고 있는 겁니다. 이 대목에서 우리가 주목해야 할 건, 노년도 주일학교가 가능하다는 사실입니다. 무슨 말입니까? 노년도 배울 수 있고, 배워야 하는 시기이고, 그에 맞는 준비가 되어 있다는 겁니다. 참 부럽고 놀라웠습니다.

한국에 돌아와, 교회를 보니 미국의 상황과는 완전히 다른 겁니다. 여전히 노년은 배움과는 거리가 먼 계층 혹은 대상인 것처럼 느껴졌습니다. 전도회 모임이나 구역 모임에 참여하는 정도가 대부분이고, 노년을 위한 전문적인 배움의 기회가 없는 겁니다. 아마도 교회의 여력이 되지 않기 때문일 겁니다. 노년에 대한 관심과 기대가 덜해서 그럴 수도 있습니다. 어쩌면 노년들 스스로가 이제는 섬김을 받아야지, 누구의 간섭이나 교육을 받을 나이가 지났다 여기기 때문일수도 있습니다. 그러나 성경은 분명하게 일러줍니다.

> 오직 우리 주 곧 구주 예수 그리스도의 은혜와 그를 아는 지식에서 자라가라 (벧후 3:18)[5]

베드로가 흩어져있는 아시아의 성도들에게 한 말입니다. 이 성도들 중에는 남녀노소(男女老少)가 다 포함되지요. 그렇습니다. 노년도 '자라가야' 합니다. 육체적인 것 말고요. 정신적이고 도덕적인 것, 그리고 영적인 것에서 계속 자라가야 합니다. 데이비드 휘튼(David H. Wheaton)은 이 구절에 언급된 "은혜"와 "지식"을 "도덕적, 정신적인 면에서 성장하도록 하나님이 주신 선물"이라고까지 했습니다.[6] 성도라면 누구나, 심지어 노년도 이 선물을 받아 누려야지요. 예수님의 은혜를 경험하는 것이 날로 많아져야지요. '그리스도인'이라면 이름 그대로 '그리스도'를 아는 사람으로, 예수 그리스도를 아는 지식도 점점 많아져야지요. 노년에 가까울수록, 마지막을 향해갈수록 예수님과 사귄 연수가 많으니 더욱 그 지식이 많아지는 건 어쩌면 당연한 이야기 아니겠습니까? 그러려면 '계속' 배워야지요. 노년이라고 예외일 수는 없는 것입니다.

배움의 기쁨, 자람의 즐거움

예수님의 제자 베드로는 여기에 하나를 더합니다. 우리가 배워야 하지만, 그 수준이 예수님을 조금 더 아는 정도에 그치면 곤란하겠습니다. 단순히 이전보다 조금 더 은혜를 기억하는 정도에 머물면 안 됩니다. 그 이상이 되어야 합니다.

> 너희가 순종하는 자식처럼 전에 알지 못할 때에 따르던 너희 사욕을 본받지 말고 오직 너희를 부르신 거룩한 이처럼 너희도 모든 행실에 거룩한 자가 되라 (벧전 1:14-15)

예수님과 복음을 모를 때는 자기 맘대로 살았을 겁니다. 사사로운 욕심(사욕)을 따라 살았겠지요. 그런데 예수님을 알고 난 다음, 예수님을 주로 고백한 다음은 우리를 부르신 예수님처럼 거룩하게 살아야 하는 것입니다. 어떻게 그것이 가능합니까? 단 하나, 성령님이 나를 바꾸시면 가능합니다. 성령님께 구하고, 성령님이 이끄시는 대로 나를 연단하는 것으로만 가능합니다. 훈련하는 것이지요.

건강한 몸을 만들기 위해서도 같은 이치입니다. 다른 방법이 없습니다. 좋은 것 먹고, 운동하는 것뿐입니다. 소위 '관리해야' 건강한 몸이 되지요. 마찬가지로 영적으로 건강하려면 훈련해야 합니다. 바울이 디모데에게 명령한 내용도 그것입니다. 디모데전서 4장 7절입니다.

> 망령되고 허탄한 신화를 버리고 경건에 이르도록 네 자신을 연단하라

이것은 명령입니다. 부탁이나 당부가 아닙니다. 애원이나 간청도 아닙니다. 명령입니다. 그것도 반드시 지켜야 할 명령 말입니다. 그것도 꾸준히 반복해서 말이지요.[7] 하나님의 사람으로 살려면 이수해야 할 필수과목이라는 것이지요. 선택과목이나 교양과목이 아니라는 겁니다. 이것을 '새번역 성경'은 더욱 실감나게 번역합니다.

> 저속하고 헛된 꾸며낸 이야기들을 물리치십시오(물리치라). 경건함에 이르도록 몸을 훈련하십시오(훈련하라).[8]

저속하고 헛된 이야기, 꾸며낸 이야기, 세속적인 이야기가 자꾸 들려오세요? 그것에 관심이 많으십니까? 그것에 나도 모르게 끌리십니까? 이제 결단해야 합니다. 끊어야 합니다. 그리고 돌이켜 경건함에 이르도록, 거룩해지려고 몸을 훈련해야 한다는 겁니다.

"몸"을 훈련한다는 말이 중요합니다. 생각만으로 훈련할

수 있습니다. 수없이 몸의 단련을 입으로 외칠 수도 있습니다. 말과 생각으로는 무엇이든 다 할 수 있습니다. 그러나 그것만으로는 부족합니다. 머릿속으로만 거룩한 것, 입으로만 경건한 것, 아무짝에도 소용이 없습니다. 머리 신앙, 입술 신앙은 이제 그만합시다. 그건 '남의 편' 어른들이나 하는 행동입니다. '우리 편' 어른이라면, 이제 몸으로 직접 훈련하고 단련해 봅시다.

"몸"을 훈련하는 것은 '차원'이 다릅니다. 우리 몸은 시간과 공간의 제약을 받습니다. 그래서 몸을 훈련하려면 시간이 듭니다. 그것도 많이 듭니다. 수영이나 자전거 타기 등을 배우려면 시간이 들지요. 머릿속으로, 입으로는 절대로 배울 수 없습니다. 많은 시간과 에너지를 들여 몸을 써야합니다. 지속적인 훈련과 연습이 있어야 제대로 앞으로 나아갑니다. 영적인 훈련도 마찬가지입니다. 시간이 듭니다. 또한 우리 몸은 공간의 제약을 받기에, 억지로 몸을 일으켜 정해진 장소, 정해진 공간을 찾아가 영적인 훈련을 해야 합니다. 그곳이 내 책상이 될 수도 있습니다. 골방이 될 수도 있습니다. 아니면, 정기적으로 소그룹이나 봉사 모임에 참여하는 것일 수도 있습니다. 그것이 무엇이 되었든 몸을 사용하여, 시간과 장소를 정해 훈련해야 합니다.

그렇게 지난한 시간이 지나고 나면, 몸이 비로소 느낍니다. 수영을 생각해 봅시다. 처음에는 물만 계속 먹으며 억지로 팔만 내젓다가 어느 순간엔가 몸이 물에 뜨기 시작하지요. '어, 몸이 뜨고 있어' 몸이 변화를 감지하지요. 수영장이라는 공간에서 물과 부대끼는 고된 훈련의 시간을 거친 후에야 비로소 느낄 수 있는 즐거움입니다. 같은 원리로 우리 몸으로 경건함을 훈련하면, 어느 순간 몸이 알아챕니다. 어느 날부터 말씀이 자꾸 떠오르고, 그 말씀의 원리대로 살아야 한다는 즐거운 압박감이 생기기 시작합니다. 문제가 생겨도 기도로 이겨낼 수 있다는 유쾌한 안정감이 찾아옵니다. 당황하지 않고 오히려 감사와 신뢰가 쌓입니다. 기도하는 것이 자연스러워지지요. 성도들을 만나도 감사와 은혜를 먼저 말하는 게 자연스러워집니다. 수영하는 맛을 알 듯, 경건하게 사는 맛을, 기쁨을 알아가게 되는 것이지요.

시니어 주일학교를 꿈꾸며

그렇다면 어떻게 배움의 즐거움, 자라는 기쁨, 변화를 통한 감격을 누릴 수 있겠습니까? 평생교육으로 눈을 돌리면 답이 보입니다. 이제, 평생교육이 대세입니다.[9] 가히 평생교육 전성시대라 할 만합니다. 그도 그럴 것이 점점 퇴직 시기는 빨라지고, 기대수명은 길어지면서 퇴직 이후의 삶을 고민하며 평생교육으로 눈을 돌리는 사람들이 많아졌기 때문입니다. 새로운 일거리가 필요하게 되었기 때문입니다. 당연히 제2, 제3의 직장을 준비하기 위한 배움의 시간, 즉 평생교육의 시간이 이제는 필수과정이 된 것이지요.

이 같은 이유로 서드 에이지(제3연령기, the third age)라는 말도 등장했습니다. 서드 에이지(제3연령기)는 인생을 네 개의 연령기(age)로 구분할 때, 세 번째 시기라는 뜻입니다. 예전 기대수명이 짧을 때의 인생 사이클은 대학을 졸업할 때까지 배우고(제1연령기), 평생직장에 취직하여 퇴직하고(제2연령기), 잠시의 노후를 즐기다 끝났다는 겁니다. 그런데 기대수명이 길어지면서 이 구분이 달라졌다는 거지요. 다음과 같이 말입니다.

① 제1연령기(퍼스트 에이지): 태어나서 학창시절을 보내는 배움의 시기
② 제2연령기(세컨드 에이지): 일을 하고 가정을 이루고 최고의 성취를 이루는 40대까지의 시기
③ 제3연령기(서드 에이지): 40대에서 70대 중반까지 또 다른 경제활동을 이어가는 시기
④ 제4연령기(포스 에이지): 노쇠의 시기를 거쳐 죽음을 맞음[10]

어떤 이는 대략 40대 후반부터 준비하여 55세에 퇴직하는 시기도 제2연령기에 넣고, 50대 중반에 새로운 일을 택해 75세까지 경제활동을 이어가는 시기를 제3연령기 즉, 서드 에이지라고도 말합니다.[11] 중요한 건, 이제 평생교육이 당연한 시대, 필연인 시대에 우리는 살고 있다는 겁니다.

주변을 둘러보면, 이제 퇴직 후에도 또 다른 일을 찾아 나서는 노년이 많습니다. 제 주변에도 퇴직 전에 이미 자격증 공부를 부지런히 하셔서 이른 퇴직(60대 초반)과 함께 새로운 직업(건물 관리 관련)을 얻으신 분이 계십니다. 평생교육의 일환으로 지역의 직업교육 학교에서 배우고 시험을 치러 '자랑스러운' 노

년의 일을 하고 있습니다. 다음을 위해 부지런히 준비하면 노년에도 일을 할 수 있는 시대입니다. 그리고 그 필요성은 점점 늘어나고 있지요. 기대수명이 길어지니 이런 변화가 생긴 것입니다.

그런데 한 가지 아쉬운 점이 있습니다. 노년의 성도들을 보면 '먹고 살기'위한 방편으로서 직업교육도 받고, 노후를 위한 자금 운용 방법도 배우고, 심지어 투자나 소일거리로 돈을 벌기 위해 노력하는 모습을 많이 봅니다. 목구멍이 포도청이니 그럴 수 있다고 생각합니다. 먹고 살아야하지요. 그러나 이제 얼마 있지 않으면, 그 먹고 사는 일도 끝이 날텐데 그다음을 준비하는 것도 좀 해야 하지 않겠나 하는 생각이 듭니다. 물론, 제가 목사이기 때문에 이런 안타까움을 표하는지도 모릅니다.

분명한 건, '먹고 살기'위해 부지런을 떠는데, '믿고 살기'위해서도 얼마나 부지런을 떨어야 한다는 것입니다. 직업을 얻기 위한 평생교육도 좋지만, 예수 그리스도를 알아가는 평생교육, 신앙적으로 성숙해가는 평생교육, 주 안에서 복락을 누리는 평생교육에도 힘을 써야 할 것입니다. 그다음(영생)이 중요하다고 말만하고, 배우지 않고, 자라지 않는다면 이보다 통탄할 일은 없기 때문입니다. 그래서 이제 노년의 배움이 중심이 되는 신앙 평생교육 프로그램, 시니어 주일학교를 조심스레 제안을 해 봅니다. 과목도 복잡할 것이 없습니다. 말씀, 기도, 그리고 고독과 관계맺음(성품)만으로도 충분합니다. 물론, 다음 단원(웰 다잉)에서 다룰 죽음 준비의 과정도 있으면 좋겠지요. [12]

제1과목, 시니어 말씀교실:
혼자가 아닌 함께 말씀 읽기를 배우다!

제 모친이 늘 자랑삼아 하시는 말씀이 있습니다. 당신은 초등학교 시절에 교단의 전국어린이대회에 나가서 최우등상을 받았고, 감동을 받은 선교사님의 추천으로 외국까지 '갈 뻔' 했다는 내용입니다. 물론, 외국으로 나가시지는 않았고, 그때 갈 걸 그랬다고 늘 아쉬워하십니다. 그만큼 명민하셨다는 걸 강조하시려는 거지요. 그리고는 그때 그렇게 열심히 해서 지금까지 성경을 잘 안다고 하십니다. 부지런히 성경암송하고, 성경고사를 준비하셔서, 그런 결과를 얻으셨으리라 생각합니다. 그런데 많은 경우, 과거에 한 걸(말씀 공부)로 오늘의 배움을 '퉁'치려는 경향이 있습니다. "그거 주일학교 때나 하는 거지." 이러면서 말이지요. 어떤 때는 과거의 화려함으로 현재의 왜소함을 덮으려고 그러기도 합니다. '내가 왕년에는 얼마나 열심히 성경공부했는데.' 이렇게 생각하며 말이지요. 여러분은 어떠십니까?

물론, 제 모친은 지금도 부지런히 성경을 '탐독'하십니다. 해마다 성경통독을 하시는데, 어떤 해는 무려 6~7독을 하시고, 매년 적어도 3~4독은 기본으로 하십니다. 열심을 내어 말씀사랑을 실천하십니다. 귀하고 모두가 따라야 할 모범입니다. 이렇게 말씀을 부지런히 읽는 것부터 시작해야 합니다. 노년이 되어 시력이 약화되어 힘이 든다면 '듣는' 성경으로 시작해도 무방합니다. 근래에 잘 나온 성경 듣기 앱(애플리케이션)들이 많이 있습니다.

여하튼 부지런히 말씀에 노출되는 시간을 가지시기 바랍니다.

그러나 여기에 그치면 곤란합니다. 그다음이 있습니다. 개인적으로 스스로 묵상하는 것도 필요합니다. 큐티집을 정해서 묵상하는 것을 추천합니다. 본문의 의미와 내용을 잘 파악해 줄 수 있는 믿을 만한 교재를 추천받아 부지런히 일정기간 묵상집이 소개하는 순서에 따라 지속적으로 시간을 들여 묵상해 보십시오. 좋은 습관이 몸에 배려면 통상적으로 평균 66일정도가 걸린다고 합니다.[13] 그러니 대략 2개월은 넘게 규칙적으로 묵상을 해야 몸이 기억하고 자연스럽게 될 것입니다. 묵상이 습관이 되는 것이지요. 한번 해 보십시오. 거룩한 시간낭비인 묵상을 경험해 보시면 좋겠습니다.[14] 바로 시작해 보시면 말씀이 더욱 친근하게 다가올 것입니다.

마지막으로 가장 중요한 것이 하나 남았습니다. 필자는 모태신앙으로 태어나 지금껏 여러 교회를 거치면서 성경을 많이 아는 것과 삶으로 실천하는 것은 다를 수 있다는 걸 뼈저리게 느끼고 있습니다. 지금까지 성경을 가까이 하는 방법 두 가지를 생각했는데, 이것이 때로는 득보다는 독이 될 때가 있기 때문입니다. 마지막 이것으로 보완이 되지 않으면 말입니다. 바로 '함께' 말씀을 배우는 것입니다. 믿을 만한 과정으로.

사실, 나이가 들어감에 따라, 성경지식(정보)은 늘어나는데 반해, 거룩한 삶에 대한 훈련은 답보상태일 때가 얼마나 많습니까? 거룩한 텍스트를 뉴스거리와 같은 정보용으로 전락시키는 우를 범하지 말아야겠습니다.[15] 주지하듯, 성경은 정보제공용(information)이 아닌, 삶의 변화용(transformation)입니다. 정보만 잔뜩 늘어나면 뭐합니까? 삶이 변하지 않는데. 그러니 자신을 잘 살펴야겠습니다. 정보만 얻는 성경읽기 말고 말씀을 함께 따라해 보고, 말씀에 따라 사는 훈련을 해야겠습니다. 개인적이고 편의적으로 묵상하고 읽는 것에 대해 보완해 줄 수 있는 방법이 필요한 거지요. 교회에서, 공동체가 좀 더 체계적으로 말씀을 묵상하고, 함께 말씀으로 훈련하는 시간을 갖는 것 말입니다. 함께 말씀을 읽고 묵상하는 훈련의 장, '시니어 말씀교실'이 필요한 것입니다. 혼자를 넘어 함께 말입니다.

가끔 큐티로 말씀을 묵상하면 되지 않느냐고 하시는 분들이 계십니다. 절반만 맞는 말입니다. 큐티의 경우 혼자 묵상하다보면 혼자만의 세계에 갇히는 우를 범할 수가 있습니다. 은혜 받은 말씀에만 집중하고, 성경 전체의 의미나 혹은 내가 평소에 관심이 없는 본문이나 구절들은 간과하기 쉽기 때문입니다. 그래서 저는 '함께 읽기'를 권장합니다. 매일 말씀을 규칙적으로 읽고, 묵상하는 것은 반드시 선행되어야 합니다. 그러나 그것과 함께 '함께' 읽으며 말씀의 의미를 더욱 풍성히 배우고 나누는 시간이 필요하다는 것이지요. 공동체적으로. 그래서 교회에서 함께 성경을 체계적으로 배울 수 있는 과정을 개설해 주기를 부탁해 보십시오. 그리고 참여해 보십시오.

만일, 교회에서 말씀 묵상과 '함께 읽기'가 어렵다고 한다면, 교단이나 총회의 도움을 받는 것도 나쁘지 않습니다. 총회의 성경대학이나 성경공부 프로그램을 이수하는 겁니다. 그리고 정말 열심이 있으시다면, 본인이 속한 교단의 신학교 문을 두드려보는 것도 나쁘지 않아 보입니다. 제가 미국의 신학교에서 공부할 때 깜짝 놀란 것은 노년의 학생들이 의외로 많다는 사실이었습니다. 퇴직을 하고 말씀이 갈급해서 신학교를 찾아와 젊은 친구들과 말씀을 놓고 씨름하는 모습은 감동 그 자체였습니다. 비록 학업을 따라가기 버겁고, 젊은 친구들에 비해 민첩함이나 순발력이 떨어져 어려움을 겪기도 하지만, 말씀 한 구절 한 구절을 알아가며 감격해 하는 모습을 볼 수 있었습니다. 이런 즐거움을 회복할 수 있기를 바랍니다.

제2과목, 시니어 기도교실: 기도로 나와 공동체를 세우다!

노년은 기도 장인(匠人)! 기도와 관련하여 떠오르는 생각입니다. 노년이 되면 기도의 장인이 되는 것 같습니다. 기도에 일가견이 있다는 분들을 보면 대개 노년의 성도들이십니다. 교회에서 가장 기도 많이 하시는 분들, 교회의 어머니들이시지요. 교회마다 기도의 자리를 마지막까지 지키시는 분들, 바로 노년의 어머니들이십니다. 필자의 외할머니도 예외가 아닙니다. 외할머니는 올해로 아흔 넷이십니다. 저를 보실 때마다, 저와 전화를 하실 때마다 늘 하시는 말씀은 딱 두 가지입니다. "기도 열심히 하고, 좋은 목회자가 되라!" 그리고는 "내가 새벽마다 기도한다."고

덧붙이십니다.

당신이 기도하시니, 저보고도 기도하라는 말씀이십니다. 또, 당신이 기도해 보시니, 이것만한 것이 없으니 기도해 보라는 것입니다. 한 세기를 사셨던 분의 지혜가 담긴 말입니다. 인생을 살아보니 남는 것이 기도이고, 의지할 것도 기도밖에 없더라는 것이지요. 실제로 외할머니의 삶이 그러셨습니다. 어려운 가정에 시집오셔서 평생을 고생하셨지만, 시집와서 믿음을 가지시고 거의 70년을 쉬지 않고 하시는 단 한 가지 습관, 바로 기도입니다. 기도 장인이시지요. 이런 외할머니의 인생 결론이 기도 열심히 하라는 말씀이십니다. 그러니 제게도 참 무거운 숙제이자, 부담 백배의 말씀입니다.

이런 면에서 이 책의 독자이신 노년을 앞두신 분들이나, 노년의 성도들께 당부 드립니다. 모쪼록 노년에 기도의 장인이 되십시오. 기도의 명인, 기도의 고수가 되십시오. 단, 하나 잊지 말아야 할 것이 있습니다. 기도의 장인이 되시되, 바울이 빌립보서에서 보여준 예와 같이 나를 위한 기도 장인 말고, 내 가족만을 위한 기도 장인 말고, 타인을 위한 기도 장인, 교회와 공동체를 위한 기도 장인이 되어주십시오. 빌립보 교회를 향한 바울의 애끓는 기도입니다.

> 간구할 때마다 너희 무리를 위하여 기쁨으로 항상 간구함은… 내가 예수 그리스도의 심장으로 너희 무리를 얼마나 사모하는지 하나님이 내 증인이시니라 내가 기도하노라 너희 사랑을

지식과 모든 총명으로 점점 더 풍성하게 하사 너희로 지극히 선한 것을 분별하며 또 진실하여 허물없이 그리스도의 날까지 이르고 예수 그리스도로 말미암아 의의 열매가 가득하여 하나님의 영광과 찬송이 되기를 원하노라. (빌 1:4, 8-11)

바울의 기도생활이 여실이 드러나는 대목입니다. 그는 교회를 위해 '항상' 간구했던 성도이자 목회자였습니다. 평소에 말로만 쉬지 말고 기도하라(살전 5:17)고 한 것이 아니라 그 자신이 먼저 항상 기도했던 겁니다. 그의 기도 내용이 9절에서 11절까지입니다. 이 내용을 메시지 성경은 이렇게 번역하고 있습니다.

> 그래서 나는, 여러분의 사랑이 풍성해지고, 여러분이 많이 사랑할 뿐 아니라 바르게 사랑하게 해주시기를 기도합니다. 적절하게 사랑하는 법을 익히십시오.
> 여러분의 사랑이 감정의 분출이 아니라 진실하고 지각 있는 사랑이 되려면 지혜로워야 하고 자신의 감정을 살필 줄 알아야 합니다. 사랑하는 삶을 살되 신중하고도 모범적인 삶, 예수께서 자랑스러워하실 삶을 사십시오.
> 그것은 영혼의 열매를 풍성히 맺고, 예수 그리스도를 매력적인 분으로 만들며,

모든 이들로 하여금 하나님께 영광과 찬송을 돌려드리도록 하는 삶입니다.[16]

그 내용을 찬찬히 살펴보면, 바울은 교회를 위해 기도하되, 교회의 형제, 자매들이 모두 사랑이 풍성한 사람이 되도록 기도합니다.[17] 그리고 사랑이 풍성해지는 방법에 대해서도 구구절

절 일러주면서 기도합니다. 그냥 뭉뚱그려 대강 사랑이 많게 해 달라고 기도하지 않습니다. 감정의 분출이 아니라 진실하고 지각 있는 사랑을 하게 해 달라고, 분별력 있는 사랑을 하게 해 달라고 기도하는 것입니다. 이렇게 보면, 우리가 기도해야 할 사람이 많다 싶습니다. 그리고 기도를 위해 고민하며 해야 할 기도내용도 많겠다 싶습니다. 함께한 형제들의 연약한 믿음을 위해 기도해야겠습니다. 그들의 구체적인 필요를 위해 기도해야겠습니다. 무엇보다 그들의 사랑이 풍성해져, 공동체 전체가 사랑 많은(풍성한) 공동체가 되도록 기도해야겠습니다. 이 모든 일에 앞서 내가 그런 사랑으로 기도할 수 있는 기도장인이 되게 기도해야겠습니다.

이렇게 보면, 이 기도가 나 혼자 한다고 될 수준의 것이 아닐 수 있겠다 싶습니다. 그래서 기도를 배우고, 기도를 함께할 '시니어 기도교실'이 있었으면 좋겠습니다, 먼저 기도를 열심히 하시는 분들과 함께 노년의 성도들이 함께 모여서 기도하는 '시니어 기도교실.' 그 이름이 중보기도 모임이 되었든, 오전 기도 모임이 되었든, 무엇이 되었든 시니어들이 함께 모여 기도하는 기도교실에서 시작해 봅시다. 우리 모두 바울과 같은 기도의 장인, 기도의 고수가 되도록 말입니다.

제3과목, 시니어 관계교실: 고독과 관계맺음을 배우다!

어떤 책에 보니 65세 이상 남성의 3분의 1, 여성의 4분의 1 정도가 지극히 고립된 생활을 하고 있다고 합니다. 노년층의 39%만이 주 1회 이상 친구를 만난다는 보고도 있습니다.[18] 절반 이상의 노년은 혼자 지내고 있다는 겁니다. 거기다 2015년 OECD 보고에 의하면, 우리나라 15~29세까지는 대략 93%가 도움이 필요할 때 의지할 대상이 있다고 대답했습니다. 그런데 그 수치가 나이가 들면 점점 줄어 50대의 10명중 4명은 의지할 사람이 없다고 대답했습니다.[19] 나이가 들수록 의지할 사람이 없고 외롭다는 것이 사실인가 봅니다.

노년은 '엄청' 외롭습니다. 빈 둥지 현상으로 인해 자녀들이 떠났습니다. 가까운 친구나 배우자도 하나둘 곁을 떠납니다. 홀로 되었다는 생각이 들지요. 구역모임이나 교회의 소그룹 모임에서도 젊은 사람들이 부담스러워하는 눈치입니다. 이래저래 이야기할 말동무가 별로 없습니다. 서서히 자신감을 잃어갑니다. 사기도 떨어집니다. 그리고는 어느새 거울 앞에, TV 앞에 우두커니 앉아 있는 시간이 늘어납니다. 때로 혼자 중얼거리지요. 왕년에 내가 했던 일을 떠올리며. 그리고 누군가 나에게 말이라도 걸면 어느새 공격적으로 쏘아 붙이기 일쑤입니다. 스스로 벽을 치고 멀리하는 거지요. 외로움때문에 스스로 소외되는 이런 우리의 모습에 대해, 배즐 페닝턴은 이렇게 정확하게 묘사해 주고 있습니다.

> 우리는 깨어진 상태로 깨어진 공동체에서 사는 깨어진 사람들이다. 우리 각자는 서로서로 소외되었다. 서로 잘 어울리지 못하고, 추위를 느껴 함께 모여 보지만 몸에 돋친 가시가 서로에게 상처를 줄까 무서워 뭉치지 못하는 한 떼의 고슴도치와 비

숫하다.[20]

　　이 같은 이유로 점점 자신 '안으로' 들어가게 됩니다. 소위 거울만 보는 겁니다. 자신만 보이기 시작합니다. 이러한 때 필요한 것이 바로 공동체입니다. 나만 보고, 내 속으로 침잠하는 것을 벗어야 합니다. 누군가를 의도적으로 사귐으로서 말입니다. 감사하게도 교회는 그것이 가능한 공동체입니다. 나만 준비가 되었다면 말입니다. 어렵고 대하기 힘든 사람이 많아도 최소한 나 하나 정도는 받아줄 정도의 사랑과 여유가 있는 공동체가 교회입니다. 그러니 교회 '안으로' 들어가도록 노력해 보십시오. 그것이 첫째 단계입니다.

　　새해가 되어 소그룹이 재편성 될 때가 있습니다. 이때, 평소 친밀한 소그룹(구역, 목장, 셀 등) 식구와 떨어졌다고 심드렁하게 반응하면서 불만을 토로하는 노년의 성도들을 보게 됩니다. 그러지 마십시오. 스스로 거울 안으로 들어가는 행동입니다. 스스로 관계를 축소시키는 것이지요. 제발 그러지 마시길 바랍니다. 오히려 보다 많은 사람, 다양한 성도들을 사귈 기회라 여기시고 기꺼이 모르는 성도와 교제해 보십시오. 다른 소그룹으로 가는 모험을 감행해 보십시오. 우리 교회에 그리 나쁜 사람들은 많지 않습니다(물론, 은밀히 들어오는 이단들은 조심해야겠지만요.). 그것이 나에게도 도움이 됩니다.

　　1,000명 이상의 건강하게 늙어가는 노년들을 연구한 보고서인 '인류 유산 프로젝트'는 고독을 벗어나는 비결로 바로 이

것을 말하고 있습니다. "관계의 끈을 유지하고 새로 엮기 위해 노력하라."[21] 예전의 소그룹의 성도들과 좋은 관계를 유지하되, 열심히 새로운 관계를 맺는 모험을 감행해 보시라는 겁니다. 어디 가서 이런 새로운 사람들, 나를 위해 시간을 내어 이야기해 줄 사람들, 거기다 나보다 젊거나 건강하고 유쾌한 사람들을 만나 볼 수 있단 말입니까? 교회를 제외하고 말입니다.

    두 번째 단계는 같은 처지에 있는 노년들과의 유대관계와 시간을 가지는 것입니다. 소위 거울이 아니나 창밖을 보는 것이 필요합니다.[22] 나만 보는 거울이 아니라, 남을 보는 창밖을 보자는 거지요. 외롭다면, 외로운 나(거울)만 보지 말고 외로운 처지의 다른 노년들(창밖)도 보자는 겁니다. 노년이 함께 모여 서로의 외로움을 나눠 보자는 거지요. '기쁨은 나누면 배가 되고 슬픔은 나누면 반이 된다'고 하지 않았습니까? 이런 이유로 '시니어 관계교실'을 가지면 좋겠습니다. 교회에서.

    요즘 세태는 이걸 뒤집고 있습니다. 기쁨을 나누어 반이 되게 하고, 슬픔을 나누어 배가 되게 하려는 시도가 많습니다. 그래서 우스개로 이렇게 말합니다. '기쁨은 나누면 질투가 되고, 슬픔은 나누면 약점이 된다.' 그런데 우리 교회는 내 외로움과 아픔을 동정해주고 함께 아파해 주는 최소한 한 사람 정도는 있게 마련입니다. 그런 면에서 노년이 함께 모여 아픔을 나누는 시간, 외로움을 반으로 만드는 시간을 가지면 좋겠습니다.

    복잡할 것 없습니다. 몇 가지 순서를 따라 모임을 가지면 되실 겁니다. 우선, 마음을 여는 시간(아이스 브레이킹 활동, 레크레이션, 다양한 율동과 찬양 활동 등)을 가지십시오. 몸을 움직여 마음을 열고 부대끼는 시간을 '함께' 가져 보십시오. 그리고 이어 하나님의 말씀에서 위로를 받는 시간을 가지시면 좋겠습니다. 궁극적인 위로는 하늘로부터 오는 것이기 때문입니다. 그리고 난 다음 구체적으로 나의 모난 말, 뾰족한 마음을 다스릴 대화의 기술, 관계의 기술을 배우고 훈련하는 시간을 가지면 좋겠습니다. 요즘은 이 분야의 전문가들이 참 많습니다. 교회에서 이런 분을 모셔 와서 함께 훈련해 보면 좋을 것입니다. 이런 일련의 활동이 조금은 외로움을, 관계의 어려움을 해소해 줄 것입니다.

마지막으로 시니어 관계교실의 하이라이트라고 할 수 있는 시간을 가지면 좋겠습니다. 고독을 받아들이는 것입니다. 거부하거나 없는 척하자는 것이 아닙니다. 오히려 고독을 훈련하자는 것이지요. "아니, 목사님, 가뜩이나 외로운데 고독을 훈련하자고요?" 이렇게 물으실지 모르겠습니다. 맞습니다. 고독이 늘 부정적인 것만은 아닙니다. 오히려 고독이 독이 아니라 득이 될 때가 있습니다. 하나님과 대면하기 위해서는 때로는 고독이 필요합니다. 이것에 대해 아빌라의 테레사는 이렇게 말합니다. "당신이 홀로 있으면, 하나님을 만나게 된다."[23]

조용한 시간이 하나님께 집중할 수 있는 시간이 된다는 뜻이지요. 리차드 포스터는 현대 사회에서 우리의 대적 세 가지를 드는데, 소란함, 조급함, 혼잡함이 바로 그것들입니다.[24] 모두

많은 사람들과 있거나, 분주 복잡한 일을 할 때 일어나는 현상입니다. 반대로 고독하게 혼자 있을 때는 소란함도 조급함도 혼잡함도 사라지지요. 묵상하기 너무 좋고, 기도하기 안성맞춤입니다. 하나님과 조용한 시간을 가지기에 이만한 것도 없습니다. 그래서 고독하다 느껴질 때 오히려 하나님과 대화를 시도해 보라 말씀드리고 싶습니다. 물론, 쉽지는 않겠지만 말입니다. 고독을 훈련하는 것이지요. 고독을 즐기는 것입니다. 나 혼자가 아니라 나와 함께 하시는 하나님과의 시간을 가져보라는 것입니다. 이를 통해 세상은 모르는, '혼자인데, 함께인 은혜'를 경험하게 될 것입니다.

배움의 대가, 수잔 할머니

미국에서 유학을 할 때, 미국 할머니(수잔 할머니) 집에서 1년 간 자취를 했습니다. 가족들은 한국에 있었고 저 혼자 수잔 할머니 집에서 살았습니다. 학교와 집, 교회를 오가는 단조로운 생활이었지요. 어느 날, 할머니와 대화를 할 기회가 있었습니다. 대화를 나누는 가운데 저의 가족들에 대한 이야기를 하시면서, 갑자기 "너는 어떤 기준으로 자녀들을 양육하고 있냐?"고 물으시는 겁니다. 미국교회 집사님이 한국교회 목사에게 던진 질문이 어떤 성경적인 기준으로 자녀를 양육하느냐는 거였습니다.

순간, 굉장히 당황했습니다. 말씀의 원리대로 살아야 한다고 숱하게 가르쳤고, 생각했지만 정작 구체적인 질문을 받으니, 그간 말씀의 원리를 제대로 깨닫지 못했다는 생각이 들었습니다. 부끄러웠습니다. 아무 대답도 못했지요. 제가 당황하여 허둥대자, 할머니는 벌떡 일어서시더니 자신의 성경책을 가지고 오셔서 펼쳐 보이셨습니다. 그리고는 에베소서 6장을 펴서 조근 조근 읽으시고 제게 성경을 가르쳐 주셨습니다. 강론(?)하셨지요. 집사님이 목사에게 말입니다. 당신이 당신의 아버지로부터 배운 내용, 교회에서 성경공부하며 깨달은 내용, 자신이 평소에 묵상한 내용을 종합해서 말입니다.

사실, 저도 꽤나 성경에 대해 잘 안다고 자부했었고, 당시에도 신학을 더 공부하기 위해 미국의 신학교에서 공부를 하고 있을 때였습니다. 그런데 어떻게 이런 일이 가능했을까요? 우선은 제가 많이 부족해서 그렇지요. 그건 그렇다하더라도 어떻게 수잔 할머니는 성경을 펴서 곧바로 가르쳐주실 수 있었을까요? 답은 간단합니다. 수잔 할머니의 평생학습 때문입니다. 성경과 기도의 평생학습 말입니다.

수잔 할머니는 아침마다 말씀을 묵상(학습)하는 분이셨습니다. 아침에 일어나면 거실에 내려오셔서 늘 자신이 앉는 그 자리, 항상 그 시간에 조용하게 기도하고 말씀을 읽으셨어요. 저녁이 되면 저녁 식사 후에 TV를 좀 보시다 주무시기 전에 꼭 성경을 읽으셨습니다. 묵상하셨던 겁니다. 제 기억으로는 결코 어긴 적이 없습니다. 시간도 장소도 같았습니다. 그렇게 자신의 '몸'을 사용해서 늘 그렇듯 말씀을 스스로 공부했던 것입니다. 그리고 교회에서 하는 주일학교에서 또 배우셨지요. 그리고 설교를 듣고 정리하는 시간을 가지셨지요. 그러니 말씀에 대해 잘 아는 신실한 성도의 모습을 유지할 수 있었던 겁니다.

거기다 종종 자신이 성경을 읽고 깨닫는 걸 너무 행복해 하셨습니다. 그래서 가끔 제게 나눠주셨습니다. 주일 저녁이 되면 그날 들은 말씀을 나눠주지 않고는 참지를 못하셨습니다. 함께 저녁 식사를 하고 나면 감격에 젖어 그날 들은 말씀을 한참이나 소개를 하고는 감격에 겨워 저를 보시곤 했었습니다.

그때 제가 배운 것이 바로 이것입니다. '잘 배운 집사님 한 분, 열 목회자 안 부럽다(?)' 말이 좀 투박하긴 합니다만, 신실한 성도가 이렇게도 할 수 있다는 겁니다. 평생 반려견 한 마리와 홀로 사신 수잔 할머니. 그런데 말씀을 배우고 익히는 기쁨, 그것을 나눠주고, 어려움을 당하는 이웃을 돌보느라 외로울 틈이 없으셨습니다. 아니, 스스로 외롭지 않게 만드셨습니다. 가장 조용한 저녁 시간, 홀로 말씀을 보며 놀랍다는 듯, 가끔씩 들려오는 감탄의 말을 들을 때면, 말씀 배우는 게 저렇게 즐거울까 싶을 때가 있었지요. 그러다보니 외롭기보다 즐거워보였고, 힘들기보다 행복해보였습니다. 모쪼록 저의 노년도 수잔 할머니처럼 될 수 있기를 소망해 봅니다. 그리고 이 책의 독자들도 고독을 배움으로 극복해, 이런 즐거움과 행복을 누릴 수 있기를 기도합니다.

9장
섬김,
손 하나 보태며 살기

책임공방

되로 주고 말로 받기

어떤 엄마가 거울 속 늘어나는 흰머리를 보고 짜증이 났다.
마침 들어오는 아들에게 말한다.
"네가 엄마 속을 썩여서 흰머리가 늘잖아!"
아들 왈,
"엄마는 얼마나 속을 썩였기에 할머니 머리가 새하얀 거야?"
(아들의 재치 있는 대답에 엄마는 말문이 막혔다.)

아들과 엄마의 책임공방이 이어지고 있습니다. 엄마의 짜증에서 시작된 이 책임공방의 승자는 누가 봐도 아들입니다.

덕분에 주변 사람들에게 큰 웃음을 선사합니다. 엄마 입장에서는 그냥 짜증 한번 부린 건데 되로 주고 말로 받게 되었습니다. 상황을 뒤집어 봅시다. 만일 엄마가 흰머리를 보고 있는데, 아들이 자기 때문에 엄마가 이렇게 되어 미안하다고 했다면요? 그리고 그 엄마는 그 대답에 아니라고, 엄마도 사실은 할머니를 고생시켜 할머니 머리가 엄마보다 더 하얗게 되었다고 했다면요? 큰 웃음 대신에 큰 감동을 주었을지도 모릅니다.

　　　　어떻게 보면, 책임을 떠넘기는 건 참 쉽습니다. "다, 너 때문이야!" 이 한 마디로 족합니다. 그러나 책임을 떠안는 건 정반대입니다. "내가 책임질게." 이 한마디로 되는 것이 아닙니다. 뒷수습을 모두 감당해야하니까요. 그래서 말로 되는 것이 있고, 말로 되지 않는 것이 있습니다. 나이가 든다는 건, 그런 전후사정을 알아간다는 말과 같은 뜻일 겁니다. 그래서일까요? 나이가 들수록 "내가 책임질게." 이 말이 입에서 잘 떨어지지 않습니다. 이런 말을 하기가 두렵습니다. "다, 잘 될 거야. 정 안되면 내가 감당하지 뭐!" 이런 말을 섣불리 하지 못합니다. 이 말의 대가가 어떤지를 인생경험으로 알아버렸기 때문입니다.

　　　　어떠세요? 그럼에도 불구하고 누군가에게 "내가 책임질게"라며 말할 수 있겠습니까? 쉽지 않지만 다음의 말을 기억한다면 조금은 생각이 달라지지 않을까 싶습니다.

　　　　그리스도를 닮은 일에 있어 성장한다는 것은 다른 사람들의 필요에 대해 이전보다 더 빨리 감지한다는 것이다.[1]

나이가 들면 조금씩 달라집니다. 전에 보이지 않던 누군가의 부족함, 누군가의 연약함, 누군가의 어설픔이 보이기 시작합니다. 해보고, 앓아보고, 뒤통수 맞아 봐서 아는 것들이 이것저것 늘어납니다. 그래서 보지 않으려고 해도 그런 것들이 눈에 띄기 시작합니다. '저 아이가 괜찮다고 말해도 아쉬워서 저러지.' 알게 됩니다. '저 청년이 저렇게 큰 소리쳐도 주눅이 들어서 그러는구나.' '우리 아들이 많이 힘들어 하는구나.' 언뜻언뜻 속이 보이기 시작합니다. 아니, 어쩌면 속을 빤히 볼 수 있습니다. 때로는 경험 때문이기도 하지만, 때로는 주님의 마음을 닮아 그 사람의 아픔을 읽는 공감력이 생겨서 그렇기도 합니다. 마음이 넓어진 것이지요.

문제는 그럴 때 선뜻 나서서 도와줄 수 있는가 하는 것입니다. 대개 노년이 되면 있던 자신감도 사라집니다. 그래서 이런 일에 은근히 발을 뺍니다. 노년이 되어가면서 늘어가는 습관이기도 합니다. '괜히 나까지 나서서 일을 크게 만들면 안 되지.' 이런 생각에 모른 척, 관심 없는 척 합니다. 그러나 잊지 마세요. 사람들의 필요를 빨리 감지하는 것, 그것이 성장의 모습이라는 것을요. 단, 그것을 알기만 하고, 낌새만 채고 모른 척 하는 것은 어른스런 행동이 아닙니다. 한 마디라도 거들고, 손이라도 한 번 잡아줄 수 있다면 거기서부터 어른이 되는 것입니다. '같은 편' 어른 말입니다. 거기서 섬김은 시작됩니다.

이번 장에서는 섬김에 대해 생각해 보려 합니다. '노년도 섬길 수 있다.'는 사실에 기초해서 말입니다. 알고 보면 노년도 잘 섬깁니다. 잘 할 수 있고, 지금껏 잘해 왔습니다. 그래서 이 글을 읽으시는 노년의 노파심(?)에 기대어 한번 말씀드려봅니다. 다른 사람들의 필요를 더 잘, 더 정확히 볼 수 있는 노년의 강점을 살려보자는 거지요. 두 가지입니다. 우선, 노년의 장점인 상대의 필요를 보는 눈에 대해 생각해 보려 합니다(필요를 보는 눈). 그 다음은 어른으로 그 필요에 어떻게 반응할 수 있는지 살펴보는 겁니다(도움을 주는 손). 이를 통해 섬김의 기쁨, 나누는 즐거움을 깊이 생각해보면 좋겠습니다. 아니, 함께 누리면 좋겠습니다.

필요를 보는 눈, 노년 자산

'노년의 나, 괜찮다!'

가끔, 아주 가끔입니다만, 노년 혹은 노후의 삶을 끔찍하게 생각하는 분들이 계십니다. 남들로부터 보살핌을 받는다는 걸 용납하기 어려워서 그렇습니다. 노년을 처량한 존재 정도로 비하하기 때문입니다. 맞습니다. '비하'라는 표현을 썼습니다. 말뜻 그대로 스스로를 필요이상으로 낮추어 보는 거지요. 그러지 않으셨으면 합니다. 자신이 누구인지 정확히 대면할 필요가 있습니다. 노년인 자신이 하나님 안에서 어떤 존재인지 다시 봅시다. 세계적인 신학자인 미로슬라브 볼프 교수와 그의 조교는 이렇게 말합니다.

각 사람은 그 존재 자체로 선물이다. 그 역량이 심히 줄어든 노인도 여기에 포함된다. 뿐만 아니라, 노인들은 정확히 그들의 허약함으로, 우리가 삶에서 피할 수 없는 연약함과 유한성을 생생하게 상기시켜 준다… 보살핌은 기본적으로 투자가 아니다. 제공하는 서비스에 대한 보상이나 보답도 아니다. 사실, 보살핌은 사람이 하는 행동이 아니라 각 사람의 존재에 근거한다. 사람의 가치의 근거는 그들이 하나님의 소유라는 근본적 사실, 하나님이 그들을 사랑하시며 그들에게 애정이 있으시다는 사실에 있다. 우리가 본질적으로 그들을 실리위주가 아닌 관대함으로 돌보는 이유이기도 하다.[2]

하나님의 선물인 저와 여러분은 나이가 든다고 해서 선물로서의 가치가 사라지는 것은 아닙니다. '절대로' 아닙니다. '우리가' 선물인지 아닌지를 결정하는 것이 아닙니다. 세상의 시선이 우리의 존재를 결정하지 못합니다. 오로지 우리의 가치 여부는 우리를 만드신 분에 의해 결정됩니다. 그분이 "괜찮다" 하면 그걸로 된 겁니다. 만든 분이 괜찮다는데 누가 뭐라고 하겠습니까? 최고의 감별사가 괜찮다는데 얼치기 돌팔이가 아니라고 한다고 그 말에 흔들릴 이유는 없는 것이지요. 감사하게도 하나님은 우리를 만드시고 "좋고 좋았다"고 하셨습니다(창 1:31).[3] 구약 히브리어 원어 그대로, 좋고 좋았다는 말은 강조 용법으로 매우 좋았다는 뜻이지요. 그러면 되었습니다. 좋고 좋은 저와 여러분이기에.

세상은 낡으면, 오래 쓰면 폐기처분합니다. 몹쓸 것이라 여깁니다. 그래서 오래되고 쓰임새가 다 된 것을 '버릴 것'으로 규정합니다. 쓸모에 따라 가치를 부여하는 것이지요. 그래서 쓸모가 많으면 비싸게, 쓸모가 없으면 아무렇게나 취급합니다. 이런 세상의 눈에 나를 맞추려 너무 애쓰지 않았으면 합니다. 다시 말하지만 우리의 가치는 세상이 결정해 주지 않습니다. 심지어 우리의 쓰임새도 세상이 결정해 주지 않습니다. 하나님이 결정하시면 그뿐입니다.

그래서 보살핌을 좀 받는다고 너무 미안해하지 않아도 됩니다. 사실, 노년이 될 때까지 내가 주변 사람들을 그만큼 보살피지 않았습니까? 그러니 가정이, 자녀가, 공동체가 나를 좀 보살펴 준다고 너무 미안해하지 않아도 됩니다. 그리고 내가 누군가를 보살필 힘이 있다고 너무 유세 떨 이유도 또한 없습니다. 하나님이 건강과 재정을 주셨으니 보살필 수 있다 여기면 마음이 편해집니다. 존재와 소유에 대한 생각을 좀 바꾸면 됩니다. 늘 그렇듯 세상의 기준은 소유가 존재를 앞서지만, 성경의 기준은 '항상' 존재가 소유를 앞서고도 넉넉히 남습니다. 그가 얼마나 소유했느냐가 아니라, 그가 어떤 존재이냐가 '훨씬' 중요한 것입니다. 시각을 조금만 바꾸면 됩니다. 다음의 글을 보면서 말입니다.

> "인간이 완전히 소유했다는 의미에서 '내 것'이라고 말할 수 있는 것이 지상에는 단 하나도 없다."[4]

위대한 기독교 변증가였던 C. S. 루이스가 확신을 가지고 한 말입니다. 생각해 보면, 원래부터 '내 것'은 전혀 없었습니다.

심지어 태어난 나라도 내가 택하지 않았습니다. 내가 대한민국에 태어나려고 선택한 것이 아니지 않습니까? 하나님이 보내신 것이지요. 사실, 이 땅에서부터 북위 몇 도만 위에서 태어났어도(북한에 태어났어도) 나는 이렇게 평화롭게 살아가지도 못할 것입니다. 같은 말을 쓰고, 같은 민족이지만 전혀 다른 삶을 사는 그들을 보면서 느끼는 바가 없습니까? 모든 것이 내가 잘나서 선택한 것이 아닙니다. 같은 이치로 내가 건강하다고, 내가 좀 가졌다고 유세 떨 하등의 이유도 없고, 반대로 원치 않는 이유로 연약하여 누구를 좀 의지한다고 너무 위축될 이유도 전혀 없습니다. 이것이 함께 사는 공동체입니다! 가정이고, 교회이고, 사회입니다! 조금씩 양보해 가면 되는 것이지요.

'노년의 나, 도울 수 있다!'

노년의 지혜에 대해 욥이 말합니다.

> 늙은 자에게는 지혜가 있고 장수하는 자에게는 명철이 있느니라. (욥 12:12)

노년의 지혜가 분명히 있다는 겁니다. 장수하게 된 비결이 있고, 그만한 명철(明哲), 밝고 총명함이 있다는 겁니다. 그냥 나이만 먹은 것이 아니라 여기까지 오게 된 이유가 다 있다는 것이지요. 숱한 인생의 풍파와 굴곡, 경험이 오늘의 그들을 있게 한 자산이라는 겁니다. 그만한 인생 노하우와 삶의 내공이 있으니 그걸 무시하지 말고 잘 배워라 그 말입니다. 이것에 대해 스탠포

드대학교의 장수 연구소 카스텐스 교수는 정신적 노화의 연구 결과를 다음과 같이 언급합니다.

> "나이가 들면 인생에 대한 실용적 지혜가 풍부해진다. 삶의 경험이 풍부하기 때문이다. 또한 과거의 실수에서 얻은 교훈도 늘어난다. 사실 지혜라는 개념은 천 년 전부터 있었지만 우리가 이를 연구하게 된 것은 비교적 최근의 일이다."[5]

이제야 이런 지혜, 이런 통찰력을 깨닫게 되었다는 겁니다. 오랜 연구를 해서 말이지요. 이미 노년들은 벌써부터 갖고 있었는데 말입니다.

북아메리카 수우족 인디언의 속담에는 남의 신을 신고 15일을 걷지 않고서 그 사람에 대해 판단하지 말라는 말이 있습니다. 인생을 좀 살아보니, 그 말이 무슨 뜻인지 체감되는 나이가 노년입니다. 살다보면 그 사람의 입장이 되지 않고서는 알 수 없는 일이 많다는 걸 압니다. 그러니 실패할 수 있다는 걸 많이 경험해보지 못한 세대들의 좌절과 낙심을 보고 "괜찮다." 말해 줄 수 있는 유일한 세대가 바로 노년이기도 합니다. 그래서 이 노년의 경험과 지혜가 그들을 격려하고 도울 수 있는 힘이요, 자산입니다. 이걸 저는 감히 노년 자산(aging capital)이라 부르고 싶습니다. 사회적 자산(social capital), 인적 자산(human capital)이라는 말도 쓰고,[6] 심지어 영적 자산(spiritual capital)이라는 말도 쓰는데,[7] 노년이라고 못쓸 이유가 없지요. 노년도 이런 자산 하나 정도는 가졌다 말할 수 있습니다. 노년 자산 말입니다!

기성세대들이 직장에서, 가정에서, 심지어 교회에서 젊은 세대를 부족하다 타박하고, 제대로 못 한다 야단칠 때도 그 앞을 막아서며, "너무 그러지 마라. 너도 저만 때는 저랬다." 말해 줄 수 있는 유일한 세대가 바로 노년입니다. 앓아봐서, 뒤통수 맞아 봐서, 몸서리치게 아파봐서 아는 삶의 지혜, 그래서 기다려야 한다는 걸 너무 잘 아는 인내의 지혜가 있는 세대가 노년입니다. 그러니 젊은 세대를 향해 묵묵히 기다리며 응원해 주는 최고의 응원단장들이 바로 노년들입니다. 이런 자산, 누가, 그 어떤 세대가 가지고 있습니까? 없지요. 그들밖에는 없습니다.

젊은 세대들이 부모 세대들의 타박에 힘겨워 어쩔 줄 몰라 할 때도 진정한 어른, '사람 좋은' 할아버지, 할머니가 되어 그들의 곁에서 힘이 되어줄 수 있는 세대 또한 노년입니다. 심지어 힘들다며 찾아온 젊은 손자, 손녀들의 온갖 응석을 다 받아주며 "네 아버지는 늘 그런다. 그지. 아무 것도 아닌데." 공감해 주는 힘, 바로 노년들의 최고의 자산입니다. 힘들게 찾아가도 늘 인자하게 웃으며 "여기 너와 같은 편 최소한 하나는 있어. 걱정하지 마!" "잘 하고 있어!" 한 마디 거들며 '같은 편' 되어주는 어른다운 어른, 제대로 된 어른으로서의 자산 말입니다. 그래서 한 인생을 새롭게 살려 놓는 자산을 가진 어른이 바로 노년들이라 할 수 있습니다. 그러니, 이 인내의 지혜와 공감의 명철을 가진 노년들이여, 이제 그 자산을 마음껏 활용해 보면 어떨까요? 제대로 사용해 젊은 세대들을 보듬어(살려) 보면 어떨까요?

도움을 주는 손, 노년 활용

손 하나 보태는 노년

매스턴(Maston)은 이런 말을 했습니다. 노년이 반드시 새겨들을 이야기라 생각되는 말입니다.

> 우리들의 교회 안에는 너무 일찍 선반에 [오른] 노인들이 정말 많다. 그들 중 많은 사람들은 아직 기력이 왕성하며, 주님과 교회를 위해 그 어느 때보다도 바칠 시간을 더 많이 가지고 있다. 또한 그들 중의 많은 사람들은 사람들의 깊은 필요에 효과적으로 사역할 수 있는 영적 성숙함[도] 지니고 있다. 많은 교회의 경우에 있어서 그들은 효과적인 지도력과 사역에 사용될 수 있는, 아직 마개를 따지 않은 최대의 힘의 근원이다.[8]

유통기한이 지난 상품을 어디다 쓰겠습니까? 아무리 새것처럼 보여도, 비싸게 산 물건이라도, 진열장에만 있던 거라도 소용없습니다. 내다 버려야 합니다. 깨끗한 그대로 말입니다. 사용도 못해보고 버리는 것이지요. 그런데 인생이 그러면 어떨까요? 제대로 사용도 못 해본 인생. 재능도, 능력도, 지혜도 다 갖췄는데 힘 한 번 써보지 못 하고 허망하게 스러지는 인생, 이보다 안타까운 일은 없지요. 매스턴은 지금 이런 허망하게 인생을 마무리 짓는 숱한 노년들을 보며 안타까워합니다. 우리 인생이 제발 이러지는 않았으면 하는 마음으로 말입니다.

이에 반해 조지 휫필드(George Whitefield)는 그의 마지막 날까지 부지런히 사용하다 마개가 다 닳아 없어진 삶을 살았습니다. 그것도 너무 많이 사용해서 55세의 이른 나이에 일찍 다 닳아 스러져버린 삶을 살았습니다. 휫필드는 너무 많은 전도여행으로 인해 몸이 많이 상했습니다. 심지어 천식을 앓고 있었지요. 그래서 친한 친구인 클락은 제발, 설교하러 가지 말고 침대에 가서 쉬라고 합니다. 휫필드도 자신의 몸 상태를 알았습니다. 하지만 그가 해야 할 일, 복음 전하는 일이 너무 소중하고 긴급했기 때문에 그 충고도 마다합니다. 오히려 하늘을 향해 이렇게 기도합니다.

> "주 예수님, 나는 당신의 사역을 위해 쇠하고 있습니다. 하지만 당신의 사역은 결코 쇠하지 않습니다. 만일 내가 가야할 길을 아직 다 가지 않았다면, 나로 당신을 위해 단 한 번만 더 그곳에 가서 복음을 전하게 해 주십시오. 당신의 말씀을 확정짓게 해 주십시오. 그리고 집으로 돌아와 죽게 해 주십시오."[9]

그리고는 다음 날 아침에 있을 설교를 위해 뉴베리포트로 향합니다(가는 길에 청중의 요청으로 설교를 한 번 더 합니다). 그리고 뉴베리포트에 도착한 그날 밤, 말씀을 읽고 기도하고 침대에 누워 잠을 청합니다. 새벽 두시에 천식으로 인해 깨어납니다. 곁에 있던 스미스라는 분이 간곡하게 당부합니다. 너무 자주 설교하지 말라고. 건강을 걱정해서 한 말입니다. 그 말에 휫필드가 이렇게 담대하게 답합니다.

> "나는 녹슬어 없어지기보다 닳아서 없어지고 싶다네."
> (I would rather wear out than rust out)[10]

이 말을 마친 후, 자신의 설교를 위해, 주님의 인도하심을 위해 기도하고는 잠시 잠에 듭니다. 그리고 기침이 심해져 4시에 깼다가, 그날 새벽 6시, 그렇게 보고 싶어 했던 주님의 품에 안깁니다. 마지막까지 복음을 전하다 닳아서 없어진 인생, 너무 사용하여 마개가 다 닳아 헤어져 더 이상 쓸 수 없는 인생을 살았던 것입니다. 그리고는 너무도 이른 나이에 주님 품으로 갔습니다. 저의 노년도 이랬으면 좋겠습니다. 아니, 우리 모두의 마지막이 이랬으면 참 좋겠습니다.

하지만, 좀 김빠지는 소리 좀 하겠습니다. 사실, 이렇게 말해 놓고도 너무 거창하다 싶습니다. 모든 인생이 조지 횟필드 같지는 않을 겁니다. 닳아서 없어지는 인생으로 끝내기 참 쉽지 않겠다 싶어 지레 겁먹는 것이 우리 인생이기도 합니다. 사실, 이렇게 살기 어디 쉽겠습니까? 그리고 조지 횟필드의 재능도 능력도 되지 않는 저와 같은 사람에게는 이것보다는 보다 현실에 맞는 목표를 정하는 게 좋겠다 싶습니다. 바로 이겁니다. 손 하나 보태는 인생 말입니다.

손 하나 보태는 인생, 아니, 노년 말입니다. 다들 열심히 일할 때 딱 손 하나 부족할 때가 있지요. '이 사람들에 딱 하나만 더 보태면 좋겠다.' '많이 일하지 않아도 몇 가지 거들어 주고, 날라 주고, 몇 마디 전달해 줄 사람 하나만 더 있으면 좋겠다.' 싶을 때가 있습니다. 바로 그때 도와 줄 손 말입니다. 없으면 모두가 힘들고 아쉬운데, 잠깐 보탠 것뿐인데도 모두가 즐겁고 행복한 그런 손 말입니다. 있을 때는 모르지만, 없을 때는 그렇게 아쉬 울 수가 없는 그런 손, 그 손 하나만 보태는 노년이면 족하지 않을까 생각합니다. 사실, 노년은 거기서 조금 만 더 하라고 해도 못합니 다. 힘이 없어서. 자신이 없어서. 시간이 없어서. 그러나 딱 그 정 도는 할 수 있고, 그 일에 적격입니다. 누군가를 도울 수 있는 그 손을 좀 빌려 줄 수 있는 노년이었으면 좋겠습니다.

내가 보탤 수 있는 손 하나

한 할아버지가 버스를 탔는데 요금이 조금 부족했나 봅 니다. 버스 기사에게 사정 이야기를 합니다. 좀 봐달라고. 이야기 를 듣던 버스 기사가 대뜸 고함을 칩니다. "왜 차비도 안 가지고 다녀요!" 순간 버스 안이 조용해졌습니다. 모두가 버스 기사의 눈 치만 보고 있습니다. 버스 안 상황에 모두가 민망해 합니다.

그때 초등학교 5~6학년으로 보이는 학생이 버스 기사에 게 다가가더니, 주머니에 있던 만 원짜리 한 장을 요금 통에 쑥 집어넣습니다. 그리고선 이렇게 말하는 거예요. "아저씨, 할아버 지 대신 만 원 넣었어요. 다른 할아버지들도 차비 받지 말고 그냥 태워 주세요." 순간 버스 안에 탔던 모든 사람들의 얼굴이 화끈거 립니다. 하지만 이내 모두의 마음이 따뜻해졌습니다. 훈훈한 마 무리이지요. 그러나 그게 끝이 아니었습니다. 그 학생이 출입문 쪽으로 걸어서 갈 때, 한 할아버지가 그 아이를 불러 세웁니다. 그 리고는 손에 만 원을 쥐어주며 머리를 쓰다듬어 줍니다. "이건 내가 주는 용돈이야."

　　　　우리 마음을 참으로 따뜻하게 하는 이야기입니다. 그런데 여기서 제가 주목하는 건, 초등학교 학생이 아닙니다. 물론, 이 학생처럼 용기 있게 행동하면 좋겠지요. 그리고 그런 인생도 있겠지요. 그러나 제가 용기가 없어서 그런지, 이 학생이 아니라 그 학생에게 만 원을 쥐어준 할아버지가 마음에 듭니다. 이 학생처럼은 못 해도 이 학생에게 다음에도 이런 일을 하라고 용기를 줄 수 있고, 지지해 줄 수 있는 손 하나 보태는 할아버지의 역할 정도는 할 수 있겠다 싶습니다. 이런 일에 손 하나 보태는 노년, 이 정도면 괜찮은 노년 아닙니까?

　　　　주변을 돌아보면, 이 학생처럼 용기 있고 멋진, 믿음 좋은 청년들, 장년들, 교회의 일꾼들도 많습니다. 가정을 보면 우리의 자녀들, 어려운 가운데 그래도 믿음 지키려고 애쓰는 아이들입니다. 그들이 포기하지 말고 조금만 더 힘을 쏟을 수 있도록 용기를 북돋워주는 말 한 마디, 어깨를 두드려 주는 다독거림 한 번, 이런 손 하나 보태는 노년이었으면 좋겠습니다. 이렇게 보면, 제법 노년으로서 내가 섬길 수 있는 일도 꽤 많다는 걸 알게 됩니다. 이왕 이렇게 된 김에 그 리스트나 하나 작성해 볼까요? 여러분의 인생노트에 지금부터 노년에 '보탤 수 있는 손 하나' 리스트를 기록해 보십시오. 벌써 마음이 따뜻해 오는 듯합니다.

믿음의 손 하나 보태기[11]

1996년 여름, 콜로라도 스프링스에서 북미주 영적 대각성 운동인 자마(JAMA) 대회가 있었습니다. 이때 주 강사 중 한 분이 조쉬 맥도웰이었습니다. C.C.C.의 명강사 중의 한 분입니다. 이 분이 저녁 집회에서 말씀을 전하고 있었습니다. C.C.C.의 총재였던 빌 브라이트 박사도 그 자리에 앉아서 경청하고 있었습니다. 한창 말씀을 전하고 있을 때 빌 브라이트 박사가 갑자기 메모지를 꺼내더니 뭔가를 기록하기 시작합니다. 곁에 있던 분은 말씀의 내용을 기록하는가보다 생각했답니다.

그렇게 시간이 가고, 조쉬 맥도웰이 메시지를 다 전하고 내려오자 빌 브라이트 박사는 좀 전에 기록한 메모지를 그에게 전달하는 겁니다. 그 메모를 다 읽은 조쉬 맥도웰의 눈시울이 붉어졌습니다. 그리고는 빌 브라이트 박사를 꽉 끌어안는 겁니다. 알고 보니, 빌 브라이트 박사는 자신 보다 젊은 조쉬 맥도웰이 훌륭하게 말씀을 전하는 것을 보고 깊은 감동을 받은 겁니다. 그래서 메시지 내용이 너무 감동적이었다고, 자신을 비롯한 여기 모든 젊은 사람들에게 큰 도전을 주어 감사하다고, 조쉬 맥도웰이 너무 자랑스럽다고 메모를 기록해 전달했던 것이지요. 이 메모를 본, 조쉬 맥도웰은 C.C.C.의 전설 같은 어른이 자신을 격려해주는 그 말에 깊은 감동을 받았던 겁니다. 큰 도전과 감사가 있었음은 물론입니다. 그래서 빌 브라이트 박사를 꽉 껴안았던 겁니다.

빌 브라이트 박사는 자신보다 한참 후배인 그가 말씀을

전하고, 내려올 때, "잘했다" 칭찬한 것입니다. "자랑스럽다" 다 독거린 것이지요. "앞으로가 더 기대된다."며 격려한 것입니다. 그가 비록 메시지를 전하지는 않았지만, 자신의 다음 세대에게 그가 할 수 있는 최선, 믿음의 손 하나를 그렇게 보태었던 겁니다. 참 좋은 '우리 편' 어른 아닙니까? 비록 스포트라이트를 받는 자리는 아니어도, 모두가 주목하지 않아도 좋습니다. 이처럼 손 하나 보태어 믿음의 후배들, 다음 세대들을 살려내고, 도전할 수 있다면 이보다 좋은 노년의 섬김은 없다 생각됩니다. 이런 믿음의 손 하나 보태는 그런 '우리 편' 어른들이 많아졌으면 좋겠습니다. 아니, 많아질 거라 확신합니다!

3부 Well-Celebrating(웰 셀레브레이팅),
노년의 더하기(+): 성공적인 노화의 네 가지 요소

    노년이 빼기 시절이라고 늘 빼기만 해야 한다는 법은 없지요. 종종 더하기도 해 보면 좋겠습니다. 물론, 육체적이고 물질적인 것은 아닙니다. 다만, 쇠해가는 육체와 변하는 주변 상황을 어떻게 받아들이느냐가 중요하지요. 마음이 문제이고, 영적인 것이 더욱 중요한 때입니다. 이를 위해 혹여 배우고 익혀야(훈련해야) 할 것은 없을까요? 이것에 대해 노년학에서 논의하고 있는 '성공적인 노화(successful aging)'라는 개념을 생각해 보려 합니다.

    성공적 노화, 1987년 존 로우(Rowe)와 로버트 칸(Kahn)이 미국의 맥아더 재단의 지원을 받아 다양한 학제간 연구(생물학, 신경

과학, 신경심리학, 현상학, 사회학, 심리학, 신경학, 생리학, 노인과학)를 통해 만든 이론입니다. 이들은 성공적인 노화의 구성요소 3가지를 발표했습니다.[1] 1) 질병과 장애를 피하고, 2) 높은 수준의 인지적, 신체적 기능을 유지하며, 3) 삶에 적극적이고 꾸준히 참여하는 것이 바로 그것들입니다. 이후, 각 요소에 대해 분석하는 질문이나 방법, 다양한 연구들이 쏟아져 나왔습니다. 여기에 2002년 크라우더(Crowther)와 그의 동료들이 제4요소를 더했습니다. 4) 긍정적 영성(positive spirituality)이 바로 그것입니다.[2] 이 네 가지가 성공적인 노화에 꼭 필요한 요소라는 겁니다. 이 네 가지 요소를 살펴 노년의 더하기에 대해 생각해 보면 좋겠습니다. 특별히 노년을 보다 의미 있고 즐겁게 보낼 수 있는 더하기 말입니다.

질병과 장애를 피함

'성공적 노화'의 개념은 구성요소의 위계적 구조를 가졌다고 알려져 있습니다. 즉 첫 번째 요소가 갖춰지면 두 번째 요소가 보다 잘 이루어지고, 첫째와 둘째가 이루어지면 셋째는 더욱 쉬워진다는 거지요. 이런 이유로 첫째 요소인 질병과 장애를 피하는 것이 성공적 노화에 가장 큰 영향을 미친다고 할 수 있습니다. 건강한 몸에 건강한 정신이 깃든다는 말도 있듯이, 노년이라면 몸을 우선적으로 잘 돌봐야 한다는 겁니다. 생명을 위협하는 질병에 잘 대

응할 뿐 아니라, 무기력하게 만드는 장애를 최소화할 필요가 있다는 말이지요.[3]

사실, 노년은 이런저런 병이 친구하자고 찾아오는 시기입니다. 한국보건사회연구원이 조사한 '2017년 노인실태조사' 보고를 보면, 만65세 이상 노인 중 51%가 3개 이상의 만성질환을 앓고 있다고 합니다.[4] '만성적'이라는 말에서 알 수 있듯 노년에 찾아오는 병은 단기적인 처방으로 해결될 수준의 병이 아닙니다. 지속적으로 악화되는 병, 남은 평생을 지독히도 따라다니는 병이라는 겁니다. 스토커 같지요. 문제는 만성적 질병을 대하는 나의 태도입니다. 무조건 빼야할 것으로 여기며 회피할 것인가, 아니면 그냥저냥 같이 갈 수 있겠다고 여기며 친구로 대할 것인가, 선택해야 하는 겁니다. 병을 빼야할 것으로만 여기지 말고 친구처럼, 함께할 동료처럼 잘 대해줘야 한다는 겁니다. 굳이 더하지는 않더라도 빼기로만 보지는 말자는 거지요.

이에 대해 어떤 분은 이렇게 쉽게 생각하실지 모르겠습니다. '살만큼 살면 되지, 뭐. 그렇게 별스럽게구나.' '어차피 천년만년 살 것도 아닌데 적당히 하다 몇 년 덜 살면 그만이지.' 틀렸습니다. 코넬 대학교의 '인류 유산 프로젝트'를 진행했던 칼 필레머는 가장 중요한 한 가지를 놓쳤다고 말합니다. 1,000명의 성공적인 노화를 경험한 인생 선배들의 결론이기도 합니다.

"건강에 해로운 짓을 한다고 해서 일찍 죽는 것이 아니라 몇

년 혹은 몇 십 년을 만성질병으로 고통 받을 수도 있다는 사실이다. 담배 피우는 사람, 과식하는 사람, 종일 꼼짝 않고 누워 TV만 보는 사람 중 대다수는 자신에게 닥칠 최악의 상황이 어느 날 갑자기 죽는 것이라고 지나치게 안일한 생각을 하는 경우가 많다. 하지만 현실적으로 그렇게 쉽게 죽는 경우는 드물다. '병은 쾌락의 이자'라는 말이 있듯이 그렇게 살아온 사람들은 나날이 버거워지는 병의 무게를 짊어지고 살아야 한다."[5]

금방 죽는 것이 아니라 병을 안고 오랫동안 고통스럽게 지내다 죽는다는 말입니다. 그러니 이제 몸을 돌보는 노력을 기울여야 하겠습니다. 건강에 좋지 못한 습관과 태도를 줄이는 것부터 해야겠습니다. 물론, 약도 규칙적으로 복용하고 말이지요. 만성질환을 미연에 방지하면 더 좋겠지요. 가장 중요한 질병 유발 요소 3가지인 무리한 다이어트, 운동부족, 흡연을 피하면서 말입니다.[6]

높은 수준의 인지적, 신체적 기능 유지[7]

성공적 노화의 둘째 요소는 인지적, 신체적 기능과 관련된 것입니다. 노년에 질병과 장애를 용케 피해도 자연적 노화로 신체적, 인지적 기능이 제대로 작동하지 않으면 정상적인 삶을 살아가기 어렵지요. 갓 노년이 되었는데 혼자서는 밥술도 제대로 뜰 수 없다면 성공적이라 말하기 어렵겠지요. 그래서 정상적인 삶이 가능한 신체적, 인지적 능력을 유지하는 것 또한 중요합니다. 몸이 말을 들어야 뭘 해도 할 것 아닙니까?

그런데 그것 아세요? 사람의 '노화'가 천편일률적이지 않다는 사실 말입니다. 신생아의 '성장'의 차이보다 80대 노인의 '노화'의 차이가 훨씬 다양합니다.[8] 다 다르다는 거지요. 나이가 들수록 건강한 노년은 그렇게 정정할 수 없고, 반대로 병약한 사람은 그렇게 빠르게 노쇠하게 된다는 겁니다. 많은 차이를 보인다는 말이지요. 그러니 당장 장년에 있거나 노년의 초입에 있다면, 지금이라도 신체적, 인지적 기능을 잘 관리하고 유지하도록 애써 보십시오. 다음의 연구 결과가 도움이 될 겁니다.

· 50세에 적당한 운동을 하면 수명이 1년 반 정도 늘어난다.
· 강한 운동을 하면 수명이 그 두 배인 3년 이상 늘어난다.
· 운동은 타인에게 의존할 가능성을 줄여준다.
· 평균 65세 노년은 장애 없이 살아갈 수 있는 수명을 대략 13년 정도로 예상하는데, 대단히 활발하게 활동(운동)하는 65세 노년은 적어도 평균 18년 이상을 장애 없이 살아갈 것으로 예상한다.[9]

우선, 가벼운 운동부터 해보면 좋겠습니다. 알려진 바에 의하면 처음부터 무리하게 운동하는 것보다는 최대 심박동수의 40~50% 정도의 낮은 수준에서 시작하고 최소한 10분 이상의 준비운동을 하여 유연성을 높여 시작해야 한다고 합니다. 혹시 압니까? 가벼운 운동에서 시작해서 활기찬 운동도 할 수 있게 될지. 무엇보다 건강이라는 날개를 더할는지.

삶에 적극적이고 꾸준히 참여하는 것

여기 성공적인 노화의 세 번째 요소가 있습니다. 삶에 적극적으로 참여하는 것입니다. 퇴직을 했다고 마냥 놀거나 쉬기만 하는 것이 능사가 아니지요. 재미와 의미를 찾을 수 있는 적극적인 삶을 추구할 때, 성공적인 노화를 이룰 수 있습니다. 이 세 번째 요소(적극적인 참여)부터 성공적인 노화의 본격적인 더하기가 시작됩니다.

실제로 장애와 질병을 피하고(첫째 요소), 신체적, 인지적 기능은 말짱한데도(둘째 요소) 활동하기를 회피하는 노년들이 많습니다. 젊을 때 비해 자신감이 줄어 그렇습니다. 하고자 하는 의욕이 사라지고 점점 수동적으로 변해 그렇습니다. 나서서 활동하는 것도, 생소한 사람과 대면하며 모임을 갖는 것도 귀찮고 부담스럽게 여기기 때문이지요. 점점 자기 안으로 들어가게 되지요.

반면, 적절한 삶의 참여와 개입은 노년으로 하여금 고독감 및 고립감을 해소해 줍니다. 남은 삶에 새로운 도전과 살아갈 이유와 재미를 불어넣어 주지요.[10] 이것에 대해 폴 투르니에는 '제2의 이력'을 만들라고 충고합니다. 전혀 새로운 이력을 더하기 하라는 거지요. 노년의 시간을 그냥 보내는 시간으로 '낭비'하지 말라는 겁니다. 오히려 적극적으로 새로운 이력을 만들고 재미와 의미를 더하라는 겁니다. 새로운 직업을 갖는 취업이 될 수도 있습니다. 자원봉사나 교회활동도 괜찮습니다. 산악회나 조기축구회 같은 모임을 만들거나 참여하는 것도 나쁘지 않습니다.[11]

폴 투르니에는 제2의 이력의 예로 아내의 할아버지(샤를 가이젠도르프 씨)를 들고 있습니다. 소매상을 하시던 샤를 씨는 50세가 되자 충분히 벌었다는 생각으로 상점을 정리합니다. 그리고 이후 30년 동안 교회의 총무(우리 식으로 하면 사무장) 역할을 하며 보냅니다. 무임으로 말이지요. 문구점을 운영하던 능력을 교회의 사무실에서 다시 사용한 것이지요. 그의 표현을 빌리면 "교회에서 제2의 삶"을 사신 것입니다.[12] 교회라는 공동체에 들어가 적극적으로 참여한 겁니다. 거기서 의미와 보람도 찾아간 것이지요. 꼭 교회활동으로 제한할 필요는 없습니다. 가능하다면 지역 사회의 다양한 활동에도 참여하면서 주님이 주신 기회와 삶을 나누며 섬기는 것도 좋습니다. 제2의 이력을 만들어서 말입니다. 이때, 새로운 이력(기회)과 사람(관계)을 더하기 하는 기적을 경험하게 될 것입니다.

긍정적 영성

노년의 더하기에 최적의 요소가 있습니다. 다른 것들을 다 빼도, 이것 하나만은 더하기 할 수 있습니다. 바로 영성입니다. 지성,

감성, 육체의 오감은 나이가 들수록 빠져 나갑니다. 빼기가 자연스럽지요. 그런데 영성만은 날로 더해집니다. 육적으로는 약골이 되는데, 영적으로는 강골이 됩니다. 강한 용사가 되고, 선한 청지기가 됩니다. 부지런한 일꾼이 될 수 있습니다. 믿음이 무르익고, 소망의 꽃이 피고, 사랑의 열매를 맺어 가능해 지는 겁니다. 그래서 성공적인 노화라는 말에 가장 잘 어울리는 말, '긍정적 영성'입니다.

의료혜택이 늘어나면서 21세기 노인들에게 새로운 기회가 찾아왔습니다. 세상의 직(職)에서 물러난 대신(退) 영원한 직(職)인 하나님의 자녀로서의 삶과 예수그리스도의 제자로서 살아갈 날이 길어집니다. 이것에 대해 제임스 패커는 이런 놀라운 이야기를 합니다.

"노인들은 섬김을 받는 데 안주하여 교회 생활에 무익한 존재가 되어서는 안 된다. 연장된 건강이 허락하는 한 기회를 잘 살려 계속 그리스도를 섬겨야 한다. 방금 전에 말한 건강한 노인의 세 가지 마음가짐, 즉 성숙, 겸손과 열정에 부응하고자 힘써야 한다… 하나님께 여쭙고 교회 지도자와 상의하여 당신이 가진 것으로 어떻게 최선을 다할 수 있을지 알아보라. 직접 솔선하여 65세가 넘은 사람들을 결집하라. 힘닿는 한 계속 혼신을 다하여 하나님의 양 떼 안에서 이루어지는 공동의 사역에 지속적으로 기여하라. 우리 노인들은 가난한 사람들을 돌볼 수 있다. 외롭고 우울한 사람들의 말벗이 되어 격려해줄 수 있다. 마음이 상한 사람들, 여태 아물지 않은 원망과 분노와 상처로 약해진 사람들의 친구가 되어 줄 수 있다. 치매나 알츠하이머병 등 각종 질환으로 자립 능력을 잃고 고생하는 사람들을 도울 수 있다. 결혼, 자녀의 세례와 양육, 가정생활의 긴장과 위기 등에 부딪힌 사람들을 상담해 줄 수 있다. 마음만 먹으면 저마다 이런 긍휼의 사역에 기여할 것이 많이 있으며, 실제로 이는 더할 나위 없이 귀중한 사역이 될 수 있다."[13]

이렇게 보면 더하기 할 것밖에 보이지 않습니다. 노년에. 그래서 믿음, 소망, 사랑으로 충만한 노년은 더하기 할 것으로 가득한 삶, 축제의 삶을 살아가게 됩니다. 어쩌면 이미 그런 삶을 살고 계신 분들도 계실 겁니다. 아직 다하지 못한 이 땅의 사명과 소명으로. 단, 마음속에 영적 각성만 일어난다면 말입니다.

4부

well-Dying(웰 다잉),
아름다운 피날레를 위하여

"우리의 모든 날이 주의
분노 중에 지나가며
우리 평생이 순식간에 다하였나이다.
우리의 연수가 칠십이요
강건하면 팔십이라도
그 연수의 자랑은 수고와 슬픔뿐이요
신속히 가니 우리가 날아가나이다."

(시 90:9-10)

10장 · 영생(永生) · 영원히 살기

11장 · 숙제 · 과제 마치기

12장 · 소망 · 플러스 인생 +

10장
영생(永生), 영원히 살기

어떤 묘비명

양화진 호머 헐벗 선교사 묘비명[1]

"비전의 사람, 한국인의 친구, 나는 웨스트민스터 성당보다 한국 땅에 묻히기를 원하노라"
(Homer B. Hulbert, 1863. 1 ~ 1949. 8)

묘비는 한 사람의 마지막 흔적을 담고 있습니다. 그가 어떤 일을 했고, 어떤 사람인지, 어떤 생각을 했는지 묘비명이 '증언'합니다. 살아생전 그의 삶을 한두 문장으로 담아냅니다. 대부분 사후에 다른 사람이 붙여줍니다. 그래서 그런지 언제부터인가 생전묘비명 작성이 유행하기 시작했습니다. 살아있을 때 묘비명을 자신이 직접 정하자는 거지요. 그리고 그런 묘비명에 맞게 살겠다는 의지의 표명이기도 합니다.

어떤 연예인은 자신의 묘비명에 "웃기고 자빠졌네."라고 쓸 것이라고 합니다. 평생 웃음을 주고 떠나겠다는 뜻이겠지요. 유명한 여행가이자 구호단체에서 일하는 어느 분은 "몽땅 다 쓰고 가다"라는 묘비명을 쓸 거랍니다. 아낌없이 주고 가는 삶을 살고 싶다는 뜻일 겁니다. 혹여 이 글을 읽는 독자들은 자신의 묘비명에 대해 생각해 보셨습니까?

여기 한 선교사님의 묘비명이 있습니다. 그가 평소에 자주 하던 말을 담아서 기록되었습니다. "나는 웨스트민스터 성당보다 한국 땅에 묻히기를 원하노라." 영국 사람이라면 누구나 원하는 웨스트민스터 성당에 묻히는 것보다 이름 없는 한국의 한 모퉁이에 묻히는 것을 더 귀하게 여긴다는 겁니다. 한국을 그만큼 사랑하여 소위 이 땅에 "뼈를 묻겠다."는 것이지요. 이곳 한국을 위해 전부를 걸겠다는 것입니다. 그리고 그는 그렇게 살았고, 결국 자신의 뼈를 여기(양화진 선교사 묘역)에 묻었습니다.

그는 죽었지만, 그의 뼈가, 그의 묘비명이 그가 어떤 사람이었는지 '증언'합니다. 오늘도 양화진을 찾는 많은 성도들과 관광객들은 이 증언을 통해 깊은 감동을 받습니다. '이런 삶도 있다.' 깨닫습니다. 도전을 받지요. 이렇게 보면, 그는 죽었으나, 그의 묘비명으로 그것을 보는 이들 속에 다시 살아있습니다. 이것이야말로 어제 죽은 이가 오늘 살아나, 내일을 살아갈 사람들을 깨우는 일 아니겠습니까? 이것을 이른바 '영원히 산다.'고 할 수 있을 겁니다. 물론, 우리 성도들은 부활하신 예수님을 믿기에 천국에서 영원히 살게 될 것입니다. 그러나 나중에 있을 일 말고, 어제 죽었던 그들이 오늘의 우리에게 내일을 준비하게 하는 것처럼, 나 또한 내일 죽을 것이지만, 오늘을 준비해 내일 나의 죽음을 지켜볼 누군가에게 그다음 날을 준비할 수 있도록 돕는다면, 이 또한 영원히 사는 삶 아닐까요?

이번 장에서는 노년의 삶을 어떻게 마무리 할 것인가 생각해 보려합니다. 죽음에 대해 생각해 보려는 것이지요. 그냥 '아름다운 마무리를 했다.' 정도로 그치면 곤란하겠습니다. 비록 그의 삶은 사라지지만, 그가 남긴 삶의 흔적으로 또 다른 누군가를 살려내는 마무리 말입니다. 우선, 죽음에 대한 생각을 정리하고 (죽음에 이르기까지), 성도들은 죽음을 어떻게 받아들여야 하는가를 생각해 볼 것입니다(죽음 너머를 향하여). 아울러, 죽음으로 끝나는 인생이 아니라, 죽음의 증언을 통해 오늘을 사는 이들이 내일을 준비할 수 있도록 만드는 삶, 영원히 사는 영생(永生)을 꿈꾸는 삶, 웰 다잉(well Dying)에 대해 생각해보려 합니다.

죽음에 이르기까지

두 가지 죽음의 그림자

노년이 되면 죽음의 그림자가 어른거립니다. 물론 죽음에는 순서가 없고, 누구나 죽게 되지만 노년은 그것을 온몸으로 체감하는 시기입니다. 먼저 몸의 변화를 감지하지요. 노년이 되기 전에는 깨닫지 못하다 어느 날 갑자기 몸의 이상을 깨닫게 되지요.

사실, 나이가 들면, 몸이 제일 빨리 눈치 챕니다. 눈치 빠른 녀석이 어찌 그리 낌새를 잘 채는지, 변하는 상황에 자신(몸)을 잘도 맞추어 갑니다. 그리고는 내게만 감추지요. 늙어가는 걸 나만 모르고 지냅니다. 심지어 가족들도 압니다. "당신, 머리숱이 많이 빠지는 것 같아요. 예전 같지 않아요." 그 말에 나만 아니라고 우깁니다. 그때 자녀들이 거들지요. "아냐, 아빠. 머리 봐. 많이 빠졌다니까요." 그렇게 말해도 억지로 우깁니다. "무슨 소리. 여기 봐. 이렇게 무성한데." 애써 모른 척, 아닌 척 합니다. 그리고는 금세 잊어버리지요. 그들은 벌써 눈치를 챘지만, 나만 아니라고 우기며 괜찮은 줄 알고 지내지요. 하지만 우리의 몸은 아니라고 말합니다.

"서른부터 심장의 힘이 점점 약해집니다.
마흔부터는 근육이 탄력성을 잃습니다.
쉰부터는 뼈의 밀도가 낮아집니다.

예순부터는 평균적으로 치아의 3분의 1이 빠집니다.
일흔부터는 두개골 속의 뇌가 줄어듭니다."[2]

처음 얼마간은 몸이 변해도 잘 모르고 지냅니다. 서른에 심장이 약해지는지 누가 알겠습니까? 몸, 저만 알고 나는 잘 모르지요. 그런데 쉰이 넘고 예순이 되면 녀석(몸)은 본색을 드러냅니다. 더 이상 감추지 못할 때가 되면 실토합니다. 자신(몸)이 예전 같지 않다고. 치아가 헐거워지고, 여기저기 몸에서 적신호가 오면 이제 완연하게 몸이 말썽이라는 걸 깨닫게 만듭니다. 롤란드 슐츠의 표현을 빌리면, "체계가 부서집니다."[3] 고장 잦은 기계처럼 온몸에서 말썽을 피웁니다.

그때부터는 몸이 신호를 보냅니다. 대놓고 노골적으로 말이지요. '허리가 아프네.' '무릎이 좋지 않네.' '손발이 저리네.' 여기저기 온몸에서 외쳐댑니다. 4~50대까지도 아무 말 않던 녀석이 노년이 되자 갑자기 그럽니다. 참 미운 녀석이지요. 어느 순간엔가 그 신호가 너무 많아지면 그때 비로소 깨닫습니다. '아, 내가 몸을 너무 믿었구나!' '세상 믿을 게 없어 나를 잘도 속이는 그 녀석(몸)을 그렇게 철석같이 믿었구나!' 후회하기 시작하지요. 어쩌면 갑자기 심각한 병에 걸렸다는 신호를 보내기도 합니다. 이럴 때는 가슴이 철렁 내려앉지요. 이런 후회를 하면서 말입니다. '진즉 녀석(몸)을 좀 돌보며 지낼 걸.' '운동 좀 하며 지낼 걸.' 이렇듯 내 몸의 변화를 통해 죽음의 그림자가 어른거리는 걸 깨닫습니다.

그뿐이 아닙니다. 죽음의 그림자를 또 다른 방식으로도 보게 됩니다. 바로 가까운 사람들의 죽음에서 입니다. 가장 가까웠던 누군가의 죽음을 목격하게 될 겁니다. 부모일 수도 있고, 배우자일 수도 있습니다. 형제일 수도 있고, 일가친척일 수도 있습니다. 예전과 달리 나이 들어 직접 그들의 죽음을 목격하면, 그 충격은 이루 말할 수 없습니다. 왜냐하면 이전에는 '남의 일'이었던 그 일이 곧 '내 일', 곧 내가 당할 일이 된다는 걸 '직감'하기 때문입니다. 순간, 깨닫지요. 멀지 않은 미래에 그 일이 곧 내게도 닥친다는 걸 어쩌면 '절감'하게 되기도 합니다.

영원할 것 같았던 그들과의 관계가 이제는 더 이상 지속되지 않다는 걸 깨닫고 서럽게 울기도 하고, 한없는 헛헛함에 고뇌하기도 할 겁니다. 어제의 그들이 사라진 자리에 누군가를 채울지 고민하지만 뾰족한 답은 없을 겁니다. 그 어떤 사람도 그 빈자리를 채워주지 못할 거니까요. 누가 그들을 대신하겠습니까? 함께한 추억이 얼마고, 함께한 세월이 얼만데, 그걸 한꺼번에 채워줄 누가 있단 말입니까? 한없이 서운하고, 더없이 힘겨운 이별을 경험할 겁니다. 그 시린 가슴을 안고 헛헛함에 몸부림칠 때쯤, 비로소 나도 남아 있는 이들의 곁을 떠날 수 있다는 걸 '통감'하게 되겠지요. 그리고 서서히 죽음에 대해 깊이, 아주 깊이 생각하게 될 겁니다. 남의 죽음이 아닌 나의 죽음에 대해 말입니다.

자립에서 의존으로

이처럼 몸이 요란스레 늙어간다 외칠 때, 그동안 몰랐던 단어들이 찾아와 손짓합니다. 친구하자고 말입니다. '의존', '무기력', '포기'와 같은 단어들이 그들입니다. 특별히 '의존'이라는 단어가 곁에 착 달라붙어 떨어지지 않습니다. 갑자기 친한 척 하며 '자립'이라는 친구를 떼어냅니다. '독립'이니 '자립'이니 하는 친구들은 이제 저 멀리 가버린 옛날 고리짝 친구가 되어 버립니다. 대신, '의존', '무기력', '포기'와 같은 친구들이 늘 주변을 맴돕니다.

마지막에 찾아오는 두 친구가 있는데, 바로 '상실감'과 '자괴감'이라는 친구입니다. 될 수 있으면 이 친구들과는 적당한 거리를 두는 게 좋습니다. 때로는 거리를 두는 법도 배우고, 때로는 조금씩 익숙해지는 법도 배워둬야 합니다. 이 두 친구를 잘못 사귀면, 가장 좋은 친구인 예수님까지도 멀리하게 되는 수가 생깁니다. 그래서 조심 또 조심해야 합니다.

특별히 '의존'이라는 친구와는 정말 잘 지내야 합니다. 앞으로 이 친구 없이는 아무 것도 할 수 없기 때문입니다. 생각해 보세요. 모든 것이 제한됩니다. 이제 스스로 할 수 있는 일이 거의 없어질 겁니다. 심지어 생전 처음 보는 사람들이 찾아와 나를 돌보는 일도 잦아질 겁니다. 처음 보는 병원의 간호사, 가정에 방문하는 이름도 생소한 요양보호사, 주간 보호소에서 만나는 복지사들이 내 의지와 상관없이 내 몸을 만지고, 내가 원치 않은 것을 하게 만들 겁니다. 이곳저곳을 끌고 다닐 겁니다. 나를 돌봐준다는 명목으로 말입니다.

제 아내가 집 근처의 요양원에서 한 달간 복지사 실습을 했었습니다. 실습을 하면서 상황을 지켜보니, 참으로 우울하더랍니다. 노년에 움직일 수 없는 몸으로 기저귀를 차고 누워서 눈만 껌뻑이시는데, 사람을 알아보기는 하시지만 아무 것도 하지 못하는 분들을 보며 힘들었다고 합니다. 마음이 참 무거웠다는 거지요. 더욱 힘들었던 건, 행동하기 불편해 하셔서 도와드리려고 하는데 고집을 부리며 오히려 선의를 거부할 때라고 합니다. 할 줄 모르면서 젊을 때, 잘 될 때를 떠올리며 끝까지 고집을 부리다 식사도 제대로 못하는 경우가 있다는 것이지요. 괜히 화만 내면서 상황을 더욱 어렵게 몰고 가기도 한다는 겁니다. 참으로 안타까운 일이지요.

생면부지의 누군가가 나를 돌봐줘야 할 때가 올 겁니다. 그런데 그들의 손길이 내가 혼자 할 수 있을 때(젊을 때)와 같겠습니까? 그때 '의존'이라는 친구와 잘 지내지 못하고, '고집'이나 '거부'와 같은 친구와 친해지면 애를 많이 먹을 겁니다. 분노와 실망, 우울과 절망이 오갈 겁니다. 어차피 스스로 거동도 어렵고, 옷도 제대로 못 입는 상황이 될 수 있으니, 지금부터 '의존'이라는 친구와 잘 지내보시기 바랍니다. 혼자가 아닌 다른 누구와 지내야 하는 시간만 남았다는 사실을 인정하면서 말이지요. 이왕 '스스로' '혼자' 이런 말과는 다시는 친해질 수 없는 마당에 '의존'이라는 친구에게 확실히 눈도장 찍어 두시면 많은 도움이 되실 겁니다. 꼭 기억하십시오!

죽음 너머를 향하여

무기력이 주는 은혜

내친김에 하나 더 생각해 보면 좋겠습니다. '의존'이라는 친구와 조금만 더 친해져 보십시오. 그 친구의 진면목을 보게 될 겁니다. '의존'이라는 친구는 두 얼굴을 가지고 있습니다. 한 얼굴은 그렇게 인간적일 수 없습니다. '사람을 향한' 의존의 얼굴을 가지고 있기 때문입니다. 나를 돕는 그 사람에게 의존하게 만들고, 그 사람에 목메게 만듭니다. 조금은 비굴하고, 조금은 무기력하다는 생각에 부담도 되고 버겁기도 할 겁니다. 그러나 시간이 지나면 어느새 적응이 되고, 인간미도 있어 그럭저럭 지낼만하게 됩니다. 단, 너무 이 얼굴만 바라보면, 사람만 보여 어느새 하나님을 잊게 될 수도 있습니다. 그래서 조심해야지요.

'의존'이라는 친구의 또 하나의 다른 얼굴은 굉장히 영적입니다. 바로 '하나님을 향한' 의존의 얼굴을 가졌기 때문이지요. '사람을 향한' 의존의 얼굴과는 달리, 이 얼굴은 사람을 볼 때, 사람에 대한 기대를 품을 때는 잘 볼 수 없습니다. 그런데 내가 스스로 할 수 없다는 걸 깨닫고, 사람에 대한 기대를 버릴 때 비로소 조심스레 그 얼굴을 드러냅니다. 그것도 살짝 드러냅니다. 사람에 대한 기대와 갈망이 너무 커진 것이 아닌가 반성할 때 아주 조금씩 그 얼굴이 드러나기 시작하지요. 그리고 내가 아무 것도 할 수 없다 뼈저리게 느낄 때, 비로소 '하나님을 향한' 의존의 얼굴은 얼굴 전체를 들이 밉니다. 환한 미소와 함께.

죽음을 향해가는 노년은 누군가의 도움을 반드시 받아야 합니다. 그 사실은 변함이 없습니다. 다만, 점점 더 무기력해질수록 누군가를 의존하는 것이 깊어질 텐데, 그때, 그 사람만 바라보고 있다가 그도 나의 죽음 앞에서는 아무 것도 해 줄 수 없는 존재라는 사실을 깨닫는 순간이 옵니다. 나에게 전혀 도움이 되지 않는 순간이 오는 것이지요. 그때, 죽음을 넘어 영원까지 도울 이가 필요함을 절감하게 됩니다. 내 맘 같지 않은 보호자보다 내 맘까지 다 아시는 분이 필요해지는 겁니다.

'아, 이 괴로운 순간, 하나님이 필요하구나!' 절실히 깨닫지요. 철이 든다고 해야 할까요? 다 늙은 노년, 죽음과 직면한 순간에야 비로소 하나님을 '제대로' 찾게 됩니다. 모든 것을 내려놓게 되니 말입니다. 저는 이걸 '무기력이 주는 은혜'라고 부르려 합니다.[4] 나의 무기력이 자연스레 사람을 향한 의존에서 하나님을 향한 의존으로 방향전환을 하게 만드는 거지요. 내 무기력이 깊어질수록 주님의 능력의 깊이를 더욱 선명히 보게 만들지요. 이것이 은혜 아니겠습니까? 무기력이 주는 은혜 말입니다.

알몸으로 왔다, 알몸으로 가는 인생

젊은 시절, 스스로의 힘으로 뭔가를 이룰 수 있다고 느낄 때가 있지요. 그러나 그때는 잘 모릅니다. 무기력이, 의존이 은혜의 통로가 된다는 걸 말입니다. 스스로 잘할 수 있다고 믿기 때문이지요. 말로는 하나님을 믿노라면서도, 내 생각이 앞서지요. 그리고 하나님의 뜻은 늘 뒷전이 됩니다. 그러다 노년이 되어 힘을 잃고, 급기야 죽음이 임박해서 병상에 누워 누군가에게 전적으로 의존할 때가 오지요. 스스로 숟가락 하나 들지 못할 때가 옵니다. 심지어 용변을 보고도 스스로 치우지 못하게 되기도 하지요. 안타까운 일이 생깁니다. 누군가 기저귀를 치워주고, 옷을 입혀줘야만 할 때가 올 겁니다.

생각해 보면 태어날 때도 그랬다 싶습니다. 처음 태어날 때도 발가벗고 와서, 아무 것도 못하고 부모님이 보살펴줘야 무어라도 하나 할 수 있었지요. 기저귀를 갈아주고, 젖을 물려주고, 하나하나 부모님의 손을 거치지 않는 부분이 없었지요. 이제 죽음을 앞두고 있는 노년도 그렇게 됩니다. 발가벗겨져 누군가의 보살핌을 받게 되는 것이지요. 그때 비로소 나의 무기력함에 치를 떨고, 하나님에 대해, 나의 돌아갈 곳에 대해 깊이 묵상하게 될 겁니다. 여기가 더 이상 좋지 않다고 느껴질 겁니다. 아버지의 품이 더욱 간절해 질 겁니다. 그때 생각하게 되겠지요. '처음 나를 이 땅에 보내실 때(태아)도 이렇게 무기력하게 보내셨겠구나!'

하나님은 무기력하게 나를 이 땅에 보내셨고, 저 하늘로 불러 가실 마지막 순간(임박한 죽음)에도 철저히 무기력하게 데려가십니다. 욥의 고백이 그러합니다.

> 내가 모태에서 알몸으로 나왔사온즉
> 또한 알몸이 그리로 돌아가올지라
> 주신 이도 여호와시요 거두신 이도 여호와시오니
> 여호와의 이름이 찬송을 받으실지니이다 하고 (욥 1:21)

벌거벗고 왔다, 벌거벗고 가는 인생의 실체를 보게 되는 겁니다. 결국 나의 처음과 끝이 어떠한지 묵상하며 인생의 의미, 하나님께 돌아감의 의미를 그 침상에서, 그 무력한 상태에서 비로소 알아가는 시간을 가지게 될 것입니다. 그리고 감사하게 되겠지요.

> '그간 별로 대단치 않은 존재인데, 하나님이 크신 은혜로 과하게 나를 사용하셨구나.'
> '무기력한 나에게 과분한 능력을 빌려 주셨구나.'

잊힌 진실과 직면하지요. 이런 깨달음의 기회를 얻으며 서서히 마지막을 향해 가는 것, 그것이 인생이고, 그것이 하나님을 향한 우리의 자세여야 할 것입니다. 죽음 너머를 보며 말이지요.

웰 리빙(well Living)에서 웰 다잉(well Dying)으로

이야기가 무거워졌습니다. 죽음 이야기라 그렇습니다. 무게 잡고 이야기하기 싫지만 주제가 워낙 무거워 그렇습니다. 이제 방향을 돌려 죽음에 대한 이야기를 조금은 가볍게 해 볼까 합니다. '잘 죽자'는 이야기 말입니다. 사실, 우리는 '잘 살자'는 말은 자주 하지만, '잘 죽자'는 말은 꺼내기 힘들어 합니다. 거북

해하지요. 못 꺼냅니다. 길을 가던 사람을 붙들고 '잘 삽시다.'라고 하면 그래도 웃고 넘기겠지만, '잘 죽읍시다.' 그러면 "당신, 나랑 해보겠다는 거요?" 이러고 달려들 겁니다. 죽음 이야기가 꺼려지는 건 변함없는 사실이니까요.

제가 아는 분 중에는 공포 영화나 죽음이 난무하는 영화를 끔찍이도 싫어하는 분이 계십니다. 그렇지 않아도 인생이 비극(죽음으로 끝나는)인데, 영화마저 그걸 봐야 하냐며 거부하는 거지요. 마찬가지로, 어차피 죽는 인생인데, 그때 알아서 죽으면 되지, 벌써 죽음에 대해 이러쿵저러쿵 이야기를 하냐며 타박하는 말도 더러 듣습니다. 어떠세요? 정말 잘 죽자는 이야기를 '터부'시 해야 할까요? 모른 척 외면하면 다 될까요? 아닙니다. 큰일 납니다. 죽을 때 어쩌려고 그러십니까?

안타깝게도 죽음은 예고하고 찾아오지 않습니다. 누구도 확신하지 못하지요. 언제 죽을 거라고. 그래서 단단히 준비해야 합니다. 거기다 죽음 이후에 어떻게 될지 알고 그렇게 자신만만해 한단 말입니까? 물론 그리스도인들은 좀 다르겠지만요. 성도들만이라도 주님 만날 준비는 제대로 하고 죽어야 하지 않겠습니까? 그래서 이제는 '잘 살자'만 외치지 말고 '잘 죽자'도 좀 외치자는 겁니다. 특별히 노년이 가까워지면 더욱 그래야지요.

영어로 웰 리빙(well Living), 잘 사는 것에만 집중하지 말고, 웰 다잉(well Dying), 잘 죽는 것에도 관심을 가지자는 겁니다. 왜냐하면 모든 인생은 죽음을 향해 지금도 달려가고 있기 때문입니다. 그렇습니다. '달려가고 있다'는 표현이 우리 인생을 가장 적절하게 묘사하고 있지 않나 싶습니다. 걸어가고 있는 것이 아니라 달려가고 있으니까요. 어쩌면 백 미터 달리기하듯 달려가고 있는지도 모릅니다. 모세가 우리에게 가르쳐주는 교훈도 다르지 않습니다.

> 우리의 모든 날이 주의 분노 중에 지나가며
> 우리 평생이 순식간에 다하였나이다.
> 우리의 연수가 칠십이요 강건하면 팔십이라도
> 그 연수의 자랑은 수고와 슬픔뿐이요 신속히 가니 우리가 날아가나이다 (시 90:9-10)

인생이 정말 날아가듯 지나갑니다. 보세요. 엊그제 학교를 졸업하고 직장 생활을 시작한 것 같은데, 벌써 이 나이네요. 불과 얼마 전에 결혼하고 아이를 낳은 것 같은데 벌써 그 아이가 대학교에 들어간답니다. 어떤 분은 자녀가 벌써 출가를 해 손주가 있을 겁니다. 이제 퇴직이 코앞이고, 어쩌면 이른 퇴직을 하고 이 책을 접하고 있을지도 모르겠습니다. 그렇다면 지금이야말로 '잘 살자'가 아니라 '잘 마치자' 아니, '잘 죽자'를 논해야 할 때입니다. 아니, 조금 늦은 감이 있을지도 모릅니다.

죽음의 에티켓[5]

웰 다잉을 위해서는 죽음을 대하는 태도를 달리해야 합니다. 이에 앞서, 호스피스 운동의 선구자로 알려진 엘리자베스 퀴블러 로스의 죽음을 받아들이는 다섯 태도부터 생각해 보면 좋겠습니다.[6] 그녀는 중년 암 환자들을 연구하면서 죽음을 대하는 5가지 태도의 변화를 확인하였습니다. 사람이 죽음을 받아들이는 '단계'가 있다는 걸 알게 된 것이지요. 그 순서는 다음과 같습니다.

부인 – 분노 – 타협 – 절망(우울) – 순응[7]

"안타깝네요. 이제 얼마 남지 않았습니다." 이런 말을 들으면 첫째로는 아니라고 부인한다는 겁니다. 그리고는 다른 검사도 빨리 받아보자고 우긴다는 거지요. 그리고는 "왜 하필 나야? 왜 이렇게 재수가 없어!" 화(분노)를 냅니다. 그리고는 자신이 믿는 신과 타협을 시도한다는 겁니다. "앞으로 새 사람이 되겠습니다." "이제 살려만 주시면 제가 헌신하겠습니다." 이러고 말입니다. 그것도 안 되면 절망하게 됩니다. 우울을 경험하기도 하지요. 그리고 마지막에 모든 것을 받아들이고 죽음을 맞이한다고 합니다.[8]

처음부터 죽음을 수용하는 경우는 드물다는 겁니다. 애써 외면하려고 하고 모른 척, 아닌 척 하면서도 죽음을 두려워한다는 겁니다. 어떻게든 피해보려는 겁니다. 그래도 안 된다 싶으면 분노하고 타협하고 절망하게 된다는 것이지요. 왜 그럴까요? 죽음 이후에 대해 자신이 없어서 그렇습니다. 죽어가는 과정이 불안하고, 죽음 이후가 어떻게 될지 걱정되어 그렇습니다. 한 연구에 의하면, 죽음이 두려운 이유를 크게 세 가지로 듭니다. 자아 상실, 죽는 과정의 고통, 소중한 사람들과의 이별.[9]

내가 사라지고, 내 주변의 사람과 이별하고, 그 과정에서 고통 받는 것이 두려운 것이지요. 모두가 죽음이 끝이라 여기기 때문에 일어나는 두려움입니다. 그런데 죽음이 끝이 아니라면요? 그 이후가 분명히 있다면요? 상황은 완전히 달라집니다. 달라질 수밖에 없습니다. 내가 사라지지 않으니 두렵지 않고, 내 주변 사람들과 잠시 이별하지만, 다시 만날 것이니 조금 서운해도 견딜만합니다. 다만, 죽는 과정의 고통이 참기 어려울 수 있습니다. 그러나 그것도 분명히 끝이 있으니 해볼 만하지 않겠습니까? 물론, 이렇게 말씀드려도 제가 아직 겪어보지 않아서 그렇다고 하실지 모르겠습니다. 하지만, 지금까지 숱한 믿음의 사람들이 이런 두려움을 이겨내지 않았습니까? 성 프란시스코와 전도자 디엘 무디가 죽음 앞에서 했던 말을 기억할 필요가 있습니다.[10]

"나의 자매, 죽음이여 어서 오십시오" (프란시스코)
"땅이 물러가고 하늘이 열리고 있다" (디엘 무디)

죽음을 가장 친한 자매로 여기는 프란시스코의 모습입니다. 하늘이 열리며 새로운 세계가 기다린다는 마음으로 맞이하는 디엘 무디입니다. 그 어디에도 죽음에 대한 공포나 염려가 없어 보입니다. 마치 돌에 맞아 죽어가면서도 의연했던 스데반의 모습을 보는 듯합니다.

그들이 돌로 스데반을 치니 스데반이 부르짖어 이르되
주 예수여 내 영혼을 받으시옵소서 하고
무릎을 꿇고 크게 불러 이르되

주여 이 죄를 그들에게 돌리지 마옵소서 이 말을 하고 자니라
(행 7: 59-60)

　　스데반도 죽음 앞에서 의연합니다. 아니 평온합니다. 오히려 다음이 분명히 있는 것처럼 행동합니다. 여기서 사도행전을 기록한 누가는 그의 죽어가는 모습을 "자니라."고 표현합니다. 마치 다시 깨어날 것처럼 말이지요. 사실, 초대교회 성도들은 죽는 것을 잠자는 것으로 비유하곤 했습니다. 왜냐하면 죽음이 끝이 아니기 때문입니다.[11] 성도는 분명히 다시 부활할 것이기 때문입니다. 이것이 그들의 신앙고백이었습니다. 그래서 여기서도 스데반의 마지막을 잠 잔다고 표현한 겁니다.

　　이렇게 보면, 노년의 성도도 우리 신앙의 선배들처럼 죽음 앞에 좀 의연했으면 좋겠습니다. 죽음에 대해 최소한의 에티켓은 지키자는 거지요. 다른 말로 하면 성도로서의 자존심을 갖자는 겁니다. 죽는다고 벌벌 떨지 말고, 거부하지 말고 십자가에 죽으셨지만 부활하신 주님을 믿고 "제 영혼을 받아주십시오."라고 말했던 스데반처럼 의연해지면 좋겠습니다. 조금은 담대했으면 좋겠습니다. 그것이 우리를 위해 십자가를 지신 주님에 대한 최소한의 예의, 죽음의 에티켓이 아니겠습니까? 다음의 이야기를 읽으면 죽음의 에티켓 그 이상의 마음이 들 수도 있습니다. 진정한 웰 다잉의 태도 말입니다.

내 묘비명은?

헨리 나우웬의 죽음에 대한 책에 보면, 엄마 뱃속에 있는 두 쌍둥이 이야기가 나옵니다. 엄마 뱃속에 있는 두 쌍둥이(오빠와 여동생)가 가상의 대화를 나누는 장면입니다.

여동생이 오빠에게 말했습니다. "난 말이지, 태어난 후에도 삶이 있다고 믿어." 그 말에 오빠가 강력히 반대합니다. "절대로 그렇지 않아. 여기가 전부라니까. 여긴 어두워도 따뜻하지. 또 우리를 먹여 주고 살려 주는 탯줄만 잘 붙들고 있으면 딴 일을 할 필요도 없다고."… "말해 줄게 또 있어. 오빠는 안 믿겠지만 말이야, 난 엄마가 있다고 생각해." 쌍둥이 오빠가 무척 화가 났습니다. "엄마라고?" 오빠는 소리를 꽥 질렀습니다. "무슨 뚱딴지같은 소리야? 난 엄마를 한번도 본 적이 없어. 너도 그렇고. 어떤 놈이 그런 생각을 자꾸 불어넣는 거야? 내가 말했잖아. 여기가 전부라니까. 왜 늘 여기 너머를 바라는 거야? 여기도 알고 보면 나쁘지 않아. 필요한 건 다 있으니까. 그러니까 여기에 만족하도록 해."… "음… 내 생각엔 이 꽉 조이는 게 다른 곳, 그러니까 여기보다 훨씬 더 아름다운 곳, 엄마 얼굴을 보게 될 곳으로 갈 준비를 하라는 표시인 것 같아. 오빠는 흥분되지 않아?"[12]

이 이야기는 우리를 깨웁니다. 죽음 이후가 없다고 하는 이들을 깨우고 있습니다. 도전하고 있지요. 엄마 뱃속에서 엄마도 없고, 자궁 밖도 없다는 생각에 사로잡혀 정작 자신을 품고 있는 엄마도 모르는 오빠처럼 우리도 그럴 수 있다고 말해 주는 겁니다. 우리 또한 죽음을 새롭게 봐야 하겠습니다. 죽음으로 끝나는 인생이 아니라 죽음으로 새롭게 시작하는 인생 말입니다. 부활을 믿는 인생 말입니다. 여동생의 말마따나 "엄마 얼굴을 보게 될 곳으로 갈 준비"하는 그런 인생 마무리가 되었으면 좋겠습니다. 그래서 오히려 죽음이 흥분되는 그런 인생 마무리가 되었으면 더없이 좋겠습니다. 이것이 진정 노년의 성도가 죽음을 바라봐야 할 에티켓인 겁니다.

이 이야기의 마지막에 헨리 나우웬은 잊지 못할 말로 마무리 합니다.

"죽음이란 하나님의 얼굴을 맞대고 볼 수 있는 곳으로 데려다 주는 고통스럽지만 복있는 관문이라는 사실을 믿을 수 있습니다."

이렇게 생각하면 죽음이 꼭 고통스러운 것만은 아닐 겁니다. 오히려 기대되고 기다려지는 것일 수 있지요. 이 놀라운 사실을 천상병 시인은 알았을까요? 그의 묘비명(뒷면)에 그의 시 '귀천(歸天)'의 한 구절이 적혀있습니다.

"나 하늘로 돌아가리라
아름다운 이 세상 소풍 끝내는 날,
가서, 아름다웠더라고 말하리라."[13]

우리의 묘비에도 이런 기대와 소망을 담아 기록할 수 있는 인생 마무리가 되었으면 좋겠습니다. 이를 위해 오늘부터 멋진 묘비명 하나 생각해 보면 어떨까요? 곧 다가오는 죽음, 그 이후에 만날 하늘 아버지를 생각하며 말입니다.

11장
숙제(宿題),
과제 마치기

어떤 부모?

물주는 아저씨?

한 노년의 성도가 손자와 함께 목사님 댁에 들르게 되었다.
손자가 물었다. "목사님이 누구예요?"
그 말에 할아버지가 대답한다.
"키 크고, 머리술 없는 아저씨 기억나? 저번에 우리 집에 오셨잖아?"
손자는 한참 생각하더니 놀라운 대답을 한다.
"아! 알았다. 머리에 물주는 아저씨!"

아직 어린 손자는 목사님이 누구신지 몰랐던 모양입니다. 그래서 골똘히 생각하더니 목사님을 "머리에 물주는 아저씨"

라고 했다고 합니다. 재미있기도 하고 기발하기도 하지요. 아마도 세례식에 처음 참석한 아이가 세례 장면을 인상적으로 느꼈나 봅니다. 아이 머릿속에 그 장면이 각인된 거겠지요. '저 사람은 머리에 물주는 아저씨!' '목사님'이라는 칭호도 필요 없습니다. 그냥 동네 '아저씨'도 아닙니다. 신기하게 머리에 물을 주는 아저씨! 그 이상도 그 이하도 아니었겠지요.

어쩌면 우리는 우리의 다음세대들에게 이렇게 각자의 행동과 삶으로 '각인'되고 있을 겁니다. 그 행동이나 삶의 방식을 신기하게 느끼게 할 수도 있고, 때로는 부정적으로 느끼게 할 수도 있습니다. 어떤 때는 따뜻한 기억으로 남기도 할 겁니다. 묻겠습니다. 여러분은 여러분의 자녀들과 손자, 손녀들에게 어떤 분으로 '각인'되고 있습니까? 생각해 보셨습니까?

예전에 사역하던 때가 떠오릅니다. 하루는 제가 섬기던 청년부 회장과 이런저런 이야기를 하게 되었습니다. 말끝에 존경하는 사람에 대한 이야기를 하게 되었는데요. 그때, 그 청년은 세상에서 가장 존경하는 사람이 있는데, 다름 아닌 자신의 아버지라는 겁니다. 신선한 충격이었습니다. 지금까지 교회에서 자란 많은 청년들을 만났지만 그런 청년이 별로 없었기 때문입니다. 중직자인 자신들의 아버지나 어머니에 대해 부담을 가지거나 힘들어 하는 경우는 많이 보아왔지만, 그렇게 '대놓고' 자신의 아버지를 존경한다고 하는 청년을 잘 보지 못했기 때문입니다. 얼마나 기특하게 보이든지요.

사실, 이 정도면, 아버지 되시는 그 장로님은 성공하신 것 아닐까요? 그래서 그런지, 그 청년은 그 아버지를 닮으려 무지 애를 쓰더라고요. 열정을 쏟아 청년부를 섬겼고, 열심히 신앙생활을 했습니다. 자신의 아버지처럼. 이때 쓸 수 있는 말이 바로 부전자전(父傳子傳) 아니겠습니까? 좋은 뜻의 그 아버지의 그 아들!

이번 장에서는 노년의 과제에 대해 생각해 보려 합니다. 죽기 전에 반드시 마무리지어야 할 숙제 말입니다. 바로 신앙유산 남기기입니다. 좀 전에 말씀드렸던 그 장로님처럼 신앙적으로 존경받는 부모가 되고, 믿음의 유산을 제대로 남기는 것에 대해 말입니다. 물질적인 유산이 아닙니다. 그건 세상 사람들도 다 하는 겁니다. '남의 편' 노년들은 기를 쓰고 하려는 겁니다. '우리 편' 노년들은 좀 달라야지요. 100년만 남기고 말 썩어질 유산 말고, 영원히 남길 유산, 영원까지 가지고 갈 유산을 남기자는 말입니다.

첫째로 나는 그간 그들에게 어떤 신앙적 인상을 남기고, 어떻게 살았나 살펴보는 시간을 가지려 합니다(숙제검사). 그리고 다시금 그들과 신앙적인 결산을 해 보는 시간을 가지려 합니다(생전 장례식). 혹 이 과정에서 필요하다면 화해와 용서의 시간이 필요할 것입니다(용서와 화해의 시간). 이를 통해 하나님이 맡기신 과제를 잘 마무리 짓고, 아름다운 피날레를 장식할 수 있길 바랍니다. 저부터 말입니다.

숙제검사

숙제 잘 마치셨습니까?

먼저, 질문하나 드려보겠습니다. 다소 뜬금없는 질문일 수 있겠지만, 생각해 보고 답해 보십시오. "신앙교육의 일차적인 책임이 누구에게 있을까요?" 이 질문에 교회라고 답하는 분도 있고, 주일학교 교사라고 답하는 분도 계십니다. 어떤 분은 부모라고도 하고, 담당 교역자라고도 합니다. 심지어 모두가 책임이 있다고도 합니다. 여러분의 생각은 어떠십니까? 이에 대해 기독교학교 운동을 하시는 글렌 슐츠는 시편 127편 3절 말씀을 들어 이 질문에 답합니다. 시편 127편 3절입니다.

> 보라 자식들은 여호와의 기업이요
> 태의 열매는 그의 상급이로다

이 구절을 글렌 슐츠는 새롭게 읽어야 한다고 합니다. 다음과 같이 말이지요.

> "보라, 자식은 하나님이 부모에게 맡긴 숙제(homework assignment)다."[1]

놀라운 말이지요. 하나님이 부모에게 숙제를 주셨다는 겁니다. 그들의 자녀를 양육할 숙제 말입니다. 육적으로 잘 입히고 잘 먹이는 것만이 아니라, 영적으로도 잘 입히고 잘 먹이라는 숙제 말입니다. 이것에 대해 글렌 슐츠는 하나님이 우리 집에 오셔서 규칙적으로 우리의 숙제(자녀 신앙교육)를 체크하시지는 않지만, 언젠가는 분명히 확인하실 거라고 합니다. 그래서 그는 언젠가 분명히 하나님이 이렇게 말씀하실 것이라고 합니다.

"이제 때가 되었구나. 너의 성적을 매기려고 하니 나에게 너의 숙제를 보여 다오."[2]

어떠세요? 숙제 검사할 시간이 다가오니 즐거우세요? 아니면, 식은땀이 나고 긴장되세요? 숙제검사의 시간이 다가오고 있습니다. 사실, 성경의 많은 구절들(신 6:1-9; 잠 22:6; 엡 6:3)은 신앙교육의 일차적인 책임을 부모, 특별히 아버지들에게 묻고 있습니다. 부모가 책임자요, 보다 은밀하게 말하면 아버지들이 일차 책임자라는 것이지요. 종교개혁 당시의 우리 신앙선배들도 아버지들에게 그 책임이 있음을 분명히 했습니다.[3] 어떻습니까? 여러분은 숙제를 잘 하고 계신가요? 숙제검사 준비는 다 되셨나요?

신앙전수의 비밀무기, 노년(老年)

이제 노년의 성도는 인생의 마무리를 해야 할 때입니다. 특별히 죽음을 눈앞에 둔 성도는 그간 이 땅에서 했던 일을 정리하고, 하나님께로 돌아갈 준비를 해야 합니다. 이것에 대해 폴 스티븐슨은 우리가 죽은 후, 하나님을 뵈올 때 하나님이 두 가지를 물으실 것이라 합니다. 첫째는 "내가 너를 아느냐?"라는 질문이고, 둘째는 "내가 너에게 준 것으로 무엇을 했느냐?"라는 질문이라고 합니다.[4]

첫째 질문은 당연히 나의 구원과 관련된 질문입니다. 예수 그리스도를 주로 믿고 고백하느냐의 문제이지요. 이건 노년의 성도라면 누구나 답할 수 있는 질문이기도 합니다. 앞 장에서 확인했던 질문이기도 하지요. 문제는 그다음입니다. 둘째 질문은 좀 복잡하지만, 하나님이 주신 다양한 재화, 재능, 기회들을 '어떻게 잘 살렸느냐'라는 질문인 동시에, 하나님이 내게 주신 가장 소중한 보물인 자녀들에 대한 질문이기도 할 겁니다. 그 자녀들을 어떻게 길렀느냐는 것이지요.

그러니 첫째 질문에 답을 했다면, 둘째 질문에도 답을 해야지요. 자녀들에게 제대로 신앙전수를 했느냐 물으시는 바로 그 질문에 말입니다. 글렌 슐츠 말마따나 숙제를 잘 마쳤느냐 답해야 할 시간이 다가오고 있다는 겁니다. 하나님을 만나는 시간이 바로 숙제제출 시간이니까요. 이렇게 보면 참 걱정되고 염려되는 일이 아닐 수 없습니다. 내가 숙제를 잘 했는지도 정확히 모르겠고, 나름 한다고 했는데 하나님이 보시기에 어떨지 염려가 되기 때문이지요.

그런데 감사하게도 아직 노년에 그것을 확인할 기회, 그리고 그 결과에 따라 마지막 뒤집을 기회가 한두 번 정도는 남아 있습니다. 내가 아직 죽지 않았다면 말입니다. 내가 아직 포기하지 않았다면 말이지요. 이것에 대해 케네스 갱글은 다음 세대에 대한 노년의 영향력을 강조합니다. 노년은 단순히 다음 대인 2대만이 아니라, 3~4대까지 영향을 미칠 수 있다고 지적합니다.[5] 한

편으로 놀랍고, 한편으로는 두렵기까지 합니다. 나의 존재가 나의 자녀들뿐 아니라 자녀들의 자녀들, 심지어 그다음 대인 4대까지 영향을 주다니요. 그래서일까요? 하나님은 십계명 제2계명을 말씀하시면서 3~4대를 언급하십니다.

> 나 여호와 너의 하나님은 질투하는 하나님인즉 나를 미워하는 자의 죄를 갚되 아비로부터 아들에게로 삼사 대까지 이르게 하거니와(출 20:5)

나의 죄로 인해 3~4대가 벌을 받는다는 내용입니다. 내 죄의 영향이 나에게만 미치는 것이 아니라는 것이지요. 자녀뿐 아니라 심지어 그들의 자녀들에게까지 미친다는 겁니다.[6] 어떻게 보면 무서운 말이지요. '아니, 오늘 내가 잘못했는데 왜, 내일을 살 나의 자녀들과 그들의 자녀들까지 벌을 받는가?' 의문이 들 수 있습니다. 불합리하다 생각할 수 있지요. 그러나 이 당시의 정황을 이해하면 전혀 그렇지만은 않다는 걸 알 수 있습니다.

사실, 이 성경이 기록될 당시에는 아마도 3~4대가 같이 살았나 봅니다. 그래서 어느 주석가는 이것에 대해 3~4대의 개념을 명확히 합니다. 바로 "가족의 살아 있는 모든 식구"를 지칭한다는 것이지요.[7] 죽은 가족도 아니고, 앞으로 태어날 가족도 아닙니다. 지금 같이 사는 가족을 말합니다. 즉 오늘 내가 죄를 지으면, 나와 함께 살아가는 나의 자녀들과 그들의 자녀들인 3~4대가 나의 모습을 보고 본받게 되겠지요. 그러니 죄를 짓고, 그것을 함께 공유하는 것이 됩니다. 그러면 함께 벌을 받는 것은 당연하겠지요. 그래서 3~4대까지 벌을 받게 된다는 것이지요. 뒤집어서 말하면, 오늘 내가 선한 영향력을 미치면, 그들(자녀들, 손자녀들) 또한 동일하게 선한 일에 동참하게 되는 것이겠지요. 그리고 그들도 선한 길, 하나님의 길로 가게 될 겁니다.

따지고 보면, 저의 가정이 그렇습니다. 저의 외할머니가 올해 94세이신데 아직 생존해 계십니다. 그런데 제게도 자녀들이 있으니 벌써 4대까지 영향을 주고 계신 것이지요. 저의 모친과 저, 그리고 저의 아이들까지. 8장에 언급한 것처럼 외할머니는 기도 장인(匠人)이시거든요. 그래서 제 최고의 기도 모델이십니다. 그러니 저에게도 상당한 영향을 주시고 계시지요. 이렇게 보면 노년의 영적 영향력은 무시 못 할 수준입니다. 아니, 무시하면 안 될 차원이지요.

그래서 저는 노년을 이번 장에서 다시 정의하려 합니다. 늙을 노(老)자를 쓰는 노년(老年) 말고, 자녀들(후손들)의 인생에 가장 중요한 영향력을 미치는 나이라 생각하고 고쳐보려 합니다. 자녀들과 후손들에게 영원한 영향력을 끼칠 수 있는, 그들의 인생의 길, 항로(航路)를 열어주는 나이라는 뜻의 노년(路年)이라고 하고 싶습니다. 맞습니다. '길' 로(路)자를 썼습니다. 길을 열어주는 세대, 생각만 해도 가슴 뛰지 않습니까? 다음 세대에게 변하지 않는 진리의 길(路), 생명의 길(路), 영생의 길(路)을 가르쳐 줄 수 있는 특권이 있다면 이보다 좋을 수는 없지요. 그래서 이제껏 노년(老年)을 '일할' 노(勞)자를 쓰는 노년(勞年)이나, 주님의 종으로서의 '종' 노(奴)자를 사용한 노년(奴年)을 썼다면, 이제 마지막으로 '길' 로(路)자를 쓰는 노년(路年)으로 마쳤으면 좋겠습니다.

전략 수정, 좋은 조부모 되기

제가 미국에서 유학할 때, 한 학회에 참석하여 발표할 기회가 있었습니다. 그때 저와 같이 발표를 하셨던 미국 교수님이 노년의 성도들이 자녀들의 신앙교육에 어려움을 겪자 손자, 손녀를 집으로 불러 그들에게 영적 감화를 줘서, 그들로 신앙을 가지게 했다는 말씀을 전해 주셨습니다. 그러니 자연스레 그 부모들(자녀들)도 손자, 손녀를 따라 교회에 나오더라는 것이죠. 미국은 부모가 차를 태우고 교회로 데려다 줘야 하는 상황이고 보니, 자주 교회를 들르다 교회에 나오게 되었다는 것이지요.

이제, 전략을 바꾸어 보면 어떨까요? 자녀들도 좋지만, 손자, 손녀들을 위한 조부모의 역할을 강화하는 겁니다. 그런데 보세요. 많은 가정이 감사하게도 자녀들이 일을 하느라 손자, 손녀를 노년의 성도들에게 맡기게 되지 않습니까? 그리고 그들(손자, 손녀)과 함께할 시간이 많아지지 않았습니까? 이때를 좀 활용하면 좋겠습니다. 너무 나이가 들기 전에 말이지요. 그러다보면 어느새 신앙적인 대화가 진행되지 않겠습니까? 이번 장 제일 앞에 나왔던 할아버지처럼 노년의 조부모와 "머리에 물주는 아저씨"도 만나고 말입니다.

이제, 새로운 노년(路年)이 되어, 후손들에게 영원한 길을 열어주면 좋겠습니다. 이렇게 보면, 우리 노년이야말로 다음 세대에 신앙을 전수할 수 있는, 알려지지 않은 비밀병기인 비기(祕器)가 아닐까요? 누구도 알아주지 않지만, 은밀히 마지막까지 제대로 내 삶과 신앙을 보여주어 결국은 자녀들을, 손자, 손녀들을 주님께로 인도할 비장의 무기 말입니다.

생전(生前) 장례식

살아있는 동안에 장례식을?

이런 무시 못 할 노년의 영적 영향력, 어떻게 알 수 있을까요? 내가 숙제를 얼마나 잘했는지 어떻게 구체적으로 알 수 있을까요? 간단합니다. 내가 죽고 나면 알 수 있습니다. 가장 좋은 방법이지요. 나의 사후에도 자녀들과 후손들이 신앙생활을 열심히 하면서 믿음을 지키고 산다면 신앙전수를 잘 했다 볼 수 있을 겁니다. 숙제 제대로 했다 볼 수 있지요. 하지만 문제는 내가 확인해 볼 도리가 없다는 데 있습니다. 살아생전에 확인해야 잘못되면 무어라도 대책을 세워도 세울 것 아니겠습니까? 그래서 살아있는 동안 장례식을 치르면 좋겠습니다. 아직 죽음을 맞이하지 않았지만, 미리 장례식을 치르는 거지요. 죽음을 상정하고 말입니다.

물론, 자신의 죽음을 상정하고 할 수 있는 일은 의외로 많습니다. 어떤 이는 자신의 부고(죽음의 소식을 전하는 광고)를 직접 써서 유명해지기도 했습니다. 물론, 그 부고는 그녀가 죽은 후에 공개되었지요.[8] 죽음준비교육을 받으며 죽음에 대해 미리 생각해 보는 것도 가능합니다. 웰 다잉 프로그램에 등록해서 장례식을 미리 시연해 보는 것도 가능하지요. 순서는 이렇습니다. 자신의 부고장을 먼저 써 보는 겁니다. 그리고선 검은 리본을 달고 영정 거울 앞에서 촛불을 켜고 자신을 들여다보는 시간을 갖습니다. 지나온 삶을 돌아보는 것이지요. 그리고 자신의 부고장을 영정 거울 앞에서 읽는 겁니다. 이때 많은 이들이 눈물을 흘린다고 합니다.[9]

하지만 부고를 쓰거나 웰 다잉 프로그램에 등록해서 장례식을 미리 시연해 보는 것 등은 모두 혼자만 느끼고 끝납니다. 이런 것으로는 자녀들과 시간을 갖기 어렵지요. 그들에게 신앙이 제대로 전수되었는지 확인하기 어렵습니다. 중요한 건 자녀들에게 신앙전수가 얼마나 되었는가 확인하는 것 아니겠습니까? 이러한 이유로 자녀를 포함한 가족들과 함께 생전 장례식을 치러보면 좋겠습니다.

신앙적인 경우는 아니지만, 좋은 예가 있습니다. 암 선고를 받은 일본의 어느 CEO가 스스로 개최했던 생전 장례식이 그것입니다. 당장 일본 사회에 상당한 반향을 불러 일으켰던 일입니다. 우선, 그는 자신의 사연을 간단하게 소개하고, '감사의 모임'인 생전 장례식을 갖겠다고 신문 광고를 했답니다. 놀랍게도 대략 1,000여 명의 손님들이 찾아와서 인사를 나누게 됩니다. 순서는 간단했습니다. 1) 그가 활발하게 활동할 때의 영상을 상영하고, 2) 그의 출신지역의 전통춤 공연을 합니다. 그리고 3) 참석자들에게 감사 편지를 직접 나눠주고, 4) 테이블을 돌며 직접 인사를 하는 시간을 가졌습니다.

이 예식에 참석한 사람들은 깊은 감명을 받았다고 합니다. 그의 대학 후배는 "자신의 인생을 인간관계를 통해 하나하나 확인하는 것 같았다"고 했고, 같은 회사의 직원은 "나도 병이 있는데 삶의 방식에 대해 다시 한번 생각하게 됐다"고도 했습니다. 심지어 이 장례식 이야기를 접한 한 트위터 이용자는 "인생의 끝이라기보다 능동적인 인생의 마침표다. 조금이라도 교본으로 삼고 싶다."고 말했습니다.[10]

이렇게 보면, 생전 장례식이 보편적이지는 않지만, 이 과정을 통해 참석한 사람들 스스로가 다시금 자신을 돌아보는 계기를 만든 건 분명한 것 같습니다. 인생의 의미와 방향에 대해 생각하게 만든 거지요. 또한, 죽음을 앞둔 분에 대한 감사의 표현을 할 수 있었고, 아름답게 관계를 정리할 수 있는 기회도 제공한 것 같습니다. 이런 면에서 생전 장례식은 노년의 성도들에게도 가족들과 그간 나누지 못한 감사의 표현과 전해주고 싶은 신앙적인 도전을 할 수 있는 좋은 기회가 되리라 생각됩니다. 감사하게도 최근 우리나라에서도 웰 다잉 프로그램에서 시행하는 경우도 종종 있다고 하니 잘 준비해서 신앙전수의 기회로 삼아보면 어떨까요?[11]

생전(生前) 장례식 제안

이런 일련의 내용을 종합하여, 제안하고자 하는 생전 장례식은 다음과 같습니다. 우선, 너무 이른 시기는 피하고, 임종에 대한 말이 오고가는 시간(중병, 심각한 위기 상황, 연로함 등)이 되면 가족들과 상의를 하십시오. 이어, 주변의 사람들에게 생전 장례식에 대한 광고를 하십시오. 가까운 가족 중심으로 하시면 될 겁니다. 그리고 장례식 식순을 준비하시면 됩니다.

대략적으로 5가지 요소가 포함되면 되겠습니다. 우선, 1) 장례식 분위기를 만드십시오. 영정 사진을 준비하시고 자리를 마련한 뒤, 주인공(노년의 성도)은 장례식 복장으로 오시는 분들을 맞으면 되겠습니다. 그리고 2) 스토리가 있는 장례식 동영상을 준비하는 겁니다. 물론, 자신의 신앙적인 스토리를 중심으로 어떻게 예수님을 인격적으로 만났으며 어떻게 살아왔는지를 중심으로 진행하는 겁니다. 사진이든, 그림이든 활용해서 말이지요. 3) 그다음으로 장례식에 참석한 사람들과 추억을 나누는 시간을 가지면 좋겠습니다. 서로의 사연이나 이야기를 자연스레 나누는 겁니다. 그리고 4) 주인공에게 참석자들이 하고 싶은 말을 전하고, 5) 주인공의 감사 인사와 용서를 비는 메시지를 전하고 마무리 지으면 되겠습니다. 이때 앞으로 자신이 떠나고 나면 부탁할 내용을 전하되, 본인이 자녀들에게 꼭 전하고 싶은 내용(신앙적)을 담으면 좋겠습니다.

창세기에 나오는 야곱이 요셉에게 전한 메시지도 이 내

용을 작성하는 데 도움이 될 겁니다.

> 이스라엘이 죽을 날이 가까우매 그의 아들 요셉을 불러 그에게 이르되 이제 내가 네게 은혜를 입었거든 청하노니 네 손을 내 허벅지 아래에 넣고 인애와 성실함으로 내게 행하여 애굽에 나를 장사하지 아니하도록 하라 내가 조상들과 함께 눕거든 너는 나를 애굽에서 메어다가 조상의 묘지에 장사하라 요셉이 이르되 내가 아버지의 말씀대로 행하리이다 야곱이 또 이르되 내게 맹세하라 하매 그가 맹세하니 이스라엘이 침상 머리에서 하나님께 경배하니라 (창 47:29-31)

비록 생전 장례식을 치르지는 않았지만, 야곱은 자신의 죽음이 임박했다는 걸 깨닫고, 당시 집안의 가장 중요한 역할을 하는 요셉을 불러 맹세하게 합니다. 마지막으로 전하고 싶은 중요한 말을 전한 것이지요. 내용은 간단합니다. 자신이 죽으면 애굽이 아닌 가나안에 묻어달라는 것입니다. 자신의 할아버지 아브라함과 아버지 이삭이 묻혔던 가나안 땅에 자신도 묻히겠다는 것이지요. 하나님의 약속이 있는 그곳에 묻히고자 하는 강한 의지를 보인 것입니다.

지금 당장은 그와 그의 후손들이 애굽에 살지만 언젠가는 가나안에 들어가게 될 것을 믿었기 때문에 가능했던 말입니다. 그 땅을 차지하게 될 것이라는 하나님의 약속을 믿고 자신을 거기에 묻어달라는 겁니다.[12] 일종의 신앙고백이요, 믿음의 결의를 보여준 것이지요. '이것이 내 믿음이다.' 강변한 것입니다. '나는 내 할아버지와 아버지의 신앙을 기억한다. 버리지 않았다.' 고백한 것입니다. 이런 아버지 야곱의 모습을 본 요셉, 무엇을 느꼈을까요? 마지막까지 하나님의 약속을 붙드는 '신앙의 삶,' '믿음의 노년,' '아름다운 마지막'을 보지 않았을까요? 이런 도전적인 삶과 신앙이 자녀들에게 전해지는 과정이 필요합니다. '나는 너의 할아버지의 믿음을 오늘까지 이렇게 지켰다. 그러니 너도 이 신앙을 꼭 지켜라' 무언의 메시지를 마지막 힘까지 짜내어 보여주는 것입니다. 우리도 이것이 필요합니다. 우리가 이 땅을 떠나기 전에 말입니다.

용서와 화해의 시간 갖기

용서 빌기

이제 시간이 정말 얼마 남지 않았습니다. 아마 생전 장례식을 할 정도면 마지막 불꽃을 태우고 계실 때일 겁니다. 마지막 타오르는 불꽃으로 전해야 할 마지막 이야기를 하고 계신 중 일 테지요. 이때 잊지 말아야 할 것이 있습니다. 바로 그간 다하지 못한 이야기, 다 듣지 못한 이야기를 나누는 것입니다. 특별히 내가 하고 싶은 이야기는 줄이고, 자녀들이 하고 싶은 이야기는 늘려야 할 겁니다. 시간이 얼마 없으니, 나는 이제 가장 중요한 신앙 전수에 대한 이야기를 남기고, 그들은 그간 내게 서운했던 이야기, 감사했던 이야기를 전하면 될 겁니다.

혹여 그간 서운했던 일이 있었다면, 이 시간을 빌어 용서를 구해 보십시오. 제 할머니 이야기를 해야 할 것 같습니다. 저의 할머니는 불평과 원망이 많으신 분이셨습니다. 제 어릴 적 기억의 할머니는 늘 무표정하셨거나 아니면, 불만의 표정이셨지요. 그래서 그런지, 제 기억 속의 할머니는 무섭고 부담스런 분이십니다. 이 마지막 장면이 있기 전까지 말입니다.

할머니는 열심히 신앙생활은 하셨는데, 신앙 색깔이 좀 특이하셨습니다. 소위 '기도원파' '영파'이셨습니다. 늘 기도원을 전전하셨지요. 한번은 기도원을 가시다 대형 교통사고가 나셨고, 결국은 생애 마지막을 병원에서 누워 보내셨습니다. 그 마지막 7년 동안 오롯이 할머니 곁을 지키는 건 맏며느리이신 저의 어머니 몫이었습니다. 가뜩이나 좋지 못했던 관계 탓에 어머니는 정말 고생을 많이 하셨습니다. 제가 봐도 온갖 미움을 받고 갖은 욕설을 들으시며 말없이 그 일을 다 감당하셨습니다. 지금 생각해도 저의 어머니는 정말 대단한 신앙인이자, 성숙한 그리스도인이라 생각됩니다.

그렇게 혼신을 다해 시어머니를 봉양했지만, 저의 어머니께 돌아온 건 늘 불평과 원망, 그리고 할머니의 구수한(?) 욕이었습니다. 아침마다 늘 성경을 읽으시고, 기도는 하셨지만 말입니다. 그렇게 기나긴 7년의 병원생활 끝에 할머니가 돌아가실 때였습니다. 병원에서도 어쩔 수 없다는 이야기를 듣고, 급기야 집으로 돌아오신 후의 일입니다. 어떻게 된 건지 알 수는 없지만, 마지막 하루를 남겨두고, 할머니가 완전히 변화되셨습니다. 그간 그렇게 어머니를 향해 원망과 불평이시던 분이 저의 어머니를 부르시고는 사과를 하시기 시작한 겁니다. "며늘아가, 내가 그동안 너무너무 미안했다." "너는 내게 룻과 같이 섬겼는데, 나는 그걸 몰랐구나." "정말 미안하다. 아가." 하시면서 펑펑 우셨습니다. 그리고 어머니 손을 잡고 미안하다며 밤새 어머니께 사과하셨지요. 용서를 비셨습니다. 그리고 잠이 드신 후, 얼마 뒤 조용히 그리고 평안하게 돌아가셨습니다.

당시 저는 군대에 있어서 그 자리를 지키지는 못했습니다. 그 일이 있고, 저의 어머니가 하신 말씀이 그것 이었습니다. 지금까지 할머니께 원망하는 마음도 없지 않았는데, 그 일이 있은 후 씻은 듯이 용서하게 되었다고 말입니다. 그리고 "네 할머니는 너무도 평안하게 하늘나라 가셨다."는 말도 하셨습니다. 문제는 그걸 지켜본 많은 사람들이 은혜를 받았다는 사실입니다. 평소에 어머니를 홀대하며 괴롭혔던 할머니의 모습을 아는 가족들이 모두 놀랐으니까요. 그렇게 평안한 얼굴로 돌아가신 분을 보지 못했다는 주변 분들의 말씀과 함께 말이지요.

어떤 일이 할머니에게 일어났는지 저는 모릅니다. 다만, 확실한 것은 할머니도 그간 괴로웠다는 것입니다. 마음이 편치 않았고, 그걸 해결하지 않고는 떠나시기 어려웠던 것입니다. 병세가 악화되어 정신을 잃고 사경을 헤매시다 갑자기 맑은 정신으로 돌아오셨을 때, 그 마지막 순간에 하신 유일한 일이 바로 용서를 구하는 것이었으니까요. 쉽지는 않은 일이었을 겁니다. 그러나 마지막, 하나님 앞에 서기 바로 전, 그 순간에 할머니는 세상에서 가장 아름다운 일, 자신의 잘못을 시인하고 용서를 비는 일을 하셨던 겁니다. 그리고 주님께 자신의 죄를 고백하는 최고로 아름다운 모습으로 주님 품에 안기셨습니다. 이를 통해 그 광경을 지켜본 모든 이들이 '아름답다.' 느꼈고, 순식간에 사람이 변할 수 있다는 걸 보게 된 것이지요. 신앙의 힘을 보게 된 겁니다. 하나님의 실재, 내세의 실재를 인식하게 된 것이지요. 이보다 좋은 마무리가 또 있을까요? 부디, 저도 그런 마무리를 하길 소망합니다. 비록 이전의 삶이 좀 부족했을지라도 말입니다.

결속하는 죽음

헨리 나우웬은 "좋은 죽음은 다른 사람과 결속하는 죽음"이라고 합니다.[13] 보세요. 할머니의 죽음은 결국 할머니와 어머니, 어머니와 주변 사람들, 그리고 우리 온 가족을 결속시키는 기회가 되었습니다. 마치 7장에 언급했던 이청준의 소설 '축제'의 그것과 유사하지 않습니까? 할머니의 죽음이 용서와 화해의 장이 되었고, 온 가정이 사랑하고 회복하는 기회를 만들었습니다. 할머니의 마지막 불꽃이 결국 어머니께로, 그리고 어머니로부터 주변 사람들에게로 전달되는 멋진 불꽃놀이가 된 것이지요. 사랑의 불꽃놀이, 축제의 장이 된 것입니다.

그래서 우리가 마지막까지 기억해야 할 사실이 둘 있습니다. 하나는 죽음과 헤어짐이 끝이 아니라는 사실입니다. 그것을 알기에 할머니도, 어머니도 서로를 용서하고 화해하며 다시 만날 것을 약속할 수 있었지요. 마찬가지로 죽어가는 노년의 나도, 죽음을 지켜보는 그들도 결국은 만나게 될 것입니다. 부활을 통해.

이것만큼 중요한 사실이 하나 더 있습니다. 바로 죽어가는 노년의 나도, 지켜보는 가족들도 결국은 하나님 안에서 한 형제, 자매가 된다는 사실입니다. 아시지요? 아주 유명한 말. "하나님에게는 손주가 없다!"[14] 내가 믿는다고 자동적으로 나의 자녀들이 믿게 되는 것은 아니라는 말입니다. 믿음은 전적으로 자기 개인 책임이라는 말이지요. 그래서 하나님께는 아들, 딸만 있고 손주가 없는 겁니다. 또 다른 뜻이 하나 더 있습니다. 내가 믿고 나의 자녀들이 믿으면, 함께 한 하나님의 자녀로 형제요, 자매가 된다는 뜻이지요.

전에 미국 학회에 참석했을 때, 한 교수님이 하신 말씀이 선명하게 기억에 남아 있습니다.

"나는 나의 아들을 아들로만 여기지 않고 나의 형제로 여깁니다. 나의 신앙의 바통을 이어받을 하나님나라의 일꾼으로 여깁니다."[15]

자녀를 보면서 '이 아이도 하나님나라 일꾼이다'라고 생각하는 겁니다. '나중에 나를 대신해 하나님나라를 짊어질 것이다.' 믿는다는 겁니다. 결국은 '나와 한 형제가 될 사람이다.' 확신한다는 겁니다. 이런 생각, 이런 믿음, 이런 확신이 있어야 합니다. 그래서 우리(나와 나의 자녀들)는 하나님의 자녀들로, 형제, 자매로 그곳에서 '영원히 함께할 사이'가 될 것입니다. 그러니 지금부터 잘 지내야지요. 혹시 지금까지는 못 지냈다면, 이제부터라도, 마지막이라도 잘 마무리해야지요. 그리고 반드시 '거기서' 만나야지요. 우리 선배들의 찬송처럼 말입니다.

> "천국에서 만나보자, 그날 아침 '거기서'
> 순례자여 예비하라. 늦어지지 않도록
> 만나보자, 만나보자, 저기 뵈는 저 천국 문에서
> 만나보자, 만나보자, 그날 아침 그 문에서 만나자"
> (찬송가 480장)

"미안하다" 말해요

이제, 좀 껄끄럽고, 부담스럽고, 입 밖으로 내뱉기 힘들어도 진심으로 "미안하다," "잘못했다"고 말해 봅시다. 그리고 저편에서 "미안하다," "잘못했다"고 하면, 이편에서는 "괜찮다," "내가 오히려 미안했다"고 말해 봅시다. 이제 정말 시간이 얼마 남지 않았으니까요.

사실, 이렇게 말씀드리는 저부터가 미안하다는 말을 하는 것이 얼마나 어려운지 압니다. 당장 이번 주 주일설교를 마치고 집에 돌아와, 딴 생각에 집중하다(바로 이 책 쓴다고 말입니다) 아내가 무심결에 한 행동과 말에 불쑥 화가 치밀어 올라 참지 못했습니다. 저도 모르게 화를 내고 말았지요. 그래놓고선 미안하단 말하기가 얼마나 어려운지 입에서 말이 떨어지지 않는 겁니다. 급기야 저녁이 되고도 한참 후, 가정예배 드릴 때 마지못해 쭈뼛거리다 겨우 기어들어가는 소리로 짧게 "미안하게 되었습니다." 한 마디 툭 하고 던졌습니다.

어렵지요. 미안하다, 잘못했다는 말이 그렇게 어렵습니다. 큰 소리로 화를 낼 때는 어떻게 그렇게 당당한지 모릅니다. 그런데 수습하려들 때는 기어들어가는 소리로 대충 얼버무리려 드는 게 우리네 모습이기도 합니다. 입에서 잘 떨어지지 않지요. 그러나 해야 합니다. 그래야 어떻게든 우리 다시 만날 때 껄끄럽지 않을 거니까요. 눈 딱 감고 지난 일들에 미안해하며, 어제의 나에게 미안해하며, 내일의 우리를 생각하며 한 번만, 제발 한 번만 해 봅시다. "미안합니다."라고. 그때부터 마음이 조금씩 편안해 질 겁니다.

이제, 나의 영혼을 죽이는 일은 그만합시다. 용서하지 못하는 마음을 보냅시다. 제2차 세계대전 당시 나치 독일의 아우슈비츠 수용소에서 살아남았던 유대인 부인에게 누군가 물었습니다. 독일에 복수하고 싶지 않냐고. 그 질문에 그녀는 잔잔히 웃으며 대답합니다.

> "나는 복수에 대한 감정으로 내 인생을 파괴시키고 싶지 않습니다. 그러기엔 내 인생은 너무나 귀하고 아름다운 것입니다."[16]

맞습니다. 백번 맞는 말이지요. 용서하지 않으면 나도 모르게 분노가 쌓이고, 그 사람에 대한 미움이 커지면서 스스로 점점 악한 생각과 독한 마음이 들어옵니다. 악독해지는 겁니다. '어떻게 갚아주지?' 이 생각에 젖어 정상적인 삶이 되지 않습니다. 그래서 그런 마음이 들기 전에 미리 덮어야 합니다. 용서로 말이지요.

사실, 우리가 누구입니까? 하나님께로부터 큰 용서, 한없는 용서를 받은 존재 아닙니까? 나는 한없는 용서를 받아놓고선, 다른 사람에게는 작은 것도 용서하지 않는 고약한 심보부터 고쳐야지요. 주님을 향해서는 용서해달라고 애걸복걸하고, 나에게 조금 잘못한 그를 향해서는 매몰차게 대한다면, 주님이 보실 때 어떻겠습니까? 그러니 큰 맘 먹고 용서합시다. 특별히 지금 용서 못하는 사람이 나의 가장 가까운 가족이자, 친척 아닙니까? 남이 아니잖아요? 그러니 이참에 다시금 용서해 줍시다. 혹 압니까? 저희 집에서 일어난 일처럼 여러분의 가정에도 오랜 기간 힘들었던 관계가 이번 생전 장례식에서 일어날지. 혹시 모르잖아요? 하나님의 은혜로 이번 기회에 나의 신앙이 그들에게 전해질지.

이런 부모![17]

제가 미국에 있을 당시, 교도소 선교회의 설립자이자 복음주의자인 찰스 콜슨이라는 분이 돌아가셨습니다. 모두가 존경하는 분이셨지요. 우리 식으로는 장례식이라 할 수 있는 기념예배가 있었는데, 그 예배의 중계화면을 보고 깜짝 놀랐습니다. '아, 이런 분도, 이런 장례식도 있구나!' 싶어서 말입니다. 나중에 그분의 따님이 연설하는 내용이 유튜브에 있다는 사실을 알고는 다시 듣기로 들었는데 그 감동은 여전했습니다. 그분의 따님이 예식 중간에 한 연설입니다.

> 안녕하세요. 저는 에밀리 콜슨입니다. 제가 척(찰스) 콜슨의 딸이었다는 것이 얼마나 큰 축복인지 모릅니다. 저는 예수님이 제 아버지를 변화시켜 그리스도인이 되는 과정을 똑똑히 지켜보았습니다. … (바쁜 중에도) 아버지가 매일 아침 자신의 사무실 의자에 무릎을 꿇고 기도하시는 것을 보았습니다. 아버지는 속주머니 속에 기도 카드를 가지고 다니셨는데, 거기에는 평생 성장을 위한 목표 리스트가 적혀 있고, 매일 기도해야 할 사람들의 이름이 적혀 있었습니다. 내 아버지는 그야말로 성경이 말하는 새로운 피조물이 되셨던 겁니다… 제 아버지는 우리의 조언자이자, 멘토이며, 친구이고, 기댈 어깨가 되어 주었고, 끊임없이 용기를 주는 분이셨습니다.[18]

제 장례식장에 저의 큰 아이가 이런 연설을 할 수 있기를 간절히 기도하고 또 기도합니다. 저의 둘째 아이가 부족한 저의 아들이었다는 사실을 자랑스럽게 여길 수 있기를 소망하고 소망합니다. 저의 막내딸이 그리스도 안에서 새로운 피조물이 된다는 의미가 무엇인지 저를 보고 깨달았으면 더없이 좋겠습니다. 저의 자녀들 모두의 머릿속에 '각인'되었으면 좋겠습니다. 제가 진정한 그리스도인이었다고, 저를 통해 예수 그리스도가 어떤 분인지 알게 되었다고, 그리고 제가 그들의 진정한 조언자와 멘토이자, 친구였다고 말입니다. 그것이 제 장례식을 통해 드러났으면 좋겠고, 그런 고백이 함께 있었으면 좋겠습니다.

여러분은 어떠십니까? 이제, 우리도 이런 장례식을 꿈꾸며 어떻게든 우리의 자녀들에게 바른 생명의 길을 전수하는 노년(路年)이 되어야 하지 않을까요? 그런 노년(路年)으로 '각인'되어야 하지 않겠습니까?

12장
소망,
플러스 인생 +

빼기 시절?

가장 아름다운 유산[1]

"노부모가 자녀에게 남길 수 있는 가장 아름다운 유산은 노년과 죽음을 용감하고 우아하게 맞이하는 법을 삶으로 가르치는 것이다." - 유진 비안키

노년은 빼기 시절입니다. 육체의 힘도 빼야합니다. 아니, 가만히 있어도 빠져 나갑니다. 가진 것(소유)도 하나둘 빠져나갑니다. 관계도 빼기를 해야겠지요. 주변의 사람들도 하나둘 저편으로 떠납니다. 그러다보니 빼기가 어느새 자연스러워질 겁니다. 익숙해지지요. 그러니 빼기 시절이라고 너무 아쉬워하지 않았으

면 합니다. 원래 내 것이 아니었는데 본래 모습으로 돌아간다고 생각하면 한결 마음이 가벼워질 테니까요.

사실, 원래부터 내 것인 게 어디 있습니까? 아무 것도 없지요. 노년의 성도는 알고 있습니다. 모두가 하나님의 은혜이고, 모든 것이 하나님께로부터 와서 하나님께로 돌아가는 것임을 '잘' 압니다. 심지어 자녀들도 그렇지요(내 것이 아닌 하나님의 선물이지요). 그렇게 빼기를 하다보면, 그런대로 아깝지 않다는 걸 느낍니다. 그러다 정말 하나도 아깝지 않다는 생각이 드는 일도 만납니다. 분명히 빼기를 하는데 전혀 아깝지 않은 일 말입니다. 바로 유산을 남기는 일입니다. 무언가를 남기고 갈 수 있고, 무언가 받아줄 사람이 있다는 것이 그렇게 고마울 수 없지요.

여기서 '유산'이라고 하면, 유형의 유산만 생각할 수 있습니다. 눈에 보이는 남길 자산, 물려줄 지위, 이어줄 가업(家業) 정도를 생각하지요. 그런 것은 '남의 편'도 다 하는 것입니다. 그것 말고, 정말 '우리 편' 노년의 성도가 남겨야 할 가장 중요한 유산이자 자산은 따로 있습니다. 평생을 배워온 하나님을 의지하는 법, 믿음이 있습니다. 마지막 죽음을 맞이하며 우아하게 마무리 지을 수 있게 만드는 천국의 소망도 있습니다. 무엇보다 이 모든 것을 애정을 다해 전해주는 진심어린 사랑이 필요하겠지요. 그렇습니다. 믿음, 소망, 사랑이 그것들입니다. 눈에 보이지는 않지만 말입니다.

죽음을 앞둔 노년의 바울이 믿음의 아들 디모데에게 전

한 것도 바로 이것입니다. 특별히 그는 믿음에 집중하고 있습니다. 마지막 유언으로 전한 말을 봅시다. 메시지 성경은 이렇게 번역하고 있습니다.

> 그대가 이어받으십시오. 나의 죽을 날이 가까웠고, 나의 생명은 하나님의 제단에 제물로 드려졌습니다. 이것은 참으로 달려 볼 가치가 있는 유일한 경주입니다. 나는 열심히 달려서 이제 막 결승점에 이르렀고, 그 길에서 믿음을 지켰습니다. 이제 남은 것은 환호소리, 곧 하나님의 박수갈채뿐입니다! 그것을 믿으십시오. 하나님은 공정한 재판장이십니다. 그분께서 나뿐 아니라, 그분의 오심을 간절히 기다리는 모든 이들에게도 공정하게 대해 주실 것입니다. (딤후 4:6-8)[2]

믿음의 중요성을 말합니다. 그리고 마지막 경주의 끝에 있을 일에 대한 소망을 말하지요. 마지막으로 이 모든 내용을 애정을 담아 사랑으로 전합니다. 이렇게 보면, 지금 바울은 믿음의 중요성과 소망의 간절함, 그리고 사랑의 애절함을 담아 마지막 유언을 하고 있는 겁니다. 인생 마무리를 해야 하는 우리도 이런 모습을 닮았으면 합니다.

이번 장에서는 노년의 성도가 인생을 마무리 짓는 것에 대해 생각해 보려 합니다. 나의 것을 빼어 타인에게 줄 수 있다는 사실과 그것을 통해 얻는 유익에 대해 생각해 보려는 겁니다. 나의 빼기가 그들의 더하기가 되고, 또한 나의 빼기가 결국은 나에게도 더하기가 되는 역설적인 상황에 대해 생각하려는 겁니다. 인생 '마이너스'의 시기인 노년에서 빼기를 통해 영적으로 더해지는 '플러스' 인생 마침의 비밀을 생각하려는 겁니다. 이를 위해 그간 내가 빼 주어야 할 것이 무엇인지 살피려 합니다(인생 마이너스 통장). 그리고 실제로 빼어주는 것까지 해 보려 합니다(나의 엔딩노트). 아울러, 미련 때문에, 혹은 상황 때문에 정리하지 못한 것이 남았다면 그것마저도 정리하는 시간을 가지려 합니다. 이를 통해 생애 마지막을 어떻게 가치 있고 우아하게 마무리할지, 특별히 어떻게 믿음으로 마칠지 생각해 보려 합니다.

인생 마이너스 통장

마이너스 통장을 아십니까? 당장 내 통장에 돈은 없는데 나의 신용상태를 보고(앞으로 갚을 것이라고 믿고), 얼마의 한도 내에서 사용할 수 있도록 내어주는 통장이지요. 내 신용이 좋으면 많은 금액을 마이너스로 뺄 수 있게 해 줄 것이고, 그렇지 않으면 적게 빼거나 아예 만들어 주지 않겠지요.

그런데 만일 인생의 마이너스 통장이 있다면요? 그것도 인생 말년에 내어주는 통장이 있다면 참 좋지 않겠습니까? '내 인생을 믿고 누군가가 마이너스 통장을 만들어 주었다.' 이보다 감사한 일은 없지요. 요긴하게 사용할 수 있는 통장일 겁니다. 특별히 인생 말년에 뭐 볼게 있다고, 내 인생을 보고 마이너스 통장을 만들어 준답니까? 그런데 그게 있다네요. 그것도 엄청난 것들을 담아 꾹꾹 눌러 넣은 마이너스 통장 말입니다.

물론, 물질적인 것은 아닙니다. 이 말에 실망하셨다면 죄송합니다. 하지만 너무 실망하지 마세요. 물질적인 것보다 더 값지고 좋은 것이니까요. 세상 은행에서는 벌이도 없는 노년에게 마이너스 통장을 쉽게 내주지 않지요. 오히려 그런 게 있다면 회수해 갈 겁니다. 그런데 여기 하늘의 은행은 좀 다릅니다. 하늘의 은행에서 하나님이 제법 넉넉하게 쓸 수 있도록, 그간 제가 얼마 적립하지 않은 걸, 이자까지 두둑이 쳐서 통장을 만들어 주셨습니다. 그것도 부족하면 무이자로 무한정 가져다 쓸 수 있도록 말입니다. 그래서 마이너스 통장이지요.

이 통장이 좋은 게 쓰기는 내가 쓰는데(그것도 마음껏 쓰는데), 적립은 다른 분이 이미 몽땅 다 해 놓았다는 겁니다. 내가 적립하지 않아도 꺼내 쓸 수 있다는 거지요. 이미 우리 주님이 십자가 위에서 어마어마하게 적립해 놓으셔서, 우리 주님만 믿으면 누구든, 언제든지 마음껏 꺼내 쓸 수 있다는 겁니다. 특별히 죽음이 다가올수록, 그걸 더 잘, 더 많이 사용할 수 있게 말입니다. 감사하지요. 거기다 이 상품은 나만 쓸 수 있는 것이 아닙니다. 내 통장에서 꺼내, 나와 함께한 사람들에게 자유롭게 나눠줄 수도 있습니다. 내가 다 적립한 것이 아닌데도 말이지요. 그래서 물려줄 수 있는 겁니다. 주고 갈 수 있는 거지요.

사실, 물질적인 것, 이제 얼마 남지 않은 인생에 얼마나 도움이 되겠습니까? 어차피 다 주고 가는 인생, 그냥 둬도 없어지는 것, 그것에 관심 가질 이유가 없습니다. 물질적인 것, 많아봐야 남아 있는 사람들끼리 싸우는 빌미만 제공할 뿐입니다. 하지만 하늘의 은행에서 내준 마이너스 통장은 마지막에 결정적인 도움을 주는 상품들로 가득 차 있습니다. 내게도, 남아있는 이들에게도 말입니다. 제법 빼기하는 재미가 쏠쏠합니다. 마지막까지 다 쓰고 가기도 충분하고요.

영적 목록: 양면감정을 극복하고

하늘의 마이너스 통장에 들어 있는 것(목록)이 뜻밖에 많습니다. 노년에 물질적인 것이나 육체적인 것은 그렇게 많지 않지요. 빼기를 하려고 해도 별로 없고, 있다고 해도 빼기만 할 뿐입니다. 더해지지 않아요. 아쉬울 뿐입니다. 그런데 어떻게 된 게 하늘의 마이너스 통장에 있는 것들, 비물질적인 것들은 빼면 뺄수록 더해지는 놀라움이 있습니다.

바로 영적이고(spiritual), 관계적이고(relational), 사명적인(missional)것입니다. 제가 앞자만 따서 이름을 붙여봤습니다. '영-관-사' 목록(SRM List)이라고. 영적, 관계적, 사명적인 것입니다. 이것들은 많이 가질수록 나누기 쉽고, 나누면 나눌수록 나에게도, 남은 이들에게도 유익합니다. 생각해 보세요. 영적인 것, 나눠줄수록 없어지지 않지요. 사랑을 나눈다고 사랑이 없어지는 것이 아니지요. 오히려 더 풍성해지지 않습니까? 빼면 뺄수록 이상하게 내게 더해지는 놀라운 걸 발견하게 됩니다. 빼는데 더해지는 것이지요. 나에게도, 남은 이들에게도.

우선 영적인 목록(spiritual list)부터 봅시다. 믿음과 소망은 이 목록에서 엄청난 위력을 발휘하는 최고의 자산입니다. 특별히 노년에 말이지요. 제임스 패커의 말입니다.

> "이 땅의 삶에 대한 단기적 소망은 많이 보인다. 예컨대 이런저런 병이나 장애나 깨어진 관계나 경기불황에서 회복되리라는 소망, 이런저런 사업에 성공하리라는 소망, 이런저런 재난을 면하리라는 소망 등이다. 하지만 장기적 소망, 영원한 소망, 이생 너머로 끝없이 뻗어 나가는 소망은 하나님, 곧 기독교의 삼위일체 하나님을 믿는 믿음과 직결된다. 세상은 바로 그 소망에 문외한이 되어버렸다."[3]

그렇습니다. 세상은 믿음과 '직결된' 소망을 전혀 모릅니다. 세상의 그 어떤 통장도 이런 목록(list)은 적립할 수 없지요. 그러니 꺼내어 쓸 수가 없습니다. 제 혼자 믿고 살아가다 어느 날 죽음 앞에 서는 날, 비로소 깨닫지요. 자신이 얼마나 허망하게 죽음을 맞게 될 것인지. 그리곤 후회하지요. '아, 이렇게 스러져가는가?' '어디 도망갈 데는 없는가?' 스스로 묻고는 절망합니다. 그런데 우리는 믿음이 있지요. 우리가 의지해야 할 확실한 분이 계시지요. 그래서 믿음으로 단련된 노년은 끄떡없는 겁니다. 믿음에 따른 소망이 따라오지요.

물론, 성도도 말년에 의심의 증세가 나타난다는 보고가 더러 있습니다.[4] 왜 없겠습니까? 성도도 의심과 두려움의 바다에 수없이 빠지지요. 그러다 가까스로 주님 손 붙잡고 빠져나오곤 합니다. 이 세월이 얼만데요. 이걸 영적 의심에 의한 '양면감정'이라고 합니다.[5] 믿음의 마음도 있지만, 의심의 마음도 든다는 것이지요. 의심이 들면 죽음이 두려운 것입니다. 죽기 싫고, 죽음을 부정하고 싶지요. 이걸 이상하게 생각할 필요가 전혀 없습니다. 그럴 수도 있습니다. 다만 잘 대처해야겠지요.

지금까지의 삶을 돌아봅시다. 계속해서 넘어졌다 다시 일어서고, 일어섰다 넘어지는 반복이었지만, 주님이 이렇게 오늘까지 붙들어 주시지 않았습니까? 그러니 의심이 밀려올 때, 다시금 다짐해야 합니다. 하나님의 말씀을 떠올리며 말이지요. '그럼에도 오뚝이처럼 다시 일어나리라.' '아니, 주님이 다시 일으켜 주시리라.' 이것에 대해 바울의 예를 들어 J. D. 그리어는 다음과 같이 말합니다.

> "복음에 대한 믿음은 '결코 넘어지지 않는 것'으로가 아니라 넘어졌을 때 무엇을 하느냐로 입증된다. 바울은 종종 넘어졌으나 매번 하나님을 바라보며 다시 일어났으며, 하나님의 용서와 예수님이 자신 안에서 시작하시고 이루실 줄을 확신한 그 과정을 인하여 하나님께 감사했다. (롬 7:25; 빌 1:6)"[6]

보세요. 믿음의 사람 바울도 넘어졌다지 않습니까? 의심하여 거의 넘어져 일어서지 못할 뻔 했다지 않습니까? 그런데 다시 오뚝이처럼 일어섰습니다. 주님이 일으켜 세우셨기 때문이지요. 지금부터(죽음을 앞두고)는 점점 주님만 바라봐야 할 때입니다. 그래야 우리 눈이 다른 것에 현혹되지 않습니다. 두려워하지 않게 됩니다. 의심하지 않게 됩니다. 청교도인 리처드 백스터는 의심 가운데 있을 법한 성도들을 향해 이렇게 도전합니다.

> "하나님은 내게 하셨던 약속을 한 번도 어기신 적이 없다. 나를 실망시키신 적도 없고 버리신 적도 없다. 그런데 어찌 마지막에 가서 그분을 의심할 수 있단 말인가?"[7]

아멘입니다. 정말 아멘입니다. 그러니 이제 다시 하늘의 마이너스 통장에 주목합시다. 그 안에 들어 있는 믿음과 소망의 목록을 보면 좋겠습니다. 하늘의 마이너스 통장의 무한 대출 상품이 바로 믿음과 소망이기 때문입니다. 믿고 써도 괜찮은 최고의 히트 상품입니다. 그래서 죽음의 문턱에서 고통스러워 할 때도 이 고통 너머의 영원함에 대한 믿음과 부활에 대한 소망을 품고 이겨낼 수 있게 됩니다. 2천 년 교회역사가 증명합니다. 숱한 믿음의 선배들이 그렇게 죽음 앞에서 아름답게 마무리했으니까요. 제 할머니도 그랬으니까요. 저도 그럴 테니까요. 저의 아이들도 그랬으면 좋겠고요. 이것에 대해 제임스 패커는 한 마디 더 거듭니다.

> "한때 기독교 국가로 자처하던 나라들이 기독교 신앙에서 떨어져 나간 탓에 그리스도인의 소망을 잃고 말았다. 이것은 크나큰 상실이다… 그날이 오면 악이 완전히 없어지고 선이 무한히 편만해질 것이다. 영화(榮化)된 그리스도와 영화된 그리스도인들로 더불어 끝없이 환희의 교제를 나눌 것이다. 지금으로서는 감히 상상할 수도 없는 방식으로 하나님의 영광과 아름다움을 영원히 즐거워할 것이다."[8]

말만 들어도 가슴 벅차지 않습니까? 이런 믿음과 소망이

'우리 편' 노년에 있습니다.

감사하게도 하늘 마이너스 통장에는 믿음과 소망만이 있는 것이 아닙니다. 평생을 살아오면서 하나님과 교제하며 적립된 영적인 목록, 영적인 흔적, 영적인 자산이 그 안에 고스란히 담겨 있습니다. 바로 '사랑'과 그 '사랑'에서 시작된 영적인 열매들 말입니다.

노년의 성도는 예수님을 인격적으로 만나고, 하나님과 사랑을 나눈 시간이 있을 겁니다. 짧지 않은 '사랑의 시간' 말입니다. 그 사랑의 시간을 통해 하나님과 쌓아온 영적인 자산들이 적립되었을 겁니다. 어려움을 만났을 때, 기도와 말씀묵상을 통해 돌파하는 힘이 생겼을 겁니다. 하나님이 주시는 지혜와 인생 경험을 통한 통찰력도 얻었을 거고요. 무엇보다 예수님을 닮으려 안간힘을 쓰느라 어느덧 인격과 성품이 조금씩 바뀌어가고 있을 겁니다. 성령의 열매인 사랑, 희락, 화평, 오래 참음, 자비, 양선, 충성, 온유, 절제와 같은 것이 내 삶에, 인격에 조금씩 녹아나는 것이지요(갈 5:22-23). 이 모든 게 사랑에서 시작한 것 아니겠습니까?

감사하지요. 언제 우리가 예수님을 깊이 사랑하고, 예수님을 닮아가겠습니까? 바로 지금, 노년의 때입니다. 생의 마지막 한 바퀴를 달리고 있는 바로 지금이 가장 적합한 때입니다. 여러분, 오래 달리기 해 보셨습니까? 오래 달리기를 하다보면 마지막 바퀴에는 아무 것도 보이지 않습니다. 오직 하나, 결승선만 모입니다.

　마찬가지입니다. 인생의 마지막 바퀴를 달리다보니, 인생 결승선만 보이는 거예요. 많이 지쳤고, 힘이 들지만 저 끝, 결승점에 서 계시는 예수님만 점점 더 선명하게 보이고, 예수님만 생각하게 되는 시간이 많아지는 겁니다. 제 외할머니가 그러십니다. 이제 아흔 중반이신데 주님만 생각하고, 주님 보는 일만 남았다 늘 말씀하십니다. 결승점만 보고 사시는 겁니다. 다른 것들은 작게 보이고, 주님 만날 날만 크게 보이는 거지요. 무뚝뚝한 남자가 이런 표현하기는 좀 그렇지만 "내 사랑 예수님"만 보이는 겁니다. 나이가 들수록.

관계의 목록: 이별 연습을 하며

　관계의 목록(relational list)도 있습니다. 그동안 하나님이 내게 보내주신 사람들, 그들과의 만남에서 가진 호의와 기쁨이 있습니다. 가까운 가족이 있지요. 하나님께서 주신 최고의 선물이죠. 평생 나와 함께 한 배우자, 그리고 나의 사랑스러운 자녀들이 있습니다. 이들과도 이제 이 땅에서의 이별을 준비해야 합니다. 그러나 그간 이들이 있어 힘이 나고, 이들이 있어 감사했습니다. 내가 가진 영적 유산을 이어받을 걸 생각하니 감사할 뿐입니다. 이들이 관계 목록의 단연 1번이라 할 수 있습니다. 물론, 그와 함께 부모님이 아직 생존해 계신다면 그분들도 빠질 수 없지요.

　또한, 곁에 있어 감사한 이웃들이 있지요. 스쳐지나간 동료들도 있을 겁니다. 모두가 하나님이 허락하신 관계들입니다. 잘 생각이 나지 않으신다고요? 그럼 목록을 작성해 보세요. 그들이 다 하나님이 만나게 해 주신 사람들입니다. 이제 이분들과도 이별의 시간을 가져야 할 것입니다. 내 부고를 듣고 장례식에 올 사람들 말입니다. 그들을 알아야 미리 작별인사라도 하겠지요. 그리고 내가 그간 못한 이야기, 꼭 해줘야 할 이야기를 남겨야지요. 누가 있을까요? 가족과 직장이나 사업체의 동료들보다 어쩌면 더 중요한 사람들이 있습니다. 바로 교회 공동체의 형제들입니다. 그들과 공동체 속에서 피어난 사랑이 있지요. 때로는 전도회에서, 사랑방에서, 찬양대에서, 교육부서에서, 구역이나 소그룹에서 만나 함께 눈물 흘리며 기도의 동역자로 지금까지 함께한 것이 얼마나 감사한지 모릅니다.

그뿐입니까? 교회 이름으로, 소그룹 모임으로 크고 작게 섬김과 봉사를 통해 보다 깊이 교제하게 되지 않았습니까? 어쩌면 함께 선교지에서 땀을 흘렸을지도 모릅니다. 전도 여행을 떠났을 수도 있고요. 천재지변을 극복하며 믿음 안에서의 우정이 생겼을 수도 있습니다. 자녀들로 인한 고민을 나누며 함께한 시간도 있을 겁니다. 이제 눈빛만 봐도 마음이 통하는 사이, 그리고 내가 죽으면 가장 먼저 달려와 울어줄 그들이 있습니다. 감사하지 않을 수 없습니다. 이 모두가 관계의 목록에 올라 있습니다.

누군가 말한 것처럼 내가 죽었다는 소식을 듣고 망연자실해할 명단(사람)을 이 책 모퉁이에 적어 보십시오.[9] 그들이 바로 하늘의 마이너스 통장에 적립된 참 값진 관계 목록일 겁니다. 혹여 아직 나이가 젊고 기회가 있다면, 이 목록에 오를 관계를 만들어 보십시오. 내가 죽었다는 소식에 오열하며 망연자실해 할 사람을 말입니다. 지금도 늦지 않았으니까요. 이제 이 사람들과 어떻게 아름답게 이별할 것인지 생각해 보세요. 보다 구체적인 것은 '나의 엔딩노트' 부분에서 생각해 보도록 합시다.

사명의 목록: 주의 일에 힘쓰도록

마지막으로 사명에 대한 목록(missional list)이 있습니다. 그간 내가 하나님 나라를 위해 해왔던 '일' 말입니다. 맞습니다. '일'입니다. 사역입니다. 임무를 말합니다. 하나님이 이 땅에 누군가를 보내시고 맡기신 '일,' 그걸 사명이라고 하지요. 그 사명의 목록 제일 위에 있는 것이 있습니다. 내가 해야 할 최우선의 '일,' 바로 나를 가꾸는 '일'입니다. 영적으로 가꾸고, 꾸미고, 훈련하는 '일' 말입니다. 내가 먼저 주님의 제자가 되는 '일'이지요. 내가 예수님을 닮아 하나님의 백성으로 바르고 신실하게 훈련되어, 예수님의 제자가 되는 것입니다. 평생의 숙제이자 과업입니다.

그다음은 나의 가장 가까운 가족, 배우자와 자녀들을 주님의 제자로 만드는 '일'입니다. 내가 떠날 때, '주의 일'을 맡기고 갈 사람들을 준비시키는 '일' 말입니다. 그래야 내가 다하지 못한 일을 그들이 감당할 수 있을 거니까요. 여기서 바울이 전한 말씀을 기억할 필요가 있습니다.

그러므로 내 사랑하는 형제들아 견실하며 흔들리지 말고 항상 주의 일에 더욱 힘쓰는 자들이 되라 이는 너희 수고가 주 안에서 헛되지 않은 줄 앎이라 (고전 15:58)

바울은 고린도전서 15장 앞부분에서 부활의 확실함에 대해 말합니다. 그리고는 마지막 절에 '항상 주의 일에 더욱 힘쓰는 자들이 되라'고 부탁합니다. 왜냐하면 부활이 확실하기 때문입니다. 우리의 수고를 '부활의' 주님이 확실히 갚으실 것이기 때문입니다. 그렇지요. 부활이 확실하다면, 주의 일에 힘쓰는 그 수고가 헛수고가 아닌 값진 수고, 영광스런 수고가 되겠지요. 부활만 확실하다면 말입니다.

우리가 믿기로, 주님을 믿으면 죽어도 살게 되지 않습니까?(요 11:25) 그러니 주의 일에 힘쓰는 나와 우리 가족들이 되어야지요. 엄한 데 헛힘 쓰지 말고, 주의 일에 제대로 힘 한번 써보라는 겁니다. 살아 있을 때, 기회가 될 때 말입니다. 그런데 어느 순간엔가 '주의 일'이 아닌 '나의 일'에 힘쓰는 모습이 종종 보이지요. 헛힘 쓰는 겁니다. 헛수고하는 것이지요. 나도 모르게 내 감정에 충실해서, 내 기분에 따라 주님을 섬길 때가 있지요.

어쩌면 노년이 되어, 더 고집이 생기고 나도 모르게 주의 일이 아닌 나의 감정에, 나의 생각에, 나의 고집에 힘을 쏟게 될 때가 있습니다. 심지어 나뿐 아니라, 나의 배우자, 나의 자녀들의 일에 힘쓰느라, 그 일이 전부가 되어 정작 가장 중요한 주의 일에 집중하지 못할 때가 없지 않지요. 그것을 제대로 살펴야지요. 나의 배우자와 자녀들도 마찬가지입니다. 노년의 나의 눈치 보느라 정작 주의 일에 힘쓰지 못하게 하고 있다면 나는 그들에게 방해꺼리만 될 따름입니다. 주의 일에 힘써야 주 안에서 헛되지 않습니다. 즉, 죽어도 여한이 없게 되지요. 그래서 지금부터라도 이 사명 목록에 있는 일(주의 일)에 힘써야 하고, 그들도 힘쓰게 도와야 합니다.

그뿐 아닙니다. 교회 공동체에서 마지막까지 책임져야 할 '일'이 있습니다. 어쩌면 그간 내가 교회에서 감당했던 일이 있을 겁니다. 이 일을 누군가 나를 대신해서 할 수 있도록 만들어야 합니다. 사람을 세워두는 것이지요. 주님의 제자가 되도록 돕고, 주님의 일을 감당하도록 준비시키는 겁니다. 그리고 가벼운 마음으로 떠나야겠습니다. 그것이 기도하는 일이 되었든, 봉사가 되었든, 전도가 되었든, 소그룹 리더를 세우는 일이 되었든, 그 무엇이든 괜찮습니다. 6장에서 언급한 딕 리카드가 했던 일도 좋습니다. 마지막 교회 문을 닫고 가는 일 말입니다. 단, 제2, 제3의 딕 라카드를 세워놓고 가는 그 '일'을 해야 합니다. 그것이 우선입니다.

제가 아는 한 장로님은 생애 마지막까지 교회 일을 돌보셨습니다. 알아주는 큰 기업의 중직을 맡으시다 교회의 사무를 담당하는 일이 귀하다 여겨 조기 은퇴를 하셨지요. 그리고는 교회의 제반 사무를 무보수로 담당하셨습니다. 새벽마다 제일 일찍 나오셔서 교회당 불을 밝히고, 계절에 맞게 냉방기와 난방기를 손수 켜셨습니다. 그리고 제일 마지막까지 그 자리를 지키셨지요. 딕 리카드처럼 말입니다. 그러니 모두가 알지요. 그분이 있어 안심이라고. 이걸 어떤 사역이라고 말할 수 있을지 모르겠지만, 그분의 섬김으로 온 교회가 늘 기쁨과 감사가 있었고, 기도 자리가 편안했습니다. 그리고 이 분은 자신을 대신할 사람을 찾기 시작하셨습니다. 자신의 다음을 생각하신 것이지요. 마지막까지 힘쓸 '주의 일'을 찾아 그걸 잘 감당하다, 떠날 때가 되면 나를 대신해 감당할 사람을 세워주고 떠나는 것, 그것이 바로 오늘부터 내가 고민해야 할 과제일 겁니다. 사명이지요.

나의 엔딩노트

노년의 마지막을 마무리하며 내가 가진 것, 나눠줄 것을 생각했다면, 그것을 어떻게 구체적으로 나눠줄 수 있을지 살펴야 겠습니다. 엔딩노트(ending note)를 작성해 보면 도움이 될 겁니다. 마지막을 뜻하는 '엔딩(ending)' 노트 말입니다. 거창할 필요도 없습니다. 소소하게 내 인생을 돌아보고, 마지막으로 남길 것과 해야 할 일들, 이별의 시간을 갖고 의미 있게 마무리 지으면 됩니다. 그걸 돕기 위해 노트를 하나 준비하자는 거지요.

사실, 엔딩노트는 거창하게 시작된 것이 아닙니다. 41세의 젊은 저널리스트가 폐암에 걸려 시한부 인생을 선고 받았습니다. 그리고선 자신을 돌아보니 남아 있을 아내와 가족들에게 남겨야 할 말, 그간 다 못한 이야기, 장례식과 해야 할 일이 남은 겁니다. 그래서 그걸 차근차근 기록하기 시작했고, 책으로 출간하게 되면서 일본 전체에 큰 반향을 일으키게 되었습니다. 책 내용을 보면, 유산처리 문제, 유언서 작성, 묘지와 장례식장 선정과 절차 준비, 영정 사진과 수의까지 세세한 내용이 들어있습니다. 불과 5~6년 전의 일입니다.[10] 일종의 '임종을 준비하는' 활동인 셈이지요. 이런 준비를 엔딩노트를 작성하면서 우리도 미리 해 두면 좋겠다는 겁니다.

영적 버킷리스트에서 시작하자(284 페이지를 보세요)

우선, 한때 유행했던 버킷리스트(The Bucket List)에서 시작했으면 좋겠습니다. 죽기 전에 꼭 하고 싶은 일, 죽기 전에 꼭 해야 할 일을 먼저 기록하는 것이지요. 우리는 이 버킷리스트를 영적인 내용으로 바꾸는 겁니다. 그래서 이름을 영적 버킷리스트(The Spiritual Bucket List)라고 붙였습니다. 내가 감당하기 어려운 소원이나 불가능한 일은 제외하고, 현재 나의 건강과 재정, 나의 상황이 허락하는 한에서 할 수 있는 일을 기록해 보는 겁니다. 대략적인 내용은 다음과 같습니다.

- 지나온 삶을 돌아보고 남은 시간 동안 꼭 이루고 싶은 일을 작성한다.
- 관계(사람), 소명(일), 추억(장소), 기타 등으로 세부 영역을 나눈다.
- 가급적 주어진 여건에서 실현 가능한 일 중심으로 작성한다. (주변 사람에게 부담주지 않기)

· 영적 버킷리스트를 실행할 때 얻을 수 있는 효과와 미칠 영
향을 고려한다.
· 소박하지만 영적 도전과 위안, 소망과 믿음을 남기는 일이면
좋겠다.[11]

여기에 아직 해결하지 못한 관계의 문제가 있다면 더해서 작성하면 좋겠습니다. 용서와 화해의 시도 말입니다. 물론, 11장에서 언급했지만, 이제 정말 마지막이니 최선을 다해 관계의 회복을 시도해야겠습니다. 가족이든, 이웃이든, 교회 공동체의 형제든 말입니다. 이것에 대해 65세 이상 노년 1,000명 이상을 연구한 코넬대학교의 '인류 유산 프로젝트'는 3가지 방법을 제시해 줍니다.

우선, 관계의 균열이 없는지 살피는 과정이 필요하다고 합니다. 평소와 다른 뭔가가 발생했다면, 관계가 소원해지기 시작했다면 그때 미리 대안을 찾아야 한다는 거지요. 며느리와의 갈등에 대해 선제적인 조치를 취하지 못한 71세 시어머니의 고백입니다.

"돌이켜보면, 일이 그 지경까지 가도록 그냥 두지 말았어야 했어. 서서히 문제가 커지고 있다는 걸 알았거든. 어쩌면 내가 며느리의 질투심을 유발했을지도 모르지. 가끔 아들에게 며느리 흉을 본 적도 있으니까. 지금 와서 보면 그런 것들이 모두 시한폭탄이었던 거야. 그 어떤 것도 관계를 그 지경으로 망가지게 할 만큼 가치 있는 일은 없는 데 말이야."[12]

'이 싸움이 과연 그럴만한 가치가 있는가?' 먼저 물어보

십시오. 그리고 즉각적으로 대처해야 합니다. 이것이 두 번째 이어지는 방법이라고 합니다. 에베소서에도 이렇게 말하지 않습니까? "분을 내어도 죄를 짓지 말며 해가 지도록 분을 품지 말고"(엡 4: 26). 그날을 넘기지 말라는 것이지요. 하루를 넘기는 순간, 분을 품게 되고 오해를 일으키게 되니까요. 77세의 아버지가 딸에게 분노한 나머지 관계가 어그러지게 된 상황을 말합니다.

> "그때 글로리아와 바로 허심탄회하게 이야기했어야 했어. 일주일인가 2주 정도가 흐르고 나니 우리는 서로에게 너무 화가 났고 대화를 트기조차 어려울 정도로 응어리가 단단해졌지."[13]

여기서 노년이 기억해야 할 가장 중요한 세 번째 내용, 순서가 나옵니다. 이 연구의 책임자인 칼 필레머의 말입니다. 다음의 말이 불공평하게 들릴 수 있지만 명심해야 한다고 합니다. 딱 한마디 기억해야 할 말입니다. 딱 한마디.

> "불화가 생겼을 때 화해가 필요한 쪽은 부모다."[14]

내리사랑의 책임도, 그에 따른 상처도 모두 부모 몫이기 때문에, 부모가 먼저 화해를 시도해야 한다는 것이지요. 그렇습니다. 이 글을 읽고 있는 노년의 '내'가 해야 한다는 겁니다. '그 아이가' 아니고요. 그래야 화해가 가능하다는 거지요. 안타까워도 어쩔 수 없다는 겁니다. 화가 나도 어쩔 수 없습니다. 많은 노년의 부모들이 그렇게 답했고, 실제로 그렇게 했을 때 관계가 회복되었다는 겁니다. 실증적인 결과입니다. 물론, 이런 일반적인 연구가 아니라도 먼저 하나님을 믿고, 먼저 신앙의 선배가 된 우리가 용서하고 화해의 몸짓을 보여야 하지 않을까요? 어차피 얼마 남지 않은 인생이라면 더욱 그렇겠지요.

엔딩노트를 작성하고(285 페이지를 보세요)

이제, 엔딩노트를 본격적으로 작성해 봅시다. 이 책의 부록에 나와 있습니다. 순서에 따라 기록해 보면 좋겠습니다. 위에 적힌 영적 버킷리스트는 따로 제일 앞 페이지에 기록해 보세요. 그다음, 엔딩노트를 작성하는 겁니다. 우선, 내가 남길 나의 인생 이야기를 써 보세요. 나의 짧은 인생 노트입니다.

그간 내가 어떻게 살아왔는지, 무엇을 위해 살아왔고, 지금껏 한 일은 무엇이었는지 소소하게 기록해 보면 좋겠습니다. 이를 통해 내 삶의 궤적과 의미를 돌아보는 겁니다. 물론, 신앙적인 내용이 빠질 수가 없겠지요. 아니, 그것이 중심이 되게 기록해 보세요. 그다음은 죽음 준비와 관련된 내용을 기록하는 것입니다. 그 첫째는 죽음을 어디서 맞을 것인지 사전에 가족들에게 알리는 것입니다. 병원보다는 가정에서 맞이하고 싶은 분들이 있어서 그렇습니다. 예고된 죽음의 경우 병원에서 연명치료를 하는 것보다 가족과 함께 죽음을 맞이하는 걸 원하는 분들도 많기 때문이지요. 다음의 순서를 따라 기록하는 겁니다.

① 이름을 기록합니다.
② 내가 평생 추구했던 것("나는 평생 _____")에 대해 생각해 보고 기록해 봅니다.
③ 나의 인생(영성) 그래프를 그립니다. 생애 단계별 영적 변

화에 대해 기록합니다.
(+ - 사이의 중간에서 시작해서 위 아래로 영적인 상태에 따라 기록합니다.)
④ 나의 짧은 인생 노트를 기록합니다.
(출생부터 성장까지, 예수님을 만난 이야기, 그간 한 일들, 만난 사람들과 관계들)
⑤ 남기고 싶은 말을 기록합니다.
⑥ 죽음을 어떻게 맞을지 기록합니다.
(연명치료 여부, 죽음의 장소 선택, 나의 임종을 지켜주었으면 하는 사람, 나의 묘비명까지)

사전장례의향서도 작성하자(286 페이지를 보세요)

세 번째로는 사전장례의향서를 기록하는 것입니다. 가족들과 어떻게 장례를 치를 것인지 미리 논의했다가 사망 진단이 내려지면 시행할 수 있도록 준비해 두는 것이지요. 당황하지 않고 나의 뜻과 생각을 담아 미리 준비할 수 있도록 돕는 겁니다. 기본원칙은 기독교식으로 장례식을 치르는 것입니다. 하나님께 영광이 되도록 해야겠지요. 그리고 혹여 내가 원하는 원칙이 있다면 기록하는 겁니다. 그리고 순서에 따라 다음의 내용을 차례로 기록합니다.

① 부고의 대상과 범위를 기록합니다.
② 장례식 형식과 참여 범위를 기록합니다.
③ 장례식을 주관하는 교회와 집례자를 기록합니다.
④ 장례식장에 준비할 영정사진, 분향단장식, 찬양 등을 기록

합니다.(작성하면서 미리 준비해야겠습니다.)
⑤ 부의금과 조화에 대한 원칙도 기록합니다.
⑥ 음식대접에 대해서도 기록합니다.
⑦ 염습, 관, 시신처리에 대해서도 차례로 기록합니다.
⑧ 장례식 후의 기증에 대해서도 소상히 기록합니다.

특별히 기증에 대해 깊이 생각해 보면 좋겠습니다. 우선, 죽음 이후의 최고의 기증은 시신 기증이 아닐까 생각합니다. 의과대학이나 병원에 시신을 기증하여 의미 있는 마침을 하는 것이지요. 물론, 그전에 각막이나 장기 기증도 가능하겠지요. 다음 세대를 위한 교육용으로, 다른 생명을 살리는 구명용으로 사용할 수 있도록.

여기 연로하신 장로님 내외분이 계십니다. 먼저 돌아가신 부인 권사님의 시신을 먼저 기증합니다. 그리고 101세에 주님의 부름을 받은 장로님 자신도 평소 약속한대로 시신을 기증하셨습니다.[15] 이 두 분은 마지막까지 다 주고 가는 인생을 보여주신 것이지요.

이것만 있는 것도 아닙니다. 장례식을 간소화하고 저개발국가에 예방 백신이나 우물 파주기, 소아암 환자 돕기, 싱글맘 지원 등도 할 수 있습니다. 조의금을 모아 고인의 뜻을 받들어 장학금이나 필요한 곳에 기부하는 방법도 가능하겠지요.

자녀들을 위한 기도문 작성(290 페이지를 보세요)

이렇게 보면 마지막까지 남기고 갈 일과 해야 할 일이 참으로 많다는 생각이 듭니다. 마지막까지 빼기해야 할 일, 관계, 상황이 많아 보입니다. 그런데 다 주고 떠나는데 왠지 더 받는 것 같은 느낌입니다. 주님께 받은 사랑 때문에 빼기를 하는데, 감사하게도 하나님이 더 큰 상으로 갚으실 것, 더하기 하실 것 같지 않으세요? 맞습니다. 이 땅에서 '다' 주고 가는데 저 하늘에서 '다' 갚으실 것입니다. 아니, '더' 갚으실 것입니다. 그러니 감사할 밖에요. 빼는 데 더해지는 역설이 여기 있습니다.

이 모든 내용을 담아 자녀들을 위한 기도문을 남기면 좋겠습니다. 남김없이 주고 가는 인생, "너희도 남김없이 주고 가는 인생이 되라" 부탁하면서 말입니다. 자녀들에게 남길 것과 해야 할 일들을 써 두면서 말입니다. '이것이 나의 유언이다' 말씀하시고 사전에 기록하여 기도문을 함께 읽고, 간직하게 하는 겁니다. 자녀들이 그들의 자녀들과 함께 기도할 때 읽게 하기 위해서 작성하는 겁니다. 기도문을 보고 부모의 마음을 헤아려보도록 하기 위해서입니다. 기도문이지만 유언장과 같이 묵직한 내용을 담아야겠습니다. 진정으로 물려줘야 할 신앙적인 내용 말입니다. 예수님의 마지막 유언과 같은 '대제사장적' 기도가 도움이 되실 겁니다.

> 나는 이제 더 이상 세상에 있지 않으나, 그들은 세상에 있습니다. 나는 아버지께로 갑니다. 거룩하신 아버지, 아버지께서 내게 주신 아버지의 이름으로 그들을 지켜주셔서, 우리가 하나인 것 같이, 그들도 하나가 되게 하여 주십시오. 내가 그들과 함께 지내는 동안은, 아버지께서 내게 주신 아버지의 이름으

> 로 그들을 지키고 보호하였습니다. 그러므로 그들 가운데서는 한 사람도 잃지 않았습니다… 아버지께서 나를 세상에 보내신 것과 같이, 나도 그들을 세상으로 보냈습니다. 그리고 내가 그들을 위하여 나를 거룩하게 하는 것은, 그들도 진리로 거룩하게 하려는 것입니다. (요 17: 11-12, 18-19)[16]

예수님의 절절한 마음, 제자들을 향한 사랑을 꾹꾹 눌러 담은 기도문입니다. 하나도 허투루 버릴 말이 없습니다. 이제 예수님은 제자들을 두고 떠나십니다. 십자가를 향해 홀로 가십니다. 제자들을 남겨두고 말입니다. 그래서 예수님은 대제사장이 백성들을 위해 기도하듯 남겨질 제자들을 아버지 하나님께 부탁하는 겁니다. 지켜 달라고 기도하고, 그들이 서로 다투지 않고 하나가 되게 해 달라고 기도합니다. 무엇보다 그들이 진리로 거룩하게 살아가게 해 달라 기도합니다. 이렇게 보면, 모든 믿음의 부모들이 해야 할 기도가 이 안에 다 들어 있습니다.

예수님의 유언 같은 기도입니다. 기도는 기도인데 그 내용은 유언입니다. 제자들보고 들으라는 '유언 같은' 기도입니다. 아버지께 부탁하는 기도인데, 제자들에게는 명심해야 할 유언입니다. 다른 내용은 없습니다. 그들의 '먹고 사는' 일에 대한 것이 아닙니다. 꼭 한 가지, '믿고 사는' 것에 대한 기도뿐입니다. 우리도 마지막으로 남길 말, '믿고 사는' 문제에 대한 기도면 충분합니다. 이런 유언과 같은 기도문을 작성해 보면 좋겠습니다.

자녀들에게 묵직한 울림이 있는 마지막 기도면 좋겠습

니다. 그들을 지켜주시도록 기도하는 겁니다. 그들이 서로 사랑하게 해 달라고 기도하는 거예요. 무엇보다 그들이 이 땅에서 하나님의 백성으로 믿음 잃지 않고 거룩하고, 신실하게 살아가도록 기도하는 겁니다. 다음의 내용을 중심으로 기도해 보세요.

보호와 인도하심(안전)
서로 사랑하게(관계 회복)
진실하고 거룩하게 사명을 감당하도록(사명 완수)

더하기 인생!

'유종의 미'라는 말이 있습니다. 일의 끝을 잘 마무리 한다는 뜻이지요. 우리 인생이 유종의 미를 거두는 인생이길 바랍니다. 빼기만 하는 노년이라도 알고 보면 빼는 것보다 더하는 것이 훨씬 많다는 걸 알게 되지요. 힘을 빼고, 건강을 빼고, 물질적인 것은 빼야 하지만, 영적으로 주님과 함께 하는 시간이 이만큼 더 길어졌으니 더해졌습니다. 주님을 더욱 많이 알게 되었으니 이것 또한 더해졌습니다. 주님 만날 날이 더욱 가까워질수록 이런 것들이 더해지지요. 무엇보다 내가 지금 남기고 있는 영적, 관계적, 사명적 유산을 보고 그만큼 주님이 더 갚으시지 않겠습니까? 그러니 더해가는 것이 의외로 많다는 걸 알게 됩니다. 감사한 일이지요.

88세의 미켈란젤로는 그의 마지막이 다다랐다는 걸 깨

닫고 시를 한편 지었습니다. 제목이 '단념의 소네트'입니다.

"내 인생 항해는 부서지기 쉬운 배를 타고 폭풍우가 몰아치는 바다를 건너서 마침내 모든 이가 반드시 거쳐야 할 항구에 도달했나니, 이 항구를 지나면 모든 악행과 모든 선행에 대해 그 이유를 설명해야 하리라"[17]

마침내 도착할 항구가 보일 때쯤이면, 모든 악행과 선행을 결산하실 분이 기다리고 계시지요. 그분을 만나는 감격, 기쁨, 기대가 점점 차오르지 않습니까? 몸은 비록 스러져가고, 때로는 고통스럽고, 말을 듣지 않아도, 쇠약하여 보잘 것 없는 모습으로 변해도 말입니다.

단, "작별을 고할 새가 없었어요."라는 말로 너무 갑작스레 이별하고, 가장 중요한 것을 확인하지 못하고 마치지 않도록 해야겠습니다. 나에게도 나의 사람들에게도. '우리 편' 어른으로서 말입니다. 다음의 말을 기억하면서 말이지요.

"'작별 인사를 고할 새도 없었어요.'
이런 한탄의 소리를 족히 수십 번은 들었을 것이다. 하지만 이보다 더 슬픈 비극은 복음을 전할 마지막 기회를 놓치는 것이다."[18]

반대로, 이런 멋진 마지막을 말할 수 있는 인생이면 좋겠습니다. 나에게도 나의 사람들에게도.

이제 후로는 나를 위하여 의의 면류관이 예비되었으므로
주 곧 의로우신 재판장이 그 날에 내게 주실 것이며
내게만 아니라 주의 나타나심을 사모하는 모든 자에게도니라
(딤후 4:8)

4부 well-Dying(웰 다잉), 아름다운 피날레를 위하여
노년의 나누기(÷)
: 아르스 모리엔디 그리고 메멘토 모리

예수님은 불의의 재물로 친구를 사귀라고 하셨습니다(눅 16:9). 영원하지 않은 재물로 영원히 함께할 관계(친구)를 사라고 저는 읽습니다. 물질적인 것으로 영적인 것을 구하라고 해석합니다. 폴 스티븐슨은 이 구절에 대해 이렇게 말합니다.

"예수는 돈으로 우정을 '사라'고 말씀하신 게 아니라 영원히 지속될 친구를 얻는 방법으로 돈을 사용하라고 말씀하셨다. 이는 특히 노년과 관련해 놀라운 진술이다… 우리가 이번 생에서 다음 생까지 가져갈 수 있는 유일한 보물은 그리스도를 통해 만든 관계들이다. 어떤 장갑차도 묘지로 가는 영구차를 따라가지 않는다. 당신은 자동차, 집, 보석, 현금을 가지고 갈 수 없다. 그러나 예수 안에서 사귄 친구들은 데려갈 수 있다. 이것은 노년에 일어나는 영성 형성의 과정이다."[1]

노년의 우선순위를 생각하게 하는 말입니다. 영원히 지속될 관계를 위해 어차피 사라질 것을 과감히 팔아야할 때라는 걸 깨닫게 합니다. 어차피 빼기 인생 아닙니까? 수동적으로 빼기 '당하기'보다 능동적으로 나누기 '하는' 인생이면 좋겠습니다. 아예 남은 인생의 절반을 뚝 떼어(나누어) 이런 데 투자하면 얼마나 좋을까요? 이런 면에서 남은 시간, 물질, 건강, 재능을 과감히 누군가에게 투자하는 시간을 가지면 좋겠습니다. 이 같은 이유로 유산을 어떻게 할지(아르스 모리엔디, Ars Moriendi), 유언장에 무엇을 기록할지(메멘토 모리, Memento Mori) 생각해 보면 좋겠습니다. 내가 가진 것들을 누구에게 어떻게 나눌지 생각하면서 말입니다. 아직 건강할 때, 시간이 있을 때, 사용할 재능이 남았을 때(지금), 나누기 해 보는 겁니다. 모든 것을 빼기 '당하여' 더 이상 나눌 것이 사라지기 전에 말입니다.

아르스 모리엔디(Ars Moriendi): 유산 남기지 않기 운동

아르스 모리엔디(Ars Moriendi), 우리 식으로 고치면 "죽음의 기술"이라는 뜻이 됩니다. 15세기에 유행했던 책 이름이기도 합니다. 죽음을 준비하는 방법을 보여주는 일종의 그림책을 말합니다. 죽음 후에 얻을 구원을 위해 종교 서적을 읽고 유언장을 남길 것을 충고하는 내용을 담고 있습니다. 물론, 중세의 배경이니 교회에 재산을 바칠 것을 유언장에 남기라고 충고하고 있지요.[2] 오늘의 시각으로 달리 보면, 요지는 간단합니다. 죽음을 준비할 때, 1) 가진 것을 나누어 베풀되, 2) 사전에 하라는 것입니다. 그것이 죽음의 기술이라는 거지요.

지금이 중세도 아니니 고리짝 이야기처럼 단순히 재산을 교회에 바치라고 말하고 싶지 않습니다. 오히려 가진 재산을 아름답게 사용하라고 부탁드리고 싶습니다. 그것이 오늘의 아르스 모리엔디일테니까요. 그런 의미에서 '유산 남기지 않기 운동'에 동참하는 것을 권하고 싶습니다. 물론, 제가 재산이 많지 않은 목사라 그런다고 타박하시면 어쩔 수 없지만요. 그래도 노년의 성도가 멋지게 마무리 할 수 있는 참 좋은 방법이라 생각합니다.

잘 알려진 것처럼 '유산 남기지 않기 운동'은 선교 100주년을 기념하여 1984년부터 우리나라의 신앙인들이 중심이 되어 시작된 운동입니다.[3] 이 땅에 빈손으로 왔으니 다 나누고 가자는 취지로 시작한 것입니다. 이 운동에는 '5무(無) 원칙'과 '3유(有) 지침'이 있습니다.[4] 무강령, 무홍보, 무사업, 무조직, 무회비가 5무(無) 원칙이기에 모임의 조직도, 대표도 없다고 합니다. 아울러 죽음을 준비하기 위해 해가 바뀔 때마다 유언장 새로 쓰기, 유족이 남에게 폐 끼치지 않고 살 수 있도록 유산의 3분의 1만 남기고 나머지는 사회에 환원하기, 이 운동이 누룩처럼 소리 없이 퍼져가도록 이웃과 친지에게 권하기가 3유(有) 지침이라고 합니다.

보기만 해도 멋지지 않습니까? 마치 신앙고백처럼 느껴집니다. "모든 것이 주님의 것이니 주님께서 사랑하시는 이 땅의 약자들을 위해 나누고 가겠습니다."라고 고백하는 하는 것입니다. 죽음의 기술 중에 이만큼 나누기하기 쉽고, 나누기 좋은 방법도 없다 생각합니다. 보다 자세한 내용은 첨부한 인터넷 사이트를 참고하면 좋겠습니다.[5]

메멘토 모리(Memento Mori): 유언장 작성하기

메멘토 모리(Memento Mori), "죽음을 기억하라"는 뜻입니다. 아주 오래된 관용적 표현이지요. 죽음의 실제성, 죽음의 냉혹함, 죽음의 당위성을 느끼게 하는 말입니다. 반드시 죽게 되니 미리 준비하라는 말로도 읽힙니다. 실제로 중세의 베네딕트 수도원의 규칙서에 보면 이런 계율이 하나 있습니다.

"매일 죽음을 눈앞에 두라."[6]

영적 수련에 있어 마지막(죽음)을 늘 염두에 두는 말이지요. 이 땅에서 영원히 살 것처럼 살지 말고, 마지막이 있으니 그 날을 미리미리 준비하며 수행하라는 뜻일 겁니다. 오늘의 우리에게도 의미 있는 말입니다. 특별히 노년의 성도에게 말입니다. 우리 편 노년이라면 주님 만날 것을 미리 준비하라는 말임과 동시에 나의 죽음이 언제인지 모르니 닥치기 전에 준비하라는 말로 이해해야겠지요. 이 대목에서 서글프지만 '메멘토 모리'와 관련된 이야기를 하나 해야겠습니다. 그림 형제의 '할아버지와 손자'라는 동화입니다.

옛날 한 늙은 노인이 살았습니다. 눈도 침침하고 귀도 잘 들리지 않고, 서 있기도 힘든 노인입니다. 당연히 식탁에 앉아 숟가락 들기도 어려워 식탁보에 엎지르기 일쑤였습니다. 이 모습을 역겹게 느꼈던 아들과 며느리는 결국 이 늙은 노인을 난로 뒤쪽 구석에 앉힌 후, 음식을 질그릇에 담아 줍니다. 그것도 양을 많이 줄여서 말입니다. 노인은 눈물을 글썽이며 식탁 쪽을 바라보지만 아들내외는 눈길 한번 주지 않습니다.

한번은 이 노인이 질그릇을 제대로 들지 못해 깨뜨리고 맙니다. 화가 난 젊은 며느리는 짜증을 부리지요. 그리고는 몇 푼 안주고 산 목기 사발에 음식을 담아 줍니다. 시간이 흘러 어느 날, 네 살짜리 어린 아들(노인의 손자)이 땅위에 놓인 나뭇조각을 주워 모으기 시작합니다. 노인의 아들(네 살 아들의 아버지)이 왜 그러냐고 묻습니다. 그때 아이가 답합니다. 자기가 컸을 때 아빠, 엄마에게 밥을 담아줄 여물통을 만들고 있다고. 아들과 며느리는 충격에 쌓여 멍하니 서로를 보다 울음을 터트립니다. 그러고는 노인을 다시 식탁에 모셔왔고, 그 후로 항상 식탁에서 식사를 했다고 합니다. 심지어 노인이 음식을 흘려도 말입니다.[7]

자신의 늙음, 심지어 자신의 죽음을 기억하지 못하면 이렇게 됩니다. 그래도 다행인 건, 그나마 일찍 깨달아 행동을 고쳤다는 데 있습니다. 우리도 그간 우리의 행동을 살펴야겠습니다. 메멘토 모리! 죽음을 기억하면서 말이지요. 무엇보다 기억해야 할 것, 우리의 자녀들은 우리의 늙어 감을 보고 있다는 사실입니다. 오늘도 우리가 어떻게 죽음을 준비하는지, 어떻게 의연하게 다음 생을 기다리는지 보고 있습니다. 그래서 이런 말이 있지요.

"노인들은 젊은이들에게 늙어도 괜찮다는 것을 가르쳐줄 수 있다. 그리고 젊은이들은 노인들에게 죽어도 괜찮다는 것을 가르쳐줄 수 있다."[8]

이제, 나의 남은 삶을 뚝 떼어 다음 세대들에게 나누어주어야 할 때입니다. 그간 내가 경험했던 인생 노하우, 하나님을 믿는 믿음, 무엇보다 내가 어디로 와서 어디로 가는지를 아는 소망을 말입니다. 그것을 고스란히 유언장에 담아내면 됩니다. 빌리 그레이엄 목사님은 그것을 무려 16페이지로 기록했다고 합니다. 자신의 출생에서 하나님을 만난 이야기, 그리고 마지막 자녀들에게 할 유언까지 포함해서 말입니다. 그가 유언장에 남긴 마지막 부탁이 바로 다음의 내용입니다. 이 같은 내용을 담아 유언장을 작성하며 이 책 읽기를 마무리 해 보십시오. 물론, 엔딩 노트에 기록했다면 보다 신앙적인 내용을 담아 기록해 보세요. 다음의 빌리 그레이엄 목사님의 마지막 유언을 보면서 말입니다.[9]

"어떠한 위험이나 희생이 있더라도 복음을 지켜내야 한단다. 매일 성경을 묵상하며 인생의 구원자 되시는 예수 그리스도를 깊이 신뢰하거라."
"주님과 동행하면서 영원한 가치를 추구하며 세상과 구별된 삶을 살[아]라"

에필로그
: 남의 이야기가 아닙니다!

　박사과정에 있을 때입니다. 맞은편에 앉아 있던 미국 학생의 책상에 간디의 유명한 경구가 붙어 있었습니다. 오며가며 자주 보았습니다. 참 인상적인 글이었습니다. 그래서 지금도 잊지 않고 있는 글이기도 합니다.

　　"내일 죽을 것처럼 살고, 영원히 살 것처럼 배워라!"(Live as if you were to die tomorrow, Learn as if you were to live forever!)

　멋진 말이지요. 단어들이 좀 살벌하기는 하지만 말입니다. '죽는다,' '산다.' 이런 단어들이 난무하니까요. 그런데 전혀 살벌하게 느껴지지 않는 이유는 그 내용이 '죽자'는 말도, 그렇다고 마지막이 무섭다는 의미도 포함하지 않기 때문입니다. 오히려 죽을 각오로 제대로 '살자'는 말로 읽히기 때문입니다. 죽음 앞에서도 떳떳하게 '살자'는 말로도 저는 읽습니다. 그 정도로 '잘 살자'는 말로도 읽습니다. 참 감동적인 말이지요. 여러분은 어떻게 읽으십니까?

이렇듯 죽는다는 이야기가 두렵지 않고 아름답게 다가올 때가 있지요. 먼 이야기, 나와는 상관없는 이야기, 남의 이야기, 남의 편 이야기일 때는 그렇습니다. 그러나 그 이야기가 가까운 이야기, 오늘 내 이야기가 되는 순간, 더 이상 아름답지도 그렇다고 멋지지도 않습니다. 오늘 당장 죽겠는데, 이런 말이 무슨 소용입니까? 제대로 귀에 들어오겠습니까? 두렵고 당혹스러울 뿐일 겁니다. 대개의 경우가 그렇다는 거지요.

그런데, 성경은 이미 오래전부터 죽는다는 말이 우리와 먼 이야기가 아니라는 '사실'을 말해오고 있습니다. 그것도 한두 번이 아니라 수없이 많이. 그리고 죽음을 잘 준비해야 하고, 잘 준비할 수 있다고 말해줍니다. 친절히, 그리고 자세하게 말입니다. 그것도 예를 보여주면서. 우리 신앙의 선배들이 그러했습니다. 어떻게 죽음을 담담히, 때로는 감격하며 받아들였는지 보여줍니다. 그리고 죽음에 이르는 길이 결코 고통스럽지만은 않다는 '사실'을 온 삶으로 보여줍니다. 죽음은 하나의 과정일 뿐이며, 그다음이 분명히 있다는 걸 그들의 죽음으로 분명하게 설명해주고 있는 겁니다.

이번에 노년에 대한 글을 쓰면서 다시금 '나는 이 죽음의 문제, 마지막의 문제를 어떻게 생각하는가?' 깊이 묵상하는 시간, 스스로 묻고 답하는 시간을 가졌습니다. 남의 이야기로 여기는지, 내 이야기로 여기는지 말입니다. 덕분에 우리 신앙의 선배들이 어떻게 인생의 마지막을 보냈는지 자세히 살필 수 있었습니다. 참 감사하게도 그들은 제게 우리가 가는 이 길이 결코 틀리지 않았음을 보여주었습니다. 후회하지 않을 만큼, 괜찮은 길이라고 가르쳐주었습니다. 그것도 꽤 괜찮은 방식으로 말입니다. 우리가 조금씩 따라 갈 수 있는 방식까지 포함해서 말입니다.

어쩌면 믿음이 없던 간디의 말이 우리의 말이 될 수 있겠다 싶습니다. 하나님 없는 '다른 편'의 삶이 아닌, 믿음 있는 '우리 편'의 삶으로 말입니다. "내일 죽을 것처럼 살라" 내일 죽을 것처럼 살다가 내일이 와서 죽어도 후회하지 않게 되는 삶을, 오늘 우리만이 살 수 있으니까요. 우리에게만 내일, 그다음이 약속되었으니까요. 그래서 '우리 편' 노년의 삶으로 마무리했으면 좋겠습니다. 저와 이 글을 읽는 우리 모두가 말입니다. 내일 죽을 것처럼 살면서 말이지요.

나이 드는 것을 혐오하는 이 시대, 안티 에이징의 시대에라도 하나님이 주신 질서에 따라 고상하게 늙는 것을 추구할 수 있는 여유를 가지면서 말입니다. 모두가 몸에 좋은 것 추구하며 '먹고 살기' 바쁠 때, 한 번쯤은 '믿고 살기' 위해 발버둥치는 노년이 되어서 말입니다. 모두가 회피하며 좀 더 편안해지려고 할 때, 아무도 신경 쓰지 않는 그 일을 하며 슬그머니 손 하나 거드는 노년이 되어서 말입니다.

이뿐 입니까? 아무 것도 할 수 없다 여길 나이에도 하늘을 향해 능하신 하나님을 믿고 나의 자녀들, 나의 이웃들, 공동체를 위해 끊임없이 마지막 힘을 짜내어 부르짖을 수 있는 '기도장인'으로서 말이지요. 이렇게 보면, 노년에 할 일이 참 많고, 꽤 아름답다 생각되지 않으세요? 앞으로 있을 나의 노년이 은근히 기대되기도 합니다. 그 일이 남의 이야기가 아니라 바로 내 이야기라 생각되니 더욱 흥분이 되기도 합니다. 그리고 마침내 노년에 모든 것을 내어주고, 내 삶에 예수님만 남게 되었을 때, 꿈에 그리던 예수님을 뵙게 되지 않겠습니까? 어떠세요? 그날이 오기까지 이제 달려가 보면 좋지 않겠습니까? 스탠리 존스 선교사님과 폴 스티븐슨 목사님의 말을 기억하면서 말입니다.

"이제 나는 [85세]이다. 그러나 내가 처음 믿음의 길에 발을 들여놓았던 열여덟 살 때보다 내가 그리스도인이라는 사실에 더욱 신명이 난다."[1] - 스탠리 존스

"나이가 든다는 것은 우리에게 하나의 보물만 남을 때까지 점차적으로 포기하는 것을 의미한다. 그 보물이란 그리스도이고, 우리가 그분을 통해 맺는 관계다."[2] - 폴 스티븐슨

부록

영적 버킷리스트(The Spiritual Bucket List)

나의 엔딩 노트(My Ending Note)

사전장례의향서

나는 이렇게 살았습니다

나의 소망은 이렇습니다.

이렇게 죽음을 맞이하고 싶어요.

자녀들을 위한 기도문

영적 버킷리스트(The Spiritual Bucket List)

· 남은 시간 동안 소명을 따라 꼭 이루고 싶은 일을 작성해 보세요.

· 실현 가능한 일 중심으로 작성하세요.
 - 소박하게, 그러나 영적 도전과 위안, 소망과 믿음을 남기는 일

구분	제목	언제? 누구와? 어떻게? 무엇을?
관계(사람)	· · · · ·	
소명(일)	· · · · ·	
추억(장소)	· · · · ·	
기타	· · · · ·	

나의 엔딩 노트(My Ending Note)

· 영원을 향해 가는 길에 끝나지 않은 나의 삶을 돌아보고 인생을 정리합니다.

내 이름은 _____ 입니다.

나는 평생 _____ 를 가장 중요하게 생각하며 살았습니다.

° 나의 인생(영성) 그래프 그리기
(생애 단계 설명 + 예수님 만난 이야기 + 신앙성장 이야기).

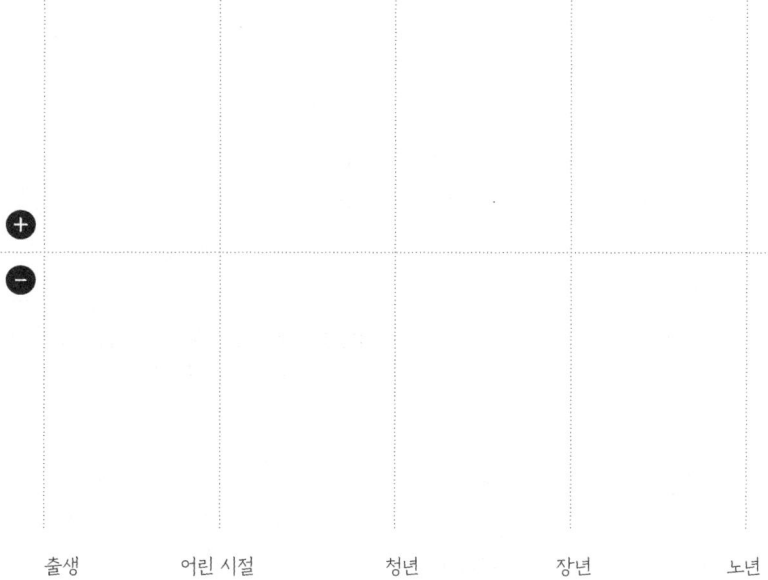

사전장례의향서

나 _____ 는 사망진단이 내려진 후 장례의식과 절차가 다음의 형식대로 진행되기를 원하여 미리 사전장례의향서를 남깁니다.

* 나를 위해 장례의식과 절차를
아래의 내용에 선택하거나 기록한대로 해 주기 바랍니다.

1. 기본원칙

모든 예식은 기독교식으로 진행해 주시기를 바랍니다.
모든 예식을 통해 하나님이 영광 받기를 원합니다.
이후의 부활의 소망을 함께 나눌 수 있기를 바랍니다.
모든 예식은 가급적 (관례대로 / 간소하게) 진행해 주시기 바랍니다.

2. 순서

(1) 부고

° 나의 죽음을 (모두에게 / 가족에게만 / 장례를 치르고 난 다음에) 알려주시기 바랍니다.

(2) 장례식

° 나의 장례는 (모두와 / 교회식구와 가족들과 / 가족들만) 치르기 바랍니다.
° 장례식은 (관례대로 / 간소하게) 치르기를 바랍니다.

(3) 장례집례

° 나의 장례는 ( )교회 혹은 ( )목사님이 집례하시도록 해 주시기 바랍니다.

(4) 장례식장 준비

° 영정사진은 _____ 사진으로
° 분향단장식은 _____ 로
° 찬양은 _____ 로 해 주시기 바랍니다.

(5) 부의금 및 조화
① 관례에 따라 해 주시기 바랍니다.
② 일부 간소하게 받기를 원합니다.
③ 일절 받지 않기를 원합니다.

(6) 음식대접
(잘 / 간단한 다과로 / 일절 하지 말고) 대접해 주시기 바랍니다.

3. 장례 준비
(1) 염습
(정해진 절차대로 / 하지 말기) 바랍니다.

(2) 관
(소박한 관으로 / 사회적인 위상에 맞게) 선택해 주기 바랍니다.

(3) 시신 처리
(화장해, 매장해 / 의학적 용도로 기증해) 주기 바랍니다.

º 화장의 경우 유골은 (봉안장 / 자연장 / 해양장 / 기타 ....)으로 안치해 주기 바랍니다.
º 매장의 경우 유골은 (공원묘지에 / 선산에 / 기타 ....에) 매장해 주기 바랍니다.

(4) 장례식 후 기증 관련
º 간소한 장례식을 치르고 (   )를 (   )에 기부해 주시기 바랍니다.

내가 달려갈 길과 주 예수께 받은 사명 곧 하나님의 은혜의 복음을 증언하는 일을 마치려
함에는 나의 생명조차 조금도 귀한 것으로 여기지 아니하노라 (행 20:24)

이상과 같은 절차와 방식을 꼭 따라주시기 바랍니다.

년   월   일

작성자 이름   서명

나는 이렇게 살았습니다
(생애 단계 설명 + 예수님 만난 이야기).

· 나의 어린 시절 (출생부터 성장까지)

· 예수님 만난 이야기 (예수님을 만나기까지)

· 나의 사람들 이야기 (FRANs)

  · 가족
    (family)

  · 친구
    (friends)

  · 친지
    (relatives)

  · 동료
    (associates)

  · 이웃
    (neighbors)

나의 소망은 이렇습니다.(하고 싶은 말)

◦ 감사의 말:

◦ 사랑의 고백:

◦ 사과와 화해의 말:

◦ 마지막 남기고 싶은 말:

이렇게 죽음을 맞이하고 싶어요(죽음 준비)

◦ 연명치료 여부?

◦ 죽음은 어디서?

◦ 죽음은 누구와 함께?

◦ 나의 묘비명은?

자녀들을 위한 기도문

자녀들을 위한 마지막 기도문을 작성합니다.

1. 믿음의 부모로서 사랑을 담아 자녀를 주님께 부탁하는 내용으로 작성합니다.
2. 자녀들이 내가 떠난 뒤에도 보고 함께 기도할 수 있도록
   자녀들의 신앙 성장을 돕는 내용으로 작성합니다.
3. 천국에서 만날 소망을 담아 다음의 내용으로 작성합니다.
   - 보호와 인도하심(안전)
   - 서로 사랑하게(관계 회복)
   - 진실하고 거룩하게 사명을 감당하도록(사명 완수)

미주

프롤로그

1) 국민행동요령 accessed by April 28. 2020.
http://gb119.go.kr/disaster/disaster.do?m1=03&m2=16

2) 통계청 자료에 의하면 2018년 65세 이상 인구는 738만 1천명으로 전체 인구의 14.3%에 해당되는데 UN에서 말하는 고령사회의 기준인 14%를 넘어 대한민국도 이제 고령사회가 되었음을 보여준다.
http://kostat.go.kr/portal/korea/kor_nw/1/6/5/index.board?bmode=read&aSeq=370779&pageNo=&rowNum=10&amSeq=&sTarget=&sTxt=

1장 역발상(逆發想), 거꾸로 생각하기

1) 히라마쓰 루이 (2018), 노년의 부모를 이해하는 16가지 방법, 홍성민 역, (경기 파주: 뜨인돌), 65.

2) 통계청 홈페이지 참조. accessed by March 23. 2020.
http://kostat.go.kr/portal/korea/kor_nw/1/6/5/index.board?bmode=read&aSeq=370779&pageNo=&rowNum=10&amSeq=&sTarget=&sTxt=

3) 그 내용을 들여다보면 식품 소개, 화장품 소개에서 시작해서 마사지와 피부 관리를 위한 운동까지 다방면에 걸쳐 있다. 곽설림, (2010. 10. 22), "내 피부의 노화를 막자. 생활 속 안티에이징" 한국경제신문. accessed by April 29. 2020. https://www.hankyung.com/life/article/201010226779k, 조미희 (2011. 06. 09), "안티에이징 전쟁에서 승리할 수 있는 피부재상의 묘약"(2011) 한겨레신문, accessed by April 29. 2020. http://www.hani.co.kr/arti/PRINT/481992.html, 신규옥 (2017. 12. 03), "진정한 안티에이징이란?", 헬스 조선, accessed by April 29. 2020. http://health.chosun.com/site/data/html_dir/2017/11/27/2017112702629.html, 이윤재 (2019. 09. 19), "내 피부 나이? 안티에이징 하기 나름" 매일경제신문, accessed by April. 29. 2020. https://www.mk.co.kr/news/economy/view/2019/09/743134/ 등 참조.

4) 이것에 대해 데이비드 믹스와 제이미 제임스는 이런 역설적인 말을 한다. "인구 대비 노년층의 비율이 늘어갈수록 우리 문화가 긍정적으로 강조하는 인간의 이미지는 젊어지고 있다." 데이비드 믹스 & 제이미 제임스 (2013), 수퍼영: 호모 헌드레드 시대, 100세 동안의 비밀. 박종윤역, (서울: 36.5 출판사), 119.

5) "네 부모를 공경하라 그리하면 네 하나님 여호와가 네게 준 땅에서 네 생명이 길리라."(출 20:12)

6) "The elderly are not a bane, but a boon." John A. Kitchen (2006), *Proverbs: A Mentor Commentary,* (Geanies House, Scotland: Christian Focus Publication Ltd) 369.

7) Ibid.,

8) 브루스 월트키는 백발로 번역되는 히브리어 세봐(seba)가 22번 성경에 나오는데 모두가 영광스럽다고 말하지 않는다고 분명히 말합니다. Bruce K. Waltke (2005), *The Book of*

Proverbs Chapter 15-31, NICOT, (Grand Rapids, MI: WM. B. Eerdmans), 36.

9) 이것에 대해 브루스 월트키는 이렇게 말합니다. "현대 사회에서 백발의 도덕적 가치는 미덕이 아니라 비도덕적이며 심지어 부도덕한 기술을 통해 더욱 훼손되었다." 즉, 여러 기술의 발달이 미덕이 아니라 부도덕한 동기와 의도로 발달하여 노년의 아름다운 가치를 심각하게 망쳐 놓았다는 의미다. Waltke, *The Book of Proverbs Chapter 15-31*, 36.

10) 일어서는 것을 존경의 표시이다. 기동연 (2019), 레위기, (서울: 생명의 양식), 702.

11) Ibid., 기동연 교수도 노인 공경을 하나님 경외와 연결시켜 노인 공경을 하나님 경외와 같은 차원으로 이해한다고 지적하고 있다.

12) 고든 맥도날드 (2006), 영적 성장의 길, 홍종락역, (서울: 두란노), 98-99.

13) Ibid., 98.

14) Ibid., 99.

2장 노화, 수용하기

1) 피터 노왁 (2015), 휴먼 3.0: 미래 사회를 지배할 새로운 인류의 탄생, 김유미 역, (서울: 새로운현재) 78.

2) Ibid.,

3) World Bank의 자료에 의하면 스페인(82.8세), 스웨덴(82.2세), 스위스(82.8세), 우리나라는 82세를 넘기고 있음을 알 수 있다. accessed by April 14. 2020. https://ourworldindata.org/grapher/life-expectancy-at-birth-total-years

4) 어느 연예인의 늙지 않는 모습을 빗대어 "뱀파이어인가?" 묻고 있다. 내용 중에는 썩지 않는 방부제를 빗대어 "방부제 미모"라는 표현도 쓰고 있다. 다음을 참조하라. 김진선, (2020.

01. 06), "김희선 '20대 뺨치고 남는 미모' 양준일 못지않은 뱀파이어 매력," 서울경제. accessed by March 27. 2020. https://www.sedaily.com/NewsVIew/1YXJIHJ60B, 김진우 (2018. 12. 27), "뱀파이어인가? 늙지 않는 할리우드의 방부제 배우들," 씨네 21. accessed by March 27. 2020.
http://www.cine21.com/news/view/?mag_id=92025

5) 유진 피터슨 (2017), 메시지 성경 (서울: 복있는 사람), 987.

6) Ibid.,

7) 히라마쓰 루이, 노년의 16가지 방법, 57.

8) 장일영 (2019. 11. 06), "노쇠란 무엇인가?" Clinic Journal, accessed by March 28. 2020. http://www.clinicjournal.co.kr/mobile/article.html?no=10579

9) 제임스 패커 (2017), 아름다운 노년: 노년을 향한 하나님의 부르심, 윤종석 역, (서울: 디모데), 16-18.

10) 제임스 패커, 아름다운 노년, 18. [ ]은 필자가 의미에 맞게 조사를 수정하였다.

11) 제임스 패커, 아름다운 노년, 26.

12) 폴 투르니에 (2015), 노년의 의미, 강주헌 역, (서울: 포이에마), 322-324.

13) 히라마쓰 루이, 노년의 16가지 방법, 94.

14) 라인홀드 니버의 평안을 위한 기도(Reinhold Niebuhr's Serenity Prayer)입니다. Joseph J. Luciani (2004), *The Power of Self-Coaching: The Five Essential Steps to Creating the Life You Want*, (New Jersey: Wiley & Sons, Inc), 234.

3장 고독, 마음 스트레칭으로 극복하기

1) 실제로 한 신문에 실린 이야기를 폴 투르니에는 인용하고 있다. 이것을 필자가 축약, 각색해서 정리해 보았다. 폴 투르니에 (2015), 노년의 의미, 강주헌 역, (서울: 포이에마), 123-124. 재

인용.

2) 히라마쓰 루이 (2018) 노년의 부모를 이해하는 16가지 방법. 홍성민 역. 뜨인돌. 18. 70대의 절반이, 80대는 70% 정도가 난청(청각의 저하 또는 상실) 상태라고 한다.

3) "70대 이상의 고령자는 대부분 듣지 않아서가 아니라 들리지 않기 때문에 반응을 못 한다." Ibid.,

4) 통상 노인의 4중고는 빈곤, 질병, 고독 그리고 역할 상실로 본다. 홍숙자 (2018), 노년학 개론, (서울: 도서출판 하우), 42.

5) World Bank의 자료 참조. 우리나라 평균 수명은 각각 1970년 62.1세, 1972년 63세였다. Our World in Data (n. d.,), "Life expectancy, 2016" accessed by March 28. 2020. https://ourworldindata.org/grapher/life-expectancy-at-birth-total-years

6) World Bank의 자료 참조. 우리나라 평균 수명은 1980년 66세, 1982년 67세였다. Ibid.,

7) 강갑생 (2019. 8. 16), "39년 전 등장한 지하철 경로석… 당시에도 어린 학생들이 자리 차지 갈등," 중앙일보. accessed by March 29. 2020. https://news.joins.com/article/23553492

8) e-나라지표 (n. d.,), "기대수명(0세 기대여명) 및 유병기간 제외 기대수명(건강수명)," accessed by March 29. 2020. http://www.index.go.kr/potal/main/EachDtlPageDetail.do?idx_cd=2758

9) 통상적으로 노년을 3 시기로 구분한다. 초기 노년(65~74세), 중기 노년(75~84세), 후기 노년(85세 이상)으로.

10) Parker J. Palmer (2018), *On the Brink of Everything: Grace, Gravity, and Getting Old*, (Oakland, CA: Berrett-Koehler Publishers), 161-162.

11) Ibid., 161.

12) 카일 아이들먼 (2016), 나의 끝, 예수의 시작, 정성묵 역, (서울: 두란노), 55.

13) Ibid.,

➕ 1부 well-Aging(웰에이징), 고상한 늙음을 위하여
노년의 빼기(-): 노년의 4중고(重苦)

1) 전체인구 대비 가처분소득 중위값의 절반에 미달하는 비율이 2017년 현재 OECD 평균 14.8%의 배가 넘는 43.8%나 됩니다. 심나영 (2020. 01. 06), "집 있어도 빈털터리…노인 10명중 3명 가난한 삶" 아시아 경제, accessed by May 6. 2020. https://www.asiae.co.kr/article/2020010311220848069

2) 장민 (2019), 우리나라 노인 빈곤율 현황과 시사점, KIF VIP 리포터, 한국금융연구원.

3) 일본은 36%, 호주는 43%의 노년이 5개 이상의 약물을 복용하는 반면, 우리나라는 82.4%의 노년이 5개 이상의 약물을 복용한다고 한다. 이는 만성질환이 늘어나면서 나타나는 현상이다. 이지현 (2018. 05. 23), "하루 평균 5.3개 약물 복용하는 한국 노인…서울아산병원, 약물상담 나선다" 한국경제. accessed by May 06. 2020. https://www.hankyung.com/society/article/201805233148f

4) 2018년 통계청 보고에 대한 신문 기사이다. 통계청 보고에 의하면 유병기간 제외 기대수명이 64.4세이고, 18.3년을 병을 앓고 살아가게 된다고 한다. 그러니 기대수명은 82. 7세라 할 수 있다. 허정원 (2019. 12. 04), "지난해 기대수명 증가 '멈춤'…통계 작성 이래 처음" 중앙일보. accessed by May 06. 2020. https://news.joins.com/article/23648769

5) 폴 어빙 (2016), 글로벌 고령화 위기인가 기회인가, 김선영 역, (서울: 아날로그), 107-108.

6) 고바야시 히로유키 (2018), 죽기 전까지 걷고 싶다면 스쿼트를 하라, (서울: 동양북스)

7) 김성탁 (2018. 01. 18), "영국 '외로움 담당 장관' 생겼다" 중

앙일보. accessed by May 6. 2020. https://news.joins.com/article/22296232

8) Ibid.,

9) Ibid.,

10) 이대웅 (2016. 09. 22), "노인들 역할상실로 자아존중감 상실, 편집증 유발 가능" 크리스천투데이. accessed by May 06. 2020. https://www.christiantoday.co.kr/news/293840

4장 다시 봄(回春), 거꾸로 살기

1) 폴 스티븐슨 (2018), 나이듦의 신학: 당신의 소명을 재구성하라, 박일귀 역, (서울: CUP), 24.

2) 서울대 연구팀이 45세 이상 5937명을 조사해서 학술지에 게재한 논문에 의하면, 자발적으로 은퇴를 한 남편의 아내는 직장을 다니는 남편의 아내보다 우울증이 걸릴 확률이 70% 더 높았다고 한다. 은퇴를 하고 나면 남편이 집안일에 대한 간섭이 많아져 부부간의 마찰을 많이 일으키기 때문이라는 분석이다. 황수연 (2016. 03. 29), "남편이 은퇴하면 아내 우울증 위험" 중앙일보, accessed by March 30. 2020. https://news.joins.com/article/19800794

3) Billy Graham (2011), Nearing Home: Life, Faith, and Finishing Well, (Nashville: Thomas Nelson), 24.

4) 전영옥, 윤종언 (2005. 5. 3.), "웰빙 문화의 등장과 향후 전망" Issue Paper, 삼성경제연구소. accessed by March 30. 2020. http://www.atca.or.kr/newsletter/letter_12ho/seri_0513.pdf

5) 2004. 3. 23. "웰빙이 분화하고 있다." 한국경제. accessed by March 30. 2020.
https://www.hankyung.com/society/article/2004032345051

6) 유진 피터슨 (2017), 메시지 성경 (서울: 복있는 사람), 948.

7) Ibid., 946.

8) Ibid., 929.

9) 제임스 패커, 아름다운 노년, 55-64.

10) 이강학 교수는 노인들의 영성 훈련에 '기억하기'가 얼마나 중요한지 강조한다. 그에 의하면 자신의 지나온 삶의 의미를 새롭게 발견하면 교회 공동체에도 긍정적인 결과를 나타낼 수 있다고 지적한다. 이강학 (2012)"노인을 위한 영성", 목회와 신학, 12월호. 45.

11) 제임스 패커, 아름다운 노년, 60.

12) 유진 피터슨 (2017), 메시지 성경 (서울: 복있는 사람), 1760.

13) 하워드 헨드릭스 (2013), 삶을 변화시키는 가르침, 정명신 역, (서울: 생명의말씀사), 22.

5장 소명, 어른으로 살기

1) 이기주 (2017), 언어의 온도, (서울: 말글터), 18.

2) Ibid., 19.

3) "예수 그리스도의 사도인 베드로가, 본도와 갈라디아와 갑바도기아와 아시아와 비두니아에 흩어져서 사는 나그네들인, 택하심을 입은 이들에게 이 편지를 씁니다." 대한성서공회 (2016), 새번역성경, (서울: 대한성서공회), 359.

4) 폴 스티븐슨, 나이듦의 신학, 203. 재인용

5) 소명에 대해 가장 잘 알려진 정의는 오스 기니스의 것이라 할 수 있다. 그는 이렇게 정의한다. "소명이란, 하나님이 우리를 너무도 결정적으로 부르셨기에, 그분의 소환과 은혜에 응답하여 우리의 모든 존재, 우리의 모든 행위, 우리의 모든 소유가 헌신적이고 역동적으로 그분을 섬기는 데 투자된다는 진리다." 한 마디로 하나님의 부르심에 우리의 전 존재가 반응하여 순종하며 섬기는 것을 말한다. 그런데 오스 기니스는 이것을 단순히 개인적인 성취나 목적을 위한 부름을 넘어서는 것이라 분명히 말하고 있다. 더 큰 목적과 방향을 가지신 하나님의 측

면에서 이해되어야 한다는 것이다. 오스 기니스 (2019), 소명: 인생의 목적을 발견하고 성취하는 길, 홍병룡 역, (서울: IVP), 15, 25.

6) 빌리 그레이엄 (2011), 93세 빌리 그레이엄 목사의 새로운 도전, 정성묵 역, (서울: 두란노), 49.

7) "옛적의 너희의 조상들 곧 아브라함의 아버지, 나홀의 아버지 데라가 강 저쪽(하란)에 거주하여 다른 신들을 섬겼으나(수 24:2f, 개역개정)" 존 월튼, 빅터 매튜스, 마크 샤발라스, 크레이그 키너 (2011), IVP 성경배경주석, 이혜영 편역, (서울: IVP), 60.

8) 이것에 대해 더글러스 스튜아트 교수는 단지 14년을 봉사해서 거부가 되었던 야곱과 비교하면서 모세는 40년을 봉사하고도 제대로 얻은 것 없는 신세로, 장인의 목동들처럼 되었다고 평가하고 있다. Douglas K. Stuart (2006), *Exodus, The New American Commentary*, (Nashville, TN : B&H), 108.

9) Douglas K. Stuart, Exodus, NAC, 108.

10) 헨리 나우웬, 월터 개프니 (2015), 나이 든다는 것, 최종훈 역, (서울: 포이에마), 76. 재인용.

11) 케네스 매튜는 아브라함은 아버지의 영역을 떠남으로 가장 강력한 가족의 끈(Abraham cut the strongest family bond)을 끊었다고 표현한다. 이 아버지 영역이 곧 사회경제적 생존능력을 제공하는 것이었음을 물론이다. Kenneth A. Matthews (2005), *Genesis 11:27-50:26*, The New American Commentary, (Nashville, TN : B&H), 111.

12) 오스 기니스는 소명에 따른 아브라함의 떠남을 "결별로의 소명"이라 명명했고, "철저한 떠남"이라고도 표현했다. 그는 이어 이렇게 말한다. "아브라함에게 철저한 떠남을 요구한 그 부르심은 항상 우리에게 주변 사회에 순응케 하는 모든 것, 그리하여 하나님이 우리 각 사람과 인류를 향해 품고 계신 목표 및 요구 조건과 충돌하는 모든 것에서 결별할 것을 요구한다." 결국 소명은 반문화적(count-cultural)이라는 것이다. 오스 기니스, 소명, 52-53.

13) 헨리 나우웬, 월터 개프니 (2015), 나이 든다는 것, 최종훈 역, (서울: 포이에마), 54.

14) 유진 피터슨 (2017), 메시지 성경 (서울: 복있는 사람), 126.

15) 유진 피터슨 (2017), 메시지 성경 (서울: 복있는 사람), 126.

16) 찰스 콜슨 (2002), 러빙 갓: 하나님을 사랑한다는 것은, 김지홍 역, (서울: 홍성사), 205-206.

6장 성장, 노년의 역설

1) 슐람미스 샤하르 외 6인 (2014), 노년의 역사, 안병직 역, (경기 파주: 글항아리), 51. 재인용.

2) 이 대목에서 비안키는 노년의 시기야말로 깊은 내면의 성장을 풍성하게 이룰 수 있다고 역설한다. 폴 스티븐슨, 나이듦의 신학, 108.

3) 이석철 (2008), 기독교 성인사역론: 기독교교육적 접근, (대전: 침례신학대학교출판부), 272. 재인용.

4) 제임스 패커, 아름다운 노년, 19.

5) 살전 1:3; 5: 8, 고전 13:13 등.

6) 고든 맥도날드의 '영적 성장의 길'에 나오는 하나 에피소드를 새롭게 요약, 정리해서 기록해 보았다. 책의 내용을 손상시키지는 않되, 내용을 전제하지는 않았음을 알려둔다. 고든 맥도날드, 영적 성장의 길, 116-117.

➕ 2부 Well-Being(웰빙), 멋진 은퇴를 위하여

노년의 곱하기(x): 노년의 다섯 가지 유형

1) Lewis R. Aiken (1995), *Aging: An Introduction to Gerontology*, (Thousand Oaks, CA: SAGE Publications), 150; 홍숙자 (2018), 노년학 개론, (서울: 하우), 119-121. 설은주 (2012), 노인, 그들은 누구인가? 목회와 신학 (280), 38-39.

2) 이해진 외 5인 (2018. 08. 24), "앵그리 올드' 노인 범죄 vs "저 틀딱들" 노인 혐오," 머니투데이. accessed by May 08. 2020. https://news.mt.co.kr/mtview.php?no=2018082318385240131

3) 엄보운, 황지윤 (2018. 08. 23), "정정한 노인들… 분노·욕망이 범죄로 번지다," 조선일보. accessed by May 08. 2020. https://news.chosun.com/site/data/html_dir/2018/08/23/2018082300242.html

4) 김충렬 (2016. 07. 21), "자학, 분노, 은둔, 무장, 성숙… 노인들 유형에 따른 상담법". 크리스천투데이. accessed by May 08. 2020. https://www.christiantoday.co.kr/news/292448

5) 박성은 (2018. 05. 26), "'밥 먹기도, 씻기도 싫다'…자신을 학대하는 노인들" 연합뉴스. accessed by May 08. 2020. https://www.yna.co.kr/view/AKR20180525126300797

6) 보건복지부 (2017), 2016 노인학대 현황보고서, 중앙노인보호전문기관 편, (서울: 보건복지부 노인정책과), 210-211.

7) Gordon F. Streib (1971), *Retirement Roles and Activities: Background*, White House Conference on Aging, 20.

8) 빌리 그레이엄, 새로운 도전, 49.

9) 김충렬 (2016. 07. 21), "자학, 분노, 은둔, 무장, 성숙… 노인들 유형에 따른 상담법". 크리스천투데이. accessed by May 08. 2020. https://www.christiantoday.co.kr/news/292448

10) 존 던롭 (2015), 마지막까지 잘 사는 삶, 정성묵 역, (서울: 생명의말씀사), 44.

11) Ibid., 77.

12) Ibid., 27-42.

7장 축제(祝祭), 즐기며 살기

1) Blaine Taylor, (1984), *The Church's Ministry with Older Adults*, (Nashville, TN: Abingdon Press), 52. 재인용.

2) Ibid.,

3) 이청준 (1996), 축제, (서울: 열림원)

4) 이청준, 축제, 58.

5) 베일런트의 책에서는 "젊은 성인들이 생물학적인 후손을 만들어낸다면, 노인들은 사회적인 후계자를 양성해 내는 임무를 맡고 있다."고 번역하고 있지만, 폴 스티븐슨의 책에서 인용된 번역이 보다 시각적으로 번역되어 인용하였다. 두 책을 참조하라. 폴 스티븐슨, 나이듦의 신학, 68. 재인용. 조지 베일런트 (2011), 행복의 조건: 하버드대학교 인생성장보고서, 이덕남 역 (서울: 프런티어), 211.

6) 크레이그 키너 (2002), 성경배경주석: 신약, 정옥배 역, (서울: IVP), 224.

7) John B. Polhill (2001), *Acts*, The New American Commentary 26B, (Nashville, TN: B & H), 421.

8) F. F. Bruce (1988), *The Book of The Acts*, NICNT, (Grand Rapids: Wm. B. Eerdmans), 389.

9) 김진아 (2015) "누군가의 빛," 1월호, 좋은생각.

10) 변이철 (2012. 05. 15) "시드니 '자살절벽 천사'가 남긴 말..." 노컷뉴스, accessed by April 7. 2020. https://www.nocutnews.co.kr/news/4258018

11) 고든 맥도날드 (2006), 영적 성장의 길, 홍종락 역, (서울: 두란노), 재인용, 34-35. 여기서 번역에는 83세로 되어 있는데 필자가 85세로 문맥의 의미에 맞게 고쳤다.

8장 배움, 잘 살기

1) 폴 어빙 엮음 (2016), 글로벌 고령화, 위기인가, 기회인가, 김선영 역, (서울: 아날로그), 61.

2) Ibid.,

3) 마크 윌리엄스도 같은 말을 한다. 노화에 대한 편견 8가지 중

4번째가 나이가 들면 학습 능력이나 창의성이 떨어진다고 생각하는 것이라 지적한다. 그러나 이것은 편견일 뿐이고 "부정확하고 비관적일 뿐만 아니라 잠재적인 위험성도 안고 있다"고도 한다. 마크 E. 윌리엄스 (2017), 늙어감의 기술: 과학이 알려주는 나이 드는 것의 비밀, 김성훈 역, (서울: 현암사), 50-51.

4) 물론, 원래의 주일학교인 Sunday School 운동은 영국에서 Robert Raikes에 의해 시작되었다. 하지만, 지금과는 전혀 다른 사회운동의 개념으로 시작되었다가 미국으로 건너가 미국의 대부흥기를 거치면서 종교교육, 나아가 교회교육의 형태로 전환한 것이다. 그리고 지금도 영국보다는 미국의 주일학교가 더욱 활성화 되어 있기에 본고장이라는 말을 써 본다.

5) 딕 루카스와 크리스도퍼 그린은 벧후 3장 18절 전반부의 제목을 "자라나는 그리스도인"이라고 붙이고 있다. 이 부분은 베드로의 유언과 같은 부분으로 거짓 선생이 난무할 앞으로의 상황에 대한 우려와 함께 거짓 선생들에 대항하기 위해서 예수님에 대해, 그 은혜와 지식에 대해 제대로 알고 배워야함을 말하고 있다는 것이다. 보다 자세한 내용은 다음을 참조하라. 딕 루카스, 크리스토퍼 그린 (2008), 베드로후서, 유다서 강해: 재림의 약속, 정옥배 역, (서울: IVP), 230-232.

6) J. A. 모티어, G, J. 웬함, D. A. 카슨, R. T. 프란스 엮음 (2010), IVP 성경주석, IVP 출판사 역, (서울: IVP), 1912.

7) 이 구절에 두 개의 명령이 등장한다. 첫째는 "버리고"에 해당하는 버리라는 것이 첫째고, 둘째는 "연단하라"는 명령이다. 이 둘 모두 현재 명령형을 사용하여 지속적이고 반복적으로 하라는 의미로 사용되었다. 참고로 헬라어 명령형은 과거 명령형의 경우는 단회적 성격을 띠고 있지만, 현재 명령형일 경우 반복적인 성격을 띠고 있다.

8) 대한성서공회 (2016), 새번역성경, (서울: 대한성서공회), 323.

9) 평생교육이란 교육이나 훈련의 기회를 삶의 전( )과정(entire life) 동안 모든 개인에게 제공하는 교육의 형태이다. 그것을

위한 전략을 개발하는 것까지 포함한다. 이 개념은 존 듀이 (John Dewey), 린더만(Linderman), Yeaxlee등에 의해 20세기 초반부터 시작된 개념이다. 특별히 평생교육은 어린이나 청소년, 청년들으로만 교육을 제한하는 것을 거부한다. 장년과 노년까지도 포함해야 한다는 것이다. Malcolm Tight (2002), *Key Concepts in Adult Education and Training*, (New York : Routledge), 39.

10) 윌리엄 새들러 (2006), 서드 에이지, 마흔 이후 30년: 마흔 이후 인생의 새로운 성장을 위한 6가지 원칙, 김경숙 역, (서울: 사이), 22-23.

11) KBS 명견만리 제작팀 (2017), 명견만리: 정치, 생애, 직업, 탐구 편, (서울: 인플루엔셜), 104-105.

12) 죽음 준비와 관련해서는 다음 단원에 상세히 설명할 것이다. 지면의 한계로 이번 장에서는 생략하도록 한다.

13) 자브리나 하아제, (2019), 원하는 바를 만드는 오직 66일, 오지원 역, (서울: 위즈덤하우스)

14) 마르바 던은 예배를 '고귀한' 시간 낭비라고 했지만, 필자는 그것을 조금 바꾸어(오마주하여) 묵상을 '거룩한' 시간 낭비라고 해 보았다. 마르바 던 (2004), 고귀한 시간 낭비, 예배, 김병국, 전의우 역, (서울: 이레서원)

15) 제임스 윌호이트와 에반 하워드는 성도의 묵상은 정보용 성경읽기를 넘어서서 거룩한 성경읽기가 되어야 한다고 주장한다. 다르게 보면, 내가 성경을 읽는 것이 아니라 나를 성경에 노출시킨다고 봐야 한다는 것이다. 거룩한 성경에 나를 노출시켜 거룩함을 온 몸으로 체득하도록 말이다. 제임스 윌호이트, 에반 하워드 (2016), 렉시오 디비나: 거룩한 독서의 모든 것, 홍병룡 역, (서울: 아바서원), 105-107.

16) 유진 피터슨, 메시지 성경, 1803.

17) 여기서 바울은 기도에 대해 가르쳐 준다. 우선은 사랑이 기도를 이끌어야 한다는 걸 가르쳐 준다. 그리고 기도의 내용

이 어떠해야 함도 가르쳐 준다. 바로 빌립보 교회의 성도들의 사랑이 풍성해 지는 것이다(the Philippians' love may increase). Gerald F. Hawthorne (1983), *Philippians*, WBC 43, (Waco, TX: Word Books), 25-26.

18) 데이비드 웍스, 제이미 제임스 (2013), 수퍼영: 수퍼 헌드레드 시대, 100세 동안의 비밀, 박종윤 역, (서울: 36.5), 84.

19) 이나영 (2018. 1. 22), "50대 이상 10명 중 4명 '외롭다'…고령사회에 늘어나는 고독한 노인들" 헬스 경향, accessed by April 13. 2020.
https://www.k-health.com/news/articleView.html?idxno=34020

20) 고든 맥도날드, 영적 성장의 길, 264. 재인용.

21) 칼 필레머 (2014), 내가 알고 있는 걸 당신도 알게 된다면, 박여진 역, (서울: 토네이도), 207-208.

22) "거울이 아니라 창밖을 보라!" 자신에 집중하여 주변을 보지 못하는 잘못을 벗어나라는 말이다. 그러면 비로소 자신의 처지와 상황이 더 잘 보이고 타인과도 좋은 관계를 유지할 수 있게 된다. 보다 자세한 내용은 다음을 참조하라. 칼 필레머 (2014), 내가 알고 있는 걸 당신도 알게 된다면, 박여진 역, (서울: 토네이도), 104-111.

23) 리차드 포스터 (2018), 영적 훈련과 성장, 권달천, 황을호 역, (서울: 생명의 말씀사), 162. 재인용.

24) Ibid., 47.

9장 섬김, 손 하나 보태며 살기

1) 도날드 휘트니 (2008), 당신의 영적 건강을 진단하라, 우수명 역, (경기 고양: NCD), 121.

2) 미로슬라브 볼프, 라이언 매커널리린츠 (2017), 행동하는 기독교, 김명희 역, (서울: IVP), 165-166.

3) 유진 피터슨, 메시지 성경, 51.

4) 김영봉 (2016), 바늘귀를 통과한 부자, (서울: IVP), 102. 재인용.

5) Dakhli, M., & De Clercq, D. (2004), Human capital, social capital, and innovation: a multi-country study. *Entrepreneurship & regional development*, 16(2), 107-128. Hoyman, M., & Faricy, C. (2009), It takes a village: A test of the creative class, social capital, and human capital theories, *Urban Affairs Review*, 44(3), 311-333.

6) Dakhli, M., & De Clercq, D. (2004), Human capital, social capital, and innovation: a multi-country study. *Entrepreneurship & regional development*, 16(2), 107-128. Hoyman, M., & Faricy, C. (2009), It takes a village: A test of the creative class, social capital, and human capital theories, *Urban Affairs Review*, 44(3), 311-333.

7) Verter, B. (2003), Spiritual capital: Theorizing religion with Bourdieu against Bourdieu. *Sociological theory*, 21(2), 150-174. Zohar, D., & Marshall, I. (2004), *Spiritual capital: Wealth we can live by*. (Westerminster, MD: Berrett-Koehler Publishers).

8) [ ]표는 필자가 이해를 위해 수정한 부분이다. 이석철, 기독교 성인 사역론, 273. 재인용.

9) Christian History Institute (n. d.,), "George Whitefield's Last Sermon" accessed by April 16. 2020. https://christianhistoryinstitute.org/it-happened-today/9/29

10) Ibid.,

11) '거인들의 발자국'에 나오는 에피소드를 필자의 글에 맞게 요약, 정리하여 수록하였다. 한홍, (2002), 거인들의 발자국, (서울: 두란노), 269.

➕ 3부 Well-Celebrating(웰 셀레브레이팅),
노년의 더하기(+): 성공적인 노화의 네 가지 요소

1) Rowe, J. W., & Kahn, R. L. (1987), Human aging: usual and successful. Science, 237(4811), 143-149.

2) Crowther, M. R., Parker, M. W., Achenbaum, W. A., Larimore, W. L., & Koenig, H. G. (2002), Rowe and Kahn's model of successful aging revisited: Positive spirituality—The forgotten factor. *The Gerontologist*, 42(5), 613-620.

3) 장휘숙 (2007), 성공적 노화, 스트레스연구, 15(4), 326.

4) 이승호 (2018. 11. 04), "노인 절반은 만성질환 3개 이상…5명 중 1명은 우울 증상" 중앙일보. accessed by May 09. 2020. https://news.joins.com/article/23092161

5) 칼 필레머 (2014), 내가 알고 있는 걸 당신도 알게 된다면, 박여진 역, (서울:토네이도), 186.

6) 물론, 흡연은 노년의 성도 개인에게는 해당되지 않을 수 있으나 간접흡연도 영향을 준다고 하니 혹여 가족 중에 흡연자가 있다면 금연을 할 수 있도록 해야 할 것이다. Ibid., 188.

7) 최근에는 신체적, '정신적' 기능으로까지 확대해서 이해한다. 정신적이라는 표현에서 알 수 있듯, 단순한 인지 능력을 넘어 자신의 유능성, 자신의 활동 가능성에 대한 믿음 즉 자기 효능감을 포함한다는 말이다. 차남현, & 서은주 (2010), 노인의 생산적 활동 및 신체적 정신적 능력 영향 요인, 지역사회간호학회지 Vol, 21(1), 128-138.

8) 마크. E. 윌리엄스 (2017), 늙어감의 기술: 과학이 알려주는 나이 드는 것의 비밀, 김성훈 역, (서울: 현암사), 125.

9) Ibid., 130.

10) 조성남 (2004), 에이지붐 시대: 고령화 사회의 미래와 도전, (서울: 이화여대출판부), 262.

11) 한송이, & 윤순녕 (2015), 한국노인의 성공적 노화와 영향

을 미치는 요인: 가족지지를 중심으로, 지역사회간호학회지, 26(4), 374.

12) 폴 투르니에 (2015), 노년의 의미, 강주헌 역, (서울: 포이에마), 240-241.

13) 제임스 패커 (2017), 아름다운 노년, 윤종석 역, (서울: 디모데), 106.

10장 영생(永生), 영원히 살기

1) 전택부, (2005) 양화진 선교사 열전, (서울: 홍성사), 101.

2) 롤란트 슐츠 (2019), 죽음의 에티켓: 나 자신과 사랑하는 이의 죽음에 대한 모든 것, 노선정역, (경기 파주: 스노우폭스북스), 49.

3) Ibid.,

4) 헨리 나우웬은 이것을 "무력함 속에 감춰진 은혜"라고 불렀다. 헨리 나우웬 (2019), 죽음, 가장 큰 선물, 홍석현 역, (서울: 홍성사), 18.

5) 책 제목에서 차용했다. 원래 제목(So sterben wir)은 "우리는 이렇게 죽는다." 혹은 "이것이 우리가 죽는 방법이다" 정도 될 것이다. 그런데 출판사에서 책 제목을 조금 비틀었다. 책 내용은 죽음을 대하는 자세에 대한 내용이니, 에티켓으로 봐도 무방하리라 생각이 된다. 롤란트 슐츠 (2019), 죽음의 에티켓: 나 자신과 사랑하는 이의 죽음에 대한 모든 것, 노선정역, (경기 파주: 스노우폭스북스)

6) 엘리자베스 퀴블러 로스는 여성 정신의학자로서 평생 죽음을 연구한 분이다. 호스피스 운동의 선구자이기도 한 그녀가 밝힌 죽음의 5단계는 심리학적인 죽음 이해의 한 획을 그었다고 할 수 있다. 이동원, 노년 항해를 준비하라. 218-219.

7) 홍숙자 (2018), 노년학 개론, (서울: 도서출판 하우), 351-352.

8) 이 단계에 대해 건양대학 웰다잉 융합연구회에서는 부인과 고

립 - 분노 - 거래 - 우울 - 수용으로 설명하고 있다. 건양대학교 웰다잉 융합연구회 (2016), 지혜로운 삶을 위한 웰다잉: 한국인의 죽음학 강의, (서울: 구름서재), 47-49.

9) Ibid., 54-56.

10) 이동원, 노년 항해를 준비하라. 222.

11) John B. Polhill (2001), *Acts*, The New American Commentary, 26A, (Nashville, TN: B & H), 209-210.

12) 헨리 나우웬 (2019), 죽음, 가장 큰 선물, 홍석현 역, (서울: 홍성사), 38-39.

13) Ibid., 39.

11장 숙제(宿題), 과제 마치기

1) 원문 그대로 옮기면 다음과 같다. "Behold, children are God's homework assignment to parents." Glen Schultz, (2005), *Kingdom Education: God's Plan for Educating Future Generations*, (Nashville, TN: LifeWay Press), 61.

2) 원문 그대로 옮기면 다음과 같다. "It is time to turn your homework in to Me for a grade." Ibid.,

3) 보다 자세한 내용은 다음을 보라. 박신웅, (2018), "가정예배의 어제, 오늘, 그리고 내일," 가정예배, 어떻게 할 것인가? (서울: 생명의 양식), 105-139.

4) 폴 스티븐슨, 나이듦의 신학, 180.

5) 케네스 갱글 (2002), 21세기 교회의 성인 목회, 마영례 역, (서울: 디모데), 173.

6) 크로스웨이 ESV 스터디 바이블 편찬팀 (2014), 개역개정 ESV 스터디 바이블, 신지철, 김귀탁, 이용중, 정옥배, 윤석인 역, (서울: 부흥과 개혁사), 212.

7) 존 월튼, 빅터 매튜스, 마크 샤발라스, 크레이그 키너 편역

(2011), IVP 성경배경주석, 한국기독학생회출판부 역, (서울: IVP), 135.

8) 유지혜 (2013. 08. 14), "'영원한 휴가 떠난다' 자기 부고 써놓고 떠난 작가" 중앙일보.. accessed by April 13. 2020. https://news.joins.com/article/12336128

9) KBS <생로병사의 비밀> 웰 다잉 프로젝트, 오늘이 내 인생의 마지막 날이라면, (2014), (서울: 애플북스), 153-154.

10) 윤설영 (2017. 12. 13), "암 선고 CEO의 생전 장례식 … 1000명과 일일이 감사 악수," 중앙일보, accessed by April 13. 2020. https://news.joins.com/article/22199236

11) 건양대학교 웰다잉 융합연구회, 지혜로운 삶을 위한 웰 다잉, 128.

12) Kenneth A. Matthew (2005), *Genesis 11:27-50:26*, The New American Commentary, (Nashville, TN: B&H), 861-862.

13) 헨리 나우웬, 죽음, 가장 큰 선물, 45.

14) 김영봉 (2019), 나는 왜 믿는가: 믿음의 길을 묻는 당신에게, (서울: 복 있는 사람), 28.

15) 박신웅 (2018), 가정 신앙교육 설명서: 악전고투하는 부모들에게, (서울: 생명의 양식), 120.

16) 한홍, 거인들의 발자국, 250.

17) 이미 필자의 책, 가정 신앙교육 설명서에 언급한 내용이다. 자세한 내용은 다음을 참고하라. 박신웅, 가정 신앙교육 설명서, 298-299. 재인용.

18) "Emily Colson Speaking at Charles W. Colson Memorial Service 5-16-12" accessed April 21, 2020. https://www.youtube.com/watch?v=8HX-g_o95sA

12장 소망, 플러스 인생 +

1) 폴 스티븐슨, 나이듦의 신학, 172. 재인용.

2) 유진 피터슨, 메시지 성경, 1844-1845.

3) 제임스 패커, 아름다운 노년, 90

4) 이걸 존 던롭은 '영적 의심'이라고 부른다. 그는 죽음 직전에 의심이 들기도 하고 우울증에 걸리기도 하며, 심지어 소망, 목적, 기쁨을 잃고 하나님께 등을 돌리기도 하는 경우가 더러 있다고 한다. 의심과 함께 두려움이 같이 오기도 하기 때문이다. 존 던롭 (2015), 마지막까지 잘 사는 법, 정성묵 역, (서울: 생명의말씀사), 235.

5) Ibid., 238-239.

6) J. D. 그리어 (2019), 구원의 확신, 장혜영 역, (서울: 새물결플러스), 147.

7) 존 던롭 (2015), 마지막까지 잘 사는 법, 정성묵 역, (서울: 생명의말씀사), 237. 재인용.

8) Ibid., 90-91.

9) 고든 맥도날드, 영적 성장의 길, 255.

10) 가네코 데쓰오라는 저널리스트가 쓴 '내 죽음의 방식: 엔딩 다이어리 500일'이라는 책이다. 이때부터 엔딩노트에 대한 다양한 시도들이 있었고, 최근 우리나라에도 몇몇 책이 보인다. KBS 생로병상의 비밀 제작팀 (2014), 오늘이 내 인생의 마지막 날이라면, (서울: 애플북스), 166-167. 다음의 책을 참조하라. 이기숙 (2019), 엔딩노트, (부산: 산지니)

11) 건양대학교 웰다잉 융합연구소, 지혜로운 삶을 위한 웰다잉, 247.

12) 칼 필레머, 내가 알고 있는 걸 당신도 알게 된다면, 154.

13) Ibid., 155.

14) Ibid., 156.

15) 김신이 (2020. 04. 01), "한 장로의 마지막 소원, '이 땅에 희망 남기고 싶다'" 크리스천 투데이. accessed by April 24. 2020. https://www.christiantoday.co.kr/news/330375

16) 대한성서공회 (2016), 새번역 성경, (서울: 대한성서공회), 168.

17) 오스 기니스, 소명, 418. 재인용.

18) 빌리 그레이엄, 새로운 도전, 151.

✚ 4부 Well-Dying(웰 다잉), 아름다운 피날레를 위하여
노년의 나누기(完) : 아르스 모리엔디 그리고 메멘토 모리

1) 폴 스티븐슨 (2018), 나이듦의 신학: 당신의 소명을 재구성하라, 박일귀 역, (서울:CUP), 185.

2) 마크 E. 윌리엄스 (2017), 늙어감의 기술, 김성훈 역, (서울:현암사), 239.

3) 김수환 외 (2019), 아직 펴보지 않은 책, 죽음: 명사들이 전하는 웰다잉 메시지, 각당복지재단 엮음, (신앙과지성사), 109-112.

4) 이지현 (2010. 07. 16) "'유산 남기지 않기 운동' 실천하는 사람들… 살며 움켜쥐었던 소유 다른 이들 위해 '손을 펴는 나눔' 전파" 국민일보. accessed by May 11. 2020. http://m.kmib.co.kr/view.asp?arcid=0003925104

5) "[아름다운 유산기부] '유산안남기기운동본부 김경래 대표' 유산기부운동" accessed by May 11. 2020. http://www.sharingkorea.net/gboard/bbs/board.php?bo_table=new_1&wr_id=107&page=7

6) 파커 J. 파머 (2018), 모든 것의 가장자리에서, 김찬호, 정하린 역, (경기 파주: 글항아리), 234. 재인용.

7) 전체 내용을 훼손하지 않는 정도에서 내용을 요약하고 필자

의 필체로 옮겨 보았다. 마크 E. 윌리엄스, 늙어감의 기술, 270. 재인용.

8) Ibid., 271.

9) 심우삼, 신상목, 박재찬 (2018. 05. 29), "어떤 희생 치르더라도 복음 고수해야" 국민일보. accessed by May 12. 2020. http://news.kmib.co.kr/article/view.asp?arcid=0923956264

에필로그

1) 고든 맥도날드 (2006), 영적 성장의 길, 홍종락 역, (서울: 두란노), 재인용, 34-35. 여기서 번역에는 83세로 되어 있는데 필자가 85세로 문맥의 의미에 맞게 고쳤다.

2) 폴 스티븐슨 (2018), 나이듦의 신학: 당신의 소명을 재구성하라, 박일귀 역, (서울: CUP), 118.

초판 1쇄 인쇄 2020년 9월 4일
초판 1쇄 발행 2020년 9월 14일

지은이   박신웅
펴낸이   박신웅
펴낸곳   도서출판 생명의 양식
등록번호   서울 제 22-1443호(1998년 11월 3일)
주소   06593 서울시 서초구 고무래로 10-5(반포동)
전화   02-533-2182
팩스   02-533-2185
홈페이지   www.edpck.org
디자인   박다영

ISBN   979-11-6166-101-8 (93230)

값은 뒤표지에 있습니다.

이 책은 저작권법에 의해 보호를 받는 출판물입니다.
기록된 형태의 출판사의 허락이 없이는 무단 전재와 복제를 금합니다.